# 일본 그리스도교회사

## 전편 일본가톨릭사(키리시탄사)

# 日本 キリスト教史

## 前編 日本カトリック史(キリシタン史)

임석윤(林錫潤) 저

대한예수교장로회
총회출판국

# 일본 그리스도교회사

전편 일본가톨릭사(키리시탄사)


인쇄일 2011년 12월 8일
발행일 2011년 12월 13일
지은이 임석윤 목사
펴낸곳 대한예수교장로회 총회출판국
주소 서울특별시 서초구 반포동 58-10
전화 (02)592-0986~7
팩스 (02)595-7821
홈페이지 m29.kosin.org
등록 1998년 12월 11일 제22-1471호
디자인 김혜연

ISBN 978-89-5903-218-1 03230
값 15,000원

# 일본 그리스도교회사

## 전편 일본가톨릭사(키리시탄사)

# 추천의 글

임석윤 목사님께서 이번 주 아주 훌륭한 일본 역사서를 간행하시었습니다. 일본학계에서조차도 그런 깊이에 들어가 보지 못하였을 정도의 탐색작업을 통하여 일본의 초대 기독교 역사를 체계화시킨 것입니다. 더듬어 찾기 어려운 자료들을 발굴해 내고 그 내용을 주제별로 편성하여서 일본 초대와 근대의 기독교 역사를 대성하신 것입니다.

일본 기독교 역사를 연구하게 된 동기는 일본에 대한 한국교회의 선교가 그 대상국의 기독교 역사에 대한 지식 없이 진행되고 있는 현실을 보고 거기에 대한 충분한 자료와 지식을 주기 위하여 착수하게 된 것으로 밝혀지고 있습니다. 그러나 그런 범위를 넘어서 이 저서는 일본 초대 및 근대 기독교 역사의 텍스트가 될 정도의 전문성과 학문적 전거를 갖추고 있어서 일본학계에서 크게 주목을 받을 탁월한 저서로 평가될 것임에 틀림없습니다.

더구나 일본의 초기 기독교 역사가 고난과 순교의 역사임을 알게 되며, 기독교가 다른 나라에 들어가서 뿌리를 내리는 과정이 피와 눈물의 길이라는 것을 보여준 순교역사의 진수가 살갗에 닿도록 서술되고 있습니다. 그런 순교신앙이 얼마나 고귀한 것이고 눈물겨운 것인지 다 읽고 난 다음의 감동과 감격은 이를 달리 표현할 길이 없을 정도로 막역합니다. 자료 발굴의 노력은 끝이 없어서 그 결과로 일본의 초기 기독교에서는 순교자가 4,045명이라는 숫자를 정리할 수 있었습니다.

저자는 일본의 기독교 역사가 대개 3기로 나누어져 있다고 판단하고 있습니다. 그 제1기는 16세기 초에 이루어진 것으로 서양 로마 가톨릭의 선교사 프란시스 하비에르가 전도할 때부터의 일입니다. 그 시대는 사회적 혼돈과 군웅할거의 시대로서 인간의 생활이 계속되는 위협에 노출되는 불안과 공포의 시대인데 그럴수록 구원과 안식의 갈망이 하늘에 사무쳐 사람들의 심령 속에 파고드는 복음의 힘이 얼마나 큰지 그 입신의 과정을 생생하게 피력해 나가고 있습니다. 이 시대를 저자는 키리시탄 시대로 정리하고 있습니다.

특기할만한 것은 그런 박해의 불길 속에서도 한국인들이 "산 로렌조" 교회라는 것을 세워 신앙을 지켜왔다는 사실이 밝혀지고 있습니다. 그뿐 아니라 순교와 박해의 신앙인들 사이에 한국인들이 적지 않게 있었다는 사실을 밝힌 것은 우리나라 교회사에도 그런 장(章)을 새로 추가해야 할 자극을 준 것으로 역사적 기여를 하였다고 높이 평가할 수 있습니다.

그 제2기는 훨씬 밝은 전망이 약속되는 시기로 보고 있습니다. 일본 역시 서양의 거대한 문명의 힘에 압도되어 그 도입을 서두르는데 그 문명의 본체가 기독교인 것을 알게 되는 과정이 드라마틱하게 서술되고 있습니다. 일본에서도 한 때 기독교가 그렇게 열광적으로 받아들여진 시대가 있었다는 사실은 우리 한국인들에게는 일단 경이로운 일로 받아들여집니다. 일본의 가혹한 통치를 받고 더구나 기독교는 말 못할 만큼 잔혹한 압제와 압박을 받으면서 지샌 날들의 기억이 아직도 우리 가슴을 메이게 할 만큼 생생하기 때문입니다.

그 제3기는 군국주의 일본 시대의 기독교인데 우리가 그 통치하에서 신음하였던 것만큼 일본에서도 시련이 컸다는 것이 밝혀지고 있습니다. 그런데 그 시대가 세계대전의 종결로 다시 기독교가 부흥하고 치성(熾盛)하던 시대로 보고 있습니다. 하지만 그것도 일본의 경제적 부흥과 함께 다시 일본의 정신 속에 기독교가 매몰되는 때가 온 것으로 보고 있습니다.

저자는 이런 방대한 일본기독교의 역사를 서술하면서 이를 전 후기로 나누어 우선 전편만 이번에 간행하게 되었습니다.

이 저술을 읽는 사람은 누구든지 저자가 얼마나 사건 하나하나, 사람 한 명 한 명을 그렇게 절묘하고도 자세하게 속속들이 파헤치고 쓸 수 있나 하는 사실에 감탄하지 않을 수가 없게 되어 있습니다. 이 역사는 그런 의미에서 어떤 서술적인 역사 기술(記述)이 아니라, 사건중심의 농축된 사실 전개 서술양식을 취하고 있다는 점이 특별합니다. 따라서 여기에는 헤아릴 수 없는 수많은 지명, 인명, 사건, 시대, 환경, 숫자 이런 것들이 사전(辭典)에서나 찾아볼 수 있을 정도의 분량으로 나타나 있는 것이 우선 눈에 띕니다.

이 저서는 일본교회사이기 때문에 일본의 독특한 제도나 감정, 생각 그리고 사건이나 사상의 깊이를 우선 이해시켜주지 않으면 안되는 그런 남다른 과제가 따로 안겨진 작업을 해야만 했습니다. 그런 의미에서 본서는 이중(二重)의 부담을 안고 있었다는 뜻이 됩니다. 같은 기독교적 의미를 가지는 사건들도 일본에서는 다른 말로 사용되고 있었기 때문에 일단 설명을 넉넉하게 하고서야 지나갈 수밖에 없었습니다.

그런 생소한 용어나 행사 및 습관, 전통과 연결된 기독교의 신앙편력을 맞물려서 서술한다는 것이 난지난사(難之難事)인데도 불구하고, 옛날에 일어났던 사건들이 현대에 와서 어떤 연결을 가지고 어떤 의미를 가지는 것인지 정밀하게 분석하여 그 연속성을 제시하고 있는 점은 실로 무릎을 치게 합니다. 역사가 계속 살아 있어서 직접 나와 함께 여기 있다는 공명감을 수시로 일깨워주고 있는 그런 현실적 수사법은 우리와 공감의 레벨을 높여주는 탁월한 필법입니다. 따라서 이 저서는 역사서인데도 친근미를 더하여 주는 시문학적(詩文學的) 수사로 가슴을 울리는 필법이 비범합니다. 독자와 저자와의 상호공명과 상호행위가 이처럼 함께 박자와 법도를 가지고 다가오는 일은 결코 쉬운 일이 아닙니다. 먼곳에 남의 나라 사건이, 지금 우리의 사건으로 우리 몸을 베듯 다가서게 하는 필법은 글의 구조적 힘을 아는 사람만이 할 수 있는 작업입니다.

역사서로써는 그 근거 제시가 아주 중요한데 그 근거는 인용(引用) 형식으로 일일이 밝히고 있어서 이 저서가 얼마나 성실한 역사연구의 결실인가 하는 것을 여실히 보여주고 있습니다. 다들 일단 읽으면 그 정성과 세밀성과 진지함 그리고 순수한 정신의 필치를 즉각적으로 감지할 수 있는 책으로 우리 심정을 적시고 지나갈 것입니다.

이런 글을 써내신 존경하는 필자 임석윤 목사님에게는 청동(青銅)

으로 공로패를 올리고 싶은 심정인데, 우선 그 열정과 사명과 그리고 성취에 충심으로 박수와 갈채를 보내드리는 바입니다. 우리 한국과 일본의 협력이 이 글로벌시대에 더욱 간절한 때인데 이런 종교적 차원의 일맥상통이 그 기운을 당겨 주리라는 확신도 또한 굳혀 줍니다. 계속이 방면에 놀라운 업적이 나오기를 기원하며 축하를 드립니다.


연세대학교 명예교수

백석대학교 석좌교수

민경배 박사

# 머리말

일본기독교 역사는 우리나라보다 앞서 있다. 일본인들이 기독교를 처음으로 접한 것은 전국시대인 1549년에 가톨릭의 선교사인 "프란시스코. 하비에르"(Francisco. de. Xavier)에 의하여 시작되었고, 시대적으로 구분하면 발전기, 박해와 순교기, 잠복기, 부활기로 구분할 수가 있다.

개신교는 1858년에 개국을 재촉하는 외국과 수교통상조약을 체결함으로 거류지에서의 선교의 자유가 보장됨으로 1859년에 미국 장로교회, 성공회, 화란 개혁파 교회 선교사들이 "요코하마"(横浜)에 들어오므로 시작되어 "요코하마"(横浜) 반도가 형성되었고, 그 후에 이어서 유신정권에 탈락한 영주들이 자녀를 교육하기 위하여 "구마모토"(熊本)에 세운 서양학교에 미국 예비역 장교인 "죤스"(L. L. Janes)를 교사로 모심으로 전파되어 "구마모토"(熊本) 반도가, 북해도 "삿포로"(札幌)농학교에 미국 예비역 장교 "클라크"(W. S. Clark)를 모심으로 전파된 "삿

포로"(札幌) 반도로 구분할 수가 있다.

일본에서 기독교가 비교적 잘 수용된 시기는 세 번 있었다고 하겠다. 제1기는 소위 키리시탄 시대, 제2기는 근대의 문명개화기, 제3기는 태평양전쟁의 패전 직후이다.

이 3기의 특징적인 면은 큰 사회적인 변화와 문화적인 가치변화가 일어난 시기이다. 즉 기독교가 새 시대를 지탱하는 새 종교로서 수용된 것이다. 다만 그런 공통성을 가지면서도 시기적으로 다소의 색채가 다른 것은 인정할 것이다.

제1기는 키리시탄 시대로, 전국의 혼란과 하극상의 세상에서 일반인들의 생활이 곤고할 때, "하비에르" 선교사에 의하여 전해진 그리스도교는 그 사람들에게 금세에서의 고난을 이겨낼 수 있도록 내세의 희망의 신앙이 주어진 것이다.

제2기의 근대초기는, 말할 것도 없이 서양을 모델로 하는 문화 개화기였다. 영어를 비롯하여 서양문화가 그리스도교와 동일시된 것과 폐쇄적인 일본의 혈연, 지연 공동체에서 자아 또는 인간의 해방의 종교로서 그리스도교는 수용된 것이다.

제3기는 군국주의 일색으로 무장되었다가 패전으로 민주주의가 제창되는 시대로 신도가 국가신도, 불교가 봉건적인 교훈으로 보여진 시대배경에, 기독교의 개인을 존중하는 사상은 마치 민주주의를 장식하는 사회의 종교인 듯 환영을 받았다. 내가 오래전 안식년에 일본 개혁파 신학교에 수학하러 갔을 때 느낀 것을 다시 말하고자 한다.

한국과 일본교회의 협력은 상당히 진전되어 한국 선교사들이 상당히 많이 활동하고 있는 것은 사실이다.

그러나 일본선교를 위해서 먼저 해야 할 것은 상대국의 교회역사를 아는 것이라 하겠다. 즉 역사적으로 일본교회가 일본사회에 어떤 역할을 하였는지를 알아야 하고 또 일본의 문화, 사상, 정치를 파악할 수 있어야 함에도 일본의 교회사에 대한 지식은 전혀없는 상태로 왔었다. 그런 상태로 일본 선교를 한다는 것은 무리라는 생각이 들었다.

그러나 일본교회사에 대한 서적이 별로 없어서 사방으로 찾아 헤매었다. 또한 자료가 있어도 이해하기가 어렵게 쓰여 있어서 잘 이해할 수가 없었다. 더욱이 프로테스탄트 교회역사서는 쉽게 접할 수 있었으나 가톨릭인 "기리시탄"에 대한 것은 더욱 어려웠다. 책들은 있으나 대부분이 주제별로 전문적인 것으로 기록되어 있었으므로 많은 책을 구하지 않으면 종합적인 지식을 얻을 수가 없었다.

이에 대하여 생각다 못해 일본교회사 서적을 찾아서 직접 번역이라도 해볼 생각도 하였으나 그것도 용의하지 않았다.

따라서 한국 선교사들과 한국의 교계에 쉽게 알릴 수 있도록 책을 써보기로 하였다. 오랜 세월 동안 준비는 하였으나 쉽게 착수할 수는 없지만 용기를 내어 착수하기로 하였다. 따라서 저술이라기 보다는 여러 자료에 의한 편집이라고 함이 옳겠다.

구성은 먼저 개신교뿐 아니라 가톨릭인 키리시탄에 대한 것도 포함하는 것이 중요하다고 생각되어 포함하기로 하였다. 그러므로 일본기독교회사의 키리시탄사를 전편으로, 프로테스탄트를 후편으로 구분하기로 하였다.

먼저 키리시탄에 대한 역사자료를 수집 종합하여보니, 기록상에 나타난 순교자 수는 총 4,045명이며, 추방된 자를 합하면 더 늘어날 것이다.

이와 같은 박해 속에서도 “우라카미”(浦上) 지방과 같이 일사불란한 신앙의 조직으로 또는 행정력이 잘 미치지 않는 도서지방에 250년간을 잠복하여 그 신앙을 유지한 사실은 가톨릭교회의 역사에 둘도 없는 빛나는 역사라 하겠다.

따라서 이 교회사는 교회사라기보다 순교사라고 함이 마땅할 만큼 많은 희생자와 순교자들의 역사라는 것을 발견하였다.

특히 그 당시에는 한국인들이 임진왜란(文祿, 慶長の役)으로 포로로 잡혀 온 이들이 많은 것은 알고는 있었지만, 그중에 많은 이들이 키리시탄이 되었다는 것과 이들 중에서 심한 박해를 당하면서도 굳건한 신앙으로 잘 참고 견디며 추방 또는 순교 당한 자들이 많이 있었다는 것을 발견하고는 감동하지 않을 수 없었다.

다니엘과 그 친구들이 바빌론 포로생활 중에서도 순교정신을 가지고 신앙을 지킨 것을 연상케 한다.

“오다 쥴리아”, “마리나 朴”, “페드로”와 “미켈”, “토마스”, “이사벨라” 부인, “안토니오”, “마리아” 부부와 두 아들 등 일본 교회사에 남아 있는 위대한 신앙인들이 있었다는 것은 자랑스럽게 여겨진다.

또한 “나가사키”(長崎)에는 포로로 잡혀와 키리시탄이 된 한국인들이 한국인을 위한 교회도 세웠다. 당시 이 교회의 한국인 키리시탄의 수는 1,500명이었고, 그들이 세운 교회 이름은 “산 로렌조” 교회였다. 그 외에도 많은 키리시탄이 있었다고 기록되어 있다.

초창기에 키리시탄 선교가 잘 전파된 것은 그 당시의 사회상을 보면 알 수가 있다. 키리시탄이 전하는 것은 그리스도의 사랑이었다.

그 결과로 "마비키"(間引, 생활고로 어린 아이를 버리거나 출생 시에 죽이는 행위)에 대하여는 보육원을 세우고, 환자들을 위하여 병원을 세우고, 자선사업을 위하여 "미세리꼬르디아"(Misericordia, 자비회)를 조직하여 가난한 자들을 구제하는 일을 하는 등 그리스도의 사랑의 실천으로 많은 신도를 얻을 수 있었다. 여기에 왜 박해가 일어나서 많은 성도가 비참하게 순교 당해야만 했는가?

이때는 전국시대로 겨우 통일은 이루었으나 언제, 어디에서 적의 공격을 받을 지 모르는 불안과 공포 속에서 살아야만 했다. 일부의 외국인 가운데서 포르투갈 선교사들을 모함하여 선교를 구실로 일본을 침략한다는 소문에 대한 경계와 또 국내적으로는 강력한 키시리탄 영주들이 많아지고 그곳에 많은 신도가 모여들어 그 세력이 강력하여 언제 공격을 해올지 모르는 경계대상으로 여겨져 어찌하던지 그 세력을 약화시켜야 한다는 것이었다. 그래서 임진왜란에서는 많은 키리시탄 영주들과 신도들이 동원되었다. 이와 같은 역사 속에서 우리는 현실에 맞추어 선교대책이 세워져야 한다.

후편인 프로테스탄트에 대하여는 차례로 연구함으로 일본기독교계와 국민의 신앙사상을 바로 알고 정책을 세워나가야 효과적인 선교가 이루어진다는 생각이 든다.

내용이 입문수준이므로 참고 서적을 단원마다 많이 인용하여 기록하였으니 참고하여 더욱 알찬 내용의 일본 그리스도교사가 나오기를 바란다.

이 책을 출판함에 있어서 도와주신 많은 분께 감사를 드린다. 바쁘신 중에서도 새로운 자료를 주시며 지도하여주신 한국교회사 연구회

고문, 서울대학교 명예교수이시며 전 한국국사편찬위원회 회장이신 이원순 박사님, 축사와 추천의 글을 보내주신 연세대학교 명예교수, 백석대학교 석좌교수이신 민경배 박사님, 가톨릭 용어 수정을 하여주신 조한건 신부님, 문장수정을 아끼지 않으신 김기헌 목사님과 고신총회 출판국 장경미 국장과 김혜연 계장의 수고에 감사를 드린다.

미흡한 이 책을 통하여 일본 키리시탄들의 순교신앙의 위대함이 조금이라도 전달되었다면 큰 영광으로 여기는 바이다.

앞으로도 계속 연구 발전할 수 있도록 후원하여 주시기 바란다.

2011년 12월

東京 昭島에서 임석윤(林錫潤) 목사

# 목차 目次

추천의 글 4

머리말 序論 9

## 제 1 장 가톨릭교(키리시탄)의 전래와 선교정책

第 1 章 カトリック伝來と宣教政策

1. 가톨릭의 전래 1 カトリック 伝來 28
2. 선교정책 2. 宣教政策 34
   1) "토레스"의 선교정책 1) トルレスの 宣教政策 34
   2) "카브랄"의 선교정책 2) カブラルの 宣教政策 35
   3) "카브렐"에 대한 학자들의 견해 3) 学者達の見解 35
      (1) "에비사와 아리미지"의 견해 (1) 海老沢 有道 35
      (2) "고노이 다가시"의 견해 (2) 五野井隆史 36
   4) "발리냐노"의 선교정책 4) ヴァリニャ-ノの 宣教政策 36
   5) 전국의 사회상과 선교정책 5) 戦国の 社会相と宣教政策 37
      (1) 사회상 (1) 社会相 37
      (2) 선교정책 (2) 宣教政策 40

## 제 2 장 선교 1기의 10년의 발자취(1550-1559)

第 2 章 宣教1期 10年間の足跡(1550-1559)

1. "야마구치" 선교의 성공 1. 山口宣教の 成功 45
   1) "야마구치 스오"의 영주 1) 山口 周防の 大名 45
   2) 최대의 수확 "세끼강 비와호시" 라우렌시오 47
   2) 最大の 收穫 雙眼琵琶法師 "ロウレンソ"

3) 첫 번째 크리스마스 3) 最初の クリスマス 49

2. "분고"의 부흥 2. 豊後の リバイバル 51

1) 선교와 불승들의 반대 1) 宣教と 佛僧達の 反対 51

(1) 선교 (1) 宣教 51

(2) 승려들의 반대 (2) 佛僧達の 反対 52

(3) 영주의 입교 (3) 大名の 改心 52

2) 최초의 서양병원과 의과학교 2) 最初の 西洋病院と 医科学校 53

3) 오도모 소린과 후손들 3) 大友宗麟と 子孫達 55

(1) 오도모 소린 (1) 大友 宗麟 55

(2) 오도모 소린의 후손들 (2) 大友 宗麟の 子孫達 58

3. 히라도, 이키츠키 3. 平戸と、生月 59

1) "히라도" 최초의 키리시탄 "키무라" 59

1) 平戸 最初のキリシタン 木村

(1) "세바스티아노 키무라"신부 (1) セバスチアン 木村神父 59

(2) "안토니오 키무라" (2) アントニオ 木村 61

(3) "레오나르도 키무라" (3) レオナルド 木村 修道士 61

2) "히라도"의 선교 2) 平戸の宣教 63

## 제 3 장 선교 2기 10년의 발자취 (1560–1569)

第３章 宣教2期 10年の足跡 (1560-1569)

* 오무라스미타다 大村 純忠 68

1. "요꼬세우라"를 교회에 제공 1. 横瀬浦を 教会領に 71

1) 제공 조건 1) 提供 条件 71

2) 가신들 전도 2) 家臣達の 伝道 72

3) 수난의 시작 3) 受難の 始まり 72

4) "요꼬세우라" 전도의 5단계 4) 伝道の5 段階 74

2. "시마바라" 2. 島原 75

3. "고토" 3. 五島 77

4. "히고", "아마쿠사시마", "시키" 4. 肥後, 天草島, 志岐 80

1) 아마쿠사시마 1) 天草島, 志岐 80

5. 고기나이 5. 五畿内 84

1) 교토 1) 京都 84

(1) "하비에르"의 이상 (1) ザビエルの 理想 84

(2) "토레스"의 "교토"선교 착수 (2) トルレスの 京都宣教 着手 86

(3) 3년 후의 선교 (3) 3年後の宣教 88

(4) 도성 안의 3인방 (4) 都の 3人方 93

(5) 히에이산 불승들의 청원서 (5) 比叡山 僧侶達の 請願書 94

2) 나라 선교 2) 奈良の 宣教 95

3) 나가사키를 교회에 기증 3) 長崎を 教会に寄贈 96

4) 나가사키의 교회들 (15) 4) 長崎の 教会(15 教会) 98

## 제 4 장 집단 개종의 실태 第 4 章 集団改宗の 実態

1. "오무라"령 1. 大村領 104

2. "이키즈키시마", "다구시마" 2. 生月島, 度島 105

3. "아리마"령 3. 有馬領 105

1) "아리마 요시사다" 1) 有馬義貞 105

2) "아리마 하루노부" 2) 有馬晴信 107

3) 신학교 설립 3) 神学校 108

(1) 신학교 학제 (1) 学制 108

(2) 신학교 입학자격 (2) 資格 108

(3) 일과표 「신학생의 하루는」 (3) 日課表 108

4. 일본 최초의 여자 수도원 4. 日本最初の 女子修道院 110

1) 조선인 출신 "마리아 박" 1) 朝鮮人 マリア 朴 110
2) 다카야마 우곤 2) 高山 友近 113
5. 기독교 수용의 배경 5. キリスト受容の背景 118

## 제 5 장 세 장군들과 기독교 第５章３将軍と キリスト教

＊두견새와 세 장군 杜鵑と３将軍の 性格 122
1. 오다 노부나가 1. 織田信長 123
＊"노부나가"의 인간성 織田信長の 人柄 124
1) "교토"에 교회건축 1) 京都に 教会建築 125
(1) 포교의 윤허자 (1) 布教の 允許者 125
(2) 교회 건축(난반지, 산타 마리아 교회) 126
(2) 教会 建設(南蠻寺サンタマリア)
(3) 위기의 후원자 "와다 마레마사" (3) 危機の後援者 和田惟政 128
2) "오다 노부나가"의 가족들 2) 織田信長の 家族達 130
(1) 차남 (1) 次男 132
(2) 두 손자 (2) 2人の 孫 132
(3) 딸들 (3) 娘達 133
(4) 친족들 (4) 親戚等 134
3) "호소카와 다마고 가라시아" 3) 細川玉子 "カラシア" 134
1) 유명한 키리시탄 "다마고 가라시아" 1) 玉子 カラシア 134
2) "가라시아"의 자녀들 2) カラシア 子女 137

2. 도요토미 히데요시 2. 豊臣秀吉 140
1) 도요토미 히데요시 1) 豊臣秀吉 140
2) 그 당시 선교사들의 직책 2) 宣教師達の 職責 141
3) 당시의 키리시탄 영주들 3) 当時の 大名達 142

4) 돌연한 추방령 4) 突然の追放令 143
(1) 추방을 위한 질문서 (1) 追放の他の質問書 143
(2) 선교사들의 회답서 (2) 宣教師達の解明書 143
(3) 추방령 (3) 追放令 144
5) 추방령의 결정적인 원인 5) 追放令の原因 145
6) 히데요시와 26 성인 6) 26聖人の殉教 148
7) 조선침략(임진왜란)에 동원된 키리시탄 영주들 151
7) 朝鮮侵略(文禄慶長)に動員された大名達
* 고니시 유키나가 小西行長 154

3. 토쿠가와 이에야스 3. 徳川家康 158
1) 초대 "토쿠가와 이에야스" 1) 初代 徳川家康 158
(1) 토쿠가와 이에야스 (1) 徳川家康 158
(2) 관동입국과 키리시탄들 (2) 関東入国とキリシタン達 160
(3) 초기 키리시탄 영주들과 두 교회 설립 (3) 初期 キリシタン大名達 161
(4) 박해의 동기 "오카모토 다이하치" 사건 163
(4) 迫害の動機 (岡本大八 事件)
(5) 자슈몬 긴미 제15조 (5) 邪宗門 吟味 164
(6) "바테렌" 추방령 (6) 伴天連 追放令 166
* 조선의 다니엘 "쥴리아 오다아"(Ota. Julia) 171
朝鮮人女子 "ジュリア. オダア"(Ota. Julia)

제 6 장 "토쿠가와" 막부의 금교정책
第6章 徳川幕府の禁教政策

1. "시마바라", "아마쿠사" 지방의 난 1. 島原, 天草地方の乱 182

2. 금교정책 2. 禁教政策 186
1) 슈몽아라다메 1) 宗教改 186
2) 테라우케 제도 2) 寺請制度 186
3) 후미에 3) 踏繪 187
4) 고닌구미렌자세이 4) 五人組 緣坐制 188
5) 키리시탄 루이조쿠아라다메 5) 類族改 189
6) 루이조쿠가이쪼 6) 類族改帳 189
7) 슈몬아라타메야쿠쇼 설치 7) 宗門改役所 設置 189
8) 미즈고구 호쇼세이 8) 密告褒賞制 190
9) 고로비 쇼모쯔 9) 轉向書物 191
10) 쇄국완성 10) 鎖國完成 191
11) 데지마 격리수용소 설치 11) 寺島 隔離収容所 設置 192
12) 에도 키리시탄 야시키 12) 切支丹屋敷 設置 192
3. 고문 및 처형방법(拷問, 處刑方法) 3. 拷問, 處刑方法 193
1) 참수형 1) 斬首刑 194
2) 화형 2) 火刑 194
(1) 일반화형 (1) 普通の 火刑 194
(2) 히아부리 (2) 火あぶり 195
(3) 이마에 화인 (3) 切, 支, 丹 195
3) 신체 상해 3) 身體傷害刑 195
(1) 산기고문 (1) 算木拷問 195
(2) 대나무 톱 또는 톱으로 자르는 형 (2) 竹刀 196
(3) 수족을 자르거나 귀나 코를 베는 고문 (3) 手足, 鼻耳 切断 196
(4) 빙판 고문 (4) 氷水 拷問 196
(5) 포승형 (5) 捕繩 刑 196
(6) 미즈세메 (6) 水責 197
(7) 온천 고문 (7) 雲仙地獄 =溫泉拷問 197

(8) 슨뿌, 쿠치노쯔 고문 (8) 兩手足を背中に縛り吊るす(鶴拷問) 199
(9) 아나츠리 (9) 穴吊り 199
* 조선인 순교자 "이사벨라" 朝鮮人女子殉教者"イサベラ" 201

제 7 장 순교사례 및 순교자 第 7 章 殉教事例と 殉教者
1. "아리마(有馬)" 지방 1. 有馬地方 204
1) 쿠치노쯔 1) 国の津 204
2. "오무라"의 박해 2. 大村の 迫害 206
3. "리노 도모나가 지로효에"의 순교 3. "ラノ" 朝長次郎兵衛の 殉教 209
* 조선인 "안토니오", "마리아" 부부와 두 아이의 순교 211
朝鮮人 "アントニオ", "マリア" 夫婦と 2人の子供の 殉教
4. 교토 "데구라" 부인과 아이들의 순교 213
4. 京都 "テクラ" 婦人と 子供達の 殉教

제 8 장 금교시대(禁教時代)의 발자취
第 8 章 禁教時代の 足跡
1. 북해도와 동북지방의 선교와 순교 1. 北海道と 東北地方の 宣教 219
1) 북해도 "마쓰마에" 반도의 선교와 순교 220
1) 北海道の松前の 宣教と殉教
2) 동북 "센다이"의 선교와 순교 2) 東北地方の仙台の 宣教と殉教 221
3) "쯔가루"의 선교와 순교 3) 東北地方の津軽の宣教と殉教 224
4) "요네자와"와 "아이즈"의 선교와 순교 4) 米沢と会津の 宣教と殉教 225
2. "오우"지방에 유배되고 도피한 무사들 227
2. 奥羽地方に流され、逃れた武士達

1) 유배된 무사들 1) 流された 武士達 227
2) 도피한 무사들 2) 逃された武士達 227

## 제 9 장 잠복(潛伏) 키리시탄 第 9 章 潛伏 キリシタン

1. "센부구" 키리시탄과 "카쿠레" 키리시탄의 뜻 230
1. 潛伏, 隱れキリシタンの意義
2. 잠복 키리시탄의 조직과 분포 2. 組織と分布 231
3. 잠복 키리시탄들의 신앙 3. 潛伏 キリシタンの 信仰 232
1) 기본적인 교리서 1) 基本教理書 232
(1) 도찌리이나 키리시탄 기독교 교리서 (1) ドチリ ドチリ キリシタン 232
(2) 묘데이몬도 (2) 妙貞問答 233
2) 기도생활 2) 祈りの暮らし 234
(1) 기도의 종류 (1) 祈りの 種類 234
(2) 카미요세 (2) 神寄 237
(3) 라틴어의 한자화 (3) ラテン語の 漢字化 238
3) 전승의례와 창작의례 3) 伝承の儀礼と創作儀礼 239
(1) 전승의례 (1) 伝承の 儀礼 239
(2) 창작의례 (2) 創作の 儀礼 239
4) 숨은 키리시탄의 신 관념 4) 潛伏 キリシタンの 神観念 242
5) 마리아 5) マリア観音 244
* 잠입 선교사 "루비노"(Joao. A. Rubino)신부와 동행한 조선인 "도마스" 潛入宣教師"ルビノ"神父と 朝鮮人 "トマス" 245
* 최후의 잠입 선교사 "시돗치"(Giovani. Battista. Sidotti) 신부 最後の 潛入宣教師 "シドッテイ" 神父 248

## 제 10 장 기적의 부활 第 10 章 奇跡の 復活


1. 잠복시대의 "쿠즈레" 1. 潜伏時代の崩れ 252

2. 키리시탄의 부활과 재탄압 2. キリシタンの 復活と 再弾圧 253

1) 키리시탄의 부활 1) キリシタンの 復活 253

2) 재탄압 "우라카미" 4차 "쿠즈레" 붕괴 2) 再弾圧(浦上 4番 崩れ) 255

(1) 비참한 유배를 여행이라고 여기는 신자들 255
(1) 悲惨な流れを 旅と言う

(2) 명치정부의 신도국교화정책 (2) 明治維新の 神道国教化 政策 258

(3) 비참한 유배자 "우라카미" 신도들 260
(3) 悲惨な流配者 浦上の信徒達

(4) "우마고야" 수용소와 "사다" 부인과 아이들 262
(4) 馬小屋 収容所 "サダ" 婦人と 子供達

* 순교를 각오한 처녀 "쯔루" 殉教を覚悟した 乙女 "ツル" 265

3. 금교철폐와 신도의 활약 3. 禁教撤廃と 信徒達の 活躍 268

1) 개국과 키리시탄의 부활 1) 開国と キリシタンの復活 268

2) 해금된 신도들의 활약 2) 解禁と 信徒達の活躍 272

3) 돌아오지 않는 숨은 키리시탄 3) 復帰せぬ 隠れキリシタン 274

4. 새로운 활동과 부흥 4. 新しい活動と復活 275


## 제 11 장 전쟁의 타격 第 11 章 戦争の 打撃


1. 만주사변과 중일전쟁 1. 滿洲事變と 中日戰爭 282

1) 중일전쟁과 가톨릭 사제에 대한 당국의 8개조의 질의서 1) 質問書 282

2) 사제들의 의견서 2) 意見書 283

3) 궁성요배, 국기게양 강요 3) 宮城遥拝 284

2. 태평양 전쟁 2. 太平洋戰爭 285

3. 전후의 자유와 재건 3. 戰後の 自由と再建 287
4. 발전과 침체 4. 發展と 停滯 289

## 제 12 장 영주들의 적과 아군, 변절자

第 12 章 大名達の敵と味方、 変節者

1. 적들 1. 敵 292
1) 마츠우라다가노부, 마츠우라시게노부 1) 松浦隆信,松浦鎭信 293
2) 시마즈요시히사, 시마즈요시히로 2) 島津義久,島津義弘 293
3) 모리모도나리, 모리데루모도 3) 毛利元就, 毛利輝元 294
4) 가토 키요마사 4) 加藤淸正 294
5) 류조지다가노부 5) 龍造寺隆信 294
6) 하세카와사효에 6) 長谷川左兵衛 295
2. 아군들 2. 味方 295
1) 오우지요시타카 1) 大內義隆 296
2) 오우지요시나가 2) 大內義長 296
3) 시바다가즈이에 3) 柴田勝家 296
4) 이시다미즈나리 4) 石田三成 297
5) 마에다도시나가 5) 前田利長 297
6) 다나가요시마사, 다나가타다마사 6) 田中吉政, 田中忠政 298
7) 후구시마마사노리 7) 福島正則 298
8) 혼다고즈게노스게 마사스미 8) 本多上野介 正純 299
3. 변절자들 3. 味方から 迫害者 299
1) 호소카와타다오기 1) 細川忠興 299
2) 다데마사무네 2) 伊達政宗 301
3) 마즈구라분고노가미시게마사 3) 松倉豊後守重政 301

## 부록 付録

"토쿠가와" 역대 장군들의 키리시탄 정책 304

徳川歴代将軍と キリシタン政策

참고도서 参考図書 308

# 일본 그리스도교회사

## 전편 일본가톨릭사(키리시탄사)

# 제 1 장
# 가톨릭교(키리시탄)의 전래와 선교정책

## 1. 가톨릭의 전래

일본에 기독교(키리시탄, 가톨릭)가 처음 전파된 것은 15세기 말엽이었다. 유럽의 2대 해양국인 스페인은 서향으로 대서양을 건너 아메리카 신대륙을 발견하게 되고, 포르투갈은 동향으로 아프리카와 인도에 이르렀다.

두 나라는 기독교(가톨릭) 국가였으므로 로마 교황은 전 세계 각지의 선교에 절호의 기회로 여기고, 두 나라의 왕에게 포교 보호권을 주는 것과 동시에, 성직자에 대한 경제적인 부담도 의무화했다.

동향하여 아세아 각지에 진출한 포르투갈인들은 먼저 1510년에 지리적 요지인 인도와 유럽의 무역 거점인 인도의 "고아"(Goa)에 이르렀고, 1511년에는 인도와 동아세아를 연결하는 거점인 말레시아 반도의 "말라카"(Malacca)에 이르러 동남아에서 동아세아에 진출하는 거점으로 삼고, 1557년에는 명나라로부터 "마카오"(Macao)를 할애받아 일본 무역의 거점으로 삼았다. 그리고 가는 곳마다 그곳에 교구를 정하고, 성직자는 그 나라의 국왕의 인가를 받도록 하였다. 서향한 스페인의 세력범위 안에서는 스페인 국왕이 성직자를 임명하고 선교하는 의무를 지도록 하였다.

일본의 기독교의 포교는 포르투갈인에 의하여 대 항해사업과 동시에 시작되었고 정식으로는 포르투갈인이 "다네가시마"(種子島)섬에 상륙한 지 6년 후인 1549년에 "프란치스코 하비에르"(Francisco de. Xavier, 1506-1552) 신부와 스페인 사제 1인, 수도사 1인, 성직자 3인이 "카고시마"(鹿兒島)에 상륙하므로 시작되었다.

그들은 가톨릭의 새 수도회인 "예수회"(Societas. Iesu)에 속한 분들이고 "하비에르"는 "나바라" 왕국출신으로 부친은 "나바라" 왕국의 국왕 고문으로 있다가 스페인에 패함으로 순직하였고, 그후 모친의 손에 의하여 양육되었으며 1525년에 파리의 성 "바르바라"학교에서 수학하고 1534년에 "이나시오"(Ignacio. de. Loyola)와 더불어 "예수회"를 창설하였다. 귀족 출신으로 파리 대학의 교단에 설 만한 인재여서 일본에 그리스도교를 포교하는데 웅대한 포부를 가지고 있었다.

일본인들은 선교 초기에는 기독교를 포르투갈어의 발음에서 "키리시탄"(Christao), 幾利紫丹, 貴理志端, 吉利支丹이라고 하였으나 금교령이 시행된 후에는 鬼利至端, 貴利死貪, 切支丹宗門이라고 하였다.

또 하나님 "데우스"를 덴도"(天道), "덴존"(天尊), "덴데이"(天帝)라

하였고, 후에는 "덴도"(天道)를 유교적인 개념으로 기독교의 "데우스"로 전용되었다.

"하비에르"가 일본 선교를 지향하게 된 동기는 일본 망명 청년 "야지로"(彌次郎)를 만남에서였다. "야지로"(彌次郎)는 "카고시마"(鹿兒島)의 부호의 자제로 35세 때에 잘못하여 살인하게 되었다. 그는 전부터 알고 지내던 "포르투갈" 선장 "바아스"에게 도움을 청하였으나 그는 출항이 늦어지므로 다른 선장의 도움으로 탈출하는 데 성공하여 "말라카"에 머물다가 "하비에르" 선교사를 만나게 되어 거기서 학원에 다니게 되고 입교하여 세례를 받고 세례명으로 "파울로 데 산다 훼"라고 하여 후에 선교사들과 함께 고국으로 돌아와 선교와 일본어 교리서 등을 번역하는데 종사하였다. 그를 통하여 일본의 문화와 지적인 능력을 알게 되었다. 따라서 일본 선교는 인도와는 다른 선교 방법을 시도하여야 겠다고 생각하였다.

그는 일본 선교에서 중요한 목적을 가지고 있었는데, 그 첫째는 일본 수도에 가서 천황을 알현하고 전국에 포교할 수 있도록 윤허를 얻는 것이고, 그 둘째는 일본의 대학에서 토론회를 열어 종교계의 상황을 아는 것이라고 하였다. 즉 먼저 지배자의 이해를 얻어 허가를 받고 나서 포교를 시작하려는 현실적인 사고였다.

그리하여 그 당시는 전국시대 말기여서 전란, 온역, 강도의 위험을 무릅쓰고 상경하였으나 당시의 "교토"(京都) 는 전란 후 11년의 "오닌의 난"(応仁의 亂)으로 도시는 황폐되어 있었고 "시신덴"(紫宸殿)이 파괴되고 황실의 황폐는 극에 달하여 "고나라덴노"(後奈良天皇)는 생계비를 마련하기 위하여 천황이 "지기히쯔"(宸筆)를 팔아 생계비를 마련하고 양식을 얻으러 다닐 정도였다.

따라서 "덴노"(天皇)의 권위는 실추되어 있어 포교의 허락을 얻을 수 있는 상황이 아니었다. 종교의 본산 "히에이산"(比叡山)의 입산허락마저도 허락되지 않았다. 천황은 권한이 없고 권한이 있는 장군들은 모두 수도에서 추방되고 이런 상태에서는 천황의 힘을 빌리는 것보다는 전국의 무장들 중에 가장 강대한 영주인 "오우지요시타카"(大內義隆)를 의뢰하는 것이 포교활동이 더 잘 될 것이라는 생각을 하고 11일 만에 일단 후퇴하여 "야마구치"(山口)로 돌아왔다.

영주 "오우지요시타카"(大內義隆)는 명나라와의 교역으로 큰 이익을 얻은 거부요, "세도나이카이"(瀨戶 內海)의 수군을 한 손에 잡고 있는 서 일본 나라의 영웅이었다. 그 성 밖의 거리에는 중국 당인들의 거리에는 외래객을 위한 기와집이 즐비하였고, 또 그곳에는 조선인들도 2,000명이나 살고 있었다.

그 "야마구치"(山口)에서 많은 열매를 거두었다. 또 일본인들을 파리로 유학을 보내기로 계획하였으나 선발되어 가기로 예정되었던 불승들이 단념함으로 결국 친하게 지내던 "카고시마"(鹿兒島)현 출신인 세례명 "베르나르도"라는 청년 한 명만이 최초의 일본인으로 유럽의 로마까지 갔으나 병약하여 객사하므로 애석하게도 수확을 거두지 못하였다.

그는 일본 포교의 시기가 이르다고 판단하고 일본인들이 중국을 매우 높이 평가하고 있기 때문에 중국을 먼저 개종시키면 일본도 따라올 것으로 여기고 중국 포교를 위하여 일본을 떠나기로 하였다.

그러나 여러 가지 애로로 중국 본토에 들어가려 "산찬도"(川上島)

에까지 상륙은 하였으나 건강이 여의치 못하여 그곳에서 1552년 12월 3일에 세상을 떠나고 말았다. 향년 46세였다.

유해는 우선 "산찬도"(川上島)의 언덕에 장사하였으나 이어 "말라카"(Malacca)에 옮기기로 되어, 1553년 2월 17일에 "산타 쿠루스"호로 "산찬도"(川上島)를 출항하여 "말라카"(Malacca)항에 입항하여 [산의 성모] 회당에 옮겨졌으나 1553년 12월에 "말라카"(Malacca)를 떠나 다음 해 3월 15일에 인도의 "고아"(Goa)에 도착하여 "산 바우로" 학원의 회당에 안장되었다.

그러나 그는 일본을 결코 잊은 것은 아니었다. 중국 선교준비로 바쁜 중에서도 "하비에르"는 일본에 3형제 "발더사르가고"(P. Balthazar. Gago. S)신부와 "듀아루데 다 시루바"(Fr. Duarte. da. Siylva) 평수사와 "페드로 데 알카코바"(Fr. Pedro. de. Alcacova. S. J)를 일본에 파송하였다. 그들은 1552년에 "카고시마"(鹿兒島)에 도착하여 어려운 여건 속에서 선교에 착수하였다.

"하비에르"가 떠난 후에는 동행하였던 "토레스"(Cosme de Torres)

하비에르와 기념탑

가 책임자가 되었고, 계속 “예수회”의 사제들은 “포르투갈” 선박을 타고 서 일본 항구로 들어왔다.

“하비에르”에게는

1619년에 “바우로” 5세에 의하여 복자품을,

1622년에는 “그레고리요” 5세에 의하여 성인품을 받았고,

1748년에는 “베네딕트” 14세는 희망봉에서 중국 및 일본에 이르는 전교지역의 수호자로,

1904년에 “비오” 10세는 전세계 전교사업의 수호자로 서품하였다.

1926년 10월 16일에는 일본 최초의 교회 “다이도지”(大道寺, 교회)가 세워졌던 자리에 [산 프란치스코 하비에르 기념비]의 제막식이 거행되었다.

日本キリスト教 總覽(松田毅一) = (동서 대항해) = 16-17
日本キリスト教史(五野井隆史) = (키리시탄 어원) = 20
日本基督教史(比屋根安定) = 23-30 (彌次郎)
日本キリシタン殉教史(片岡弥吉) = 8-14 (彌次郎)
フロイス日本史 = 제1장 주4(彌次郎)
日本キリシタン史(五野井隆史) = 25-29 (彌次郎)
日本キリスト教總覽(松田毅一) 17 (유학생)
日本カトリク教会史(ヨハネス. ラウレス) = 10-14 (페허와 山口)
日本キリシタン殉教史(片岡弥吉) = 20-22 (페허와 山口)
日本基督教史(比屋根安定) = 56-59 (하비에르 중국행 별세)
日本キリシタン物語(田中將) = 33 (大內 영주)

## 2. 선교정책

### 1) "토레스"(Cosme de Torres)의 선교정책

"토레스"는 "하비에르"와 같이 1549년에 내일하여 "하비에르"가 떠난 후 20년간 포교의 책임자가 되었다. "토레스"는 선교정책을 "하비에르"의 지침에 기초하였다.

① 일본과 일본인에 대하여 적응주의의 실천.

② 봉건 영주들에게서 선교의 허가를 받아 가신들과 국민들에게 자유로운 선교를 확보할 것.

③ 포르투갈 상선의 일본입항을 선교활동에 적극적으로 활용할 것.

④ 기회를 잡는 대로 "교토"(京都)에서의 선교에 착수할 것.

"토레스"가 책임을 진 20년간 일본의 정치상황이 어지럽게 변하였고 선교활동도 많은 좌절과 아픔을 경험하였다. 결코 순조롭지만은 않았지만 "큐슈"(九州)의 각지와 "야마구치"(山口), "교토"(京都)와 그 주변에 약 40교회를 세웠다.

선교비는 최초에는 포르투갈 국왕의 보호하에 있었기 때문에 국왕의 원조하에 있었으나 포르투갈이 급속히 쇠퇴하였으므로 재일 선교사들은 교회유지에 곤란을 겪었다.

또한, 일본의 개종자들도 전란 후여서 재정적으로 곤란한 상태였다. 그러나 상인으로 내일한 무역상 "루이스 데 알메이다"(Luis. de. Almeida. S. J)가 예수회에 가입하여 상당한 사재를 헌납하여 이 기금으로 "난반무역"(南蠻貿易)에 투자하여 많은 이익을 얻어 선교자금으로 활용하게 되었다.

### 2) "카브랄"(Cabral. Francisco)의 선교정책

"카브랄"은 1570년에 내일하여 "예수회"의 제2대 포교장이 되었다. 그는 내일하여 1개월 만에 선교사회를 소집하여 일본의 정치는 야만적이며 일본인들은 오만하며 탐욕적이며 위선적임을 부인할 수 없다고 하면서 다음과 같은 두 항목을 철저히 하였다.

① 일본의 "예수회" 회원이 일본의 전통과 관습에 따라 착용하던 견직물의 옷 착용하는 것을 금한다.

② 일본의 "예수회"가 일본과 마카오 간의 무역에 참가하여 수익을 올리던 상거래를 금한다.

이것은 전임자인 "하비에르"에게서 계승한 "토레스" 선교사의 선교정책과는 다른 것이었다.

### 3) "카브랄"에 대한 학자들의 견해

(1) "에비사와 아리미지(海老沢 有道)"의 견해

그는 "발리냐노"(Visitador. P. Alessandro. Valignano)의 "카브랄"의 잘못된 7가지 지적을 옳게 여겼다.

① 일본인은 자존심이 강하기 때문에 엄하게 다스려야 한다는 것.

② 서구인보다 저급한 인간임을 깨닫도록 고압적인 태도를 취할 것이라 한 것.

③ 일본인 "이루만"들에게도 의복, 식사, 수면에 이르기까지 차별 대우를 하여 스스로 양식생활을 따르도록 하여 일본풍습은 조금도 취하지 않고 도리어 비웃도록 할 것이라고 한 것.

④ 일본인 "이루만"에게 "라틴어"나 "포르투갈어"를 가르치지 않음

이라고 한 것.

⑤ 그것은 그들에게 비밀을 알게 하지 않기 위함이라고 한 것.

⑥ 일본인에게 학문을 가르쳐 사제가 되게 하는 것은 절대로 반대 한다고 한 것.

⑦ 스스로 일본어를 배우고자 하지도 않고 또 다른 선교사들에게도 순찰사인 “발리냐노”의 지령에도 불구하고 학습하도록 배려 하지도 않은 것이라고 하였다.

(2) “고노이 다가시”(五野井隆史)의 견해

포르투갈인 “카브랄”은 포르투갈 국왕의 연금으로 유지되어 온 일본 선교사업은 포르투갈과 인도의 양 관구의 지도하에 있어서 포르투갈풍으로 엄격하였으며, 더욱이 유럽인 선교사 중심의 식민지주의 선교정책을 채용한 것으로 여겨진다고 하였다.

“카브랄류”의 선교정책은 일본인을 신용 못하는 식민지주의적인 선교정책으로 순조롭지 못하였다. 따라서 다른 지방에서는 교회가 부흥하는데 이곳에서는 부진하였다. 그것은 선교정책의 결함이라고 하겠다.

### 4) “발리냐노”의 선교정책

“발리냐노”는 광대한 “예수회”의 “고아”(Goa) 관구 순찰사로서 1579년에 내일 하였다. 그는 일본에서의 현황을 조사, 검토하고 협의를 거듭한 후인 1582년에 선교정책을 발표하였다. 즉 “카브랄”의 선교정책의 7가지 잘못된 것을 지적하였다. 그는 수차례의 회의를 통해 [일본 포교장을 위한 규정]과 [세미나리요 지도규정] 초안을 발표하여 근본방

침을 선명히 하였다. 그리고 제1차 회의를 "우스기"(臼杵)에서, 제2차 회의를 분고(豊後)에서, 제3차 회의를 "야스즈지"(安土)에서 개최하였다.

지난번의 초안을 수정하여 1582년 2월 12일에 발표하였다. 회의에서 결정된 것을 추려보면 다음과 같다.

① "고아" 관구에서 일본을 준관구로 하여 분리하는 건

② "나가사키"(長崎), "모기"(茂木)의 기부금 받아들이는 건

③ 일본 준관구를

• 시모(下) = 히치구(肥筑)

• 분고(豊後) = 분젠(豊前), 분고(豊後), 보죠(防長)

• 미야코(都) = 간사이(關西)의 3포교구로 하는 건

④ 각 포교구에 "세미나리요"를 설치하는 건

⑤ 일본인 성직자 양성의 건

⑥ 일본인을 "예수회"에 가입시키는 건

⑦ 재일 "예수회"회원의 견직물 의복 착용의 건

⑧ "도슈구"(同宿)에 대한 처우 건

⑨ 일본 "예수회"의 연보의 건

日本キリスト教史 (海老沢有道) = 48-49 (정책)
日本キリスト教宣教史(中村 敏) = 59-60 (정책)

### 5) 전국(戰國)의 사회상과 선교정책

#### (1) 사회상

선교사들이 들어와 선교를 시작할 때의 사회상은 [천하는 파괴되려면 파괴되어라. 세상도 망하려면 망해라. 사람들은 어찌 되든 나 자

신만 부귀하면!]이라고 하는 상태였다. "후로이스"(P. Luis. Frois S. J)의 일본사에는 ["야마구치"(山口)의 거리는 상호 살상함과 병화에 휩싸이고 생자만이 승자라고 하는 것이 사람들의 표어였다…], 즉 강한 자가 승리한다는 뜻이다. 따라서 하극상, 강자 지배의 원리로 정치, 사회의 피지배자는 물론 가족은 가장의 노예로 희생되어 가정은 붕괴되고 극단적인 이기주의가 성하여 비참한 지옥을 그리고 있었다.

① "야마구치"(山口)의 기근

1554년의 심한 기근에 대하여 "후로이스"신부의 일본사 (1권 11장)에는 몇 차례의 전쟁으로 최악의 기근을 만나 거리의 사람들은 장기간 이런 기근을 당하고 있다.

가족들은 뿔뿔히 흩어지고 모든 사람은 쇠하여 눈은 우묵해지고 혈기없는 창백한 얼굴로 다니고 있었다. 이 지방의 빈곤은 비참하여 마치 죽음을 상징하는 듯하였다. 남녀 어린아이들도 쉬지 못하고 산과 들로 나가 풀뿌리를 찾아 헤매며 허기를 면하려고 하였다. 그들은 피곤하여 지쳐서 풀뿌리를 캐고도 그 자리에서 사망하는 자도 있었다.

공장의 기계 소리가 아니라 굶어 죽는 이들의 신음만이 들려왔다. 따라서 아침에 일어나 거리에 나가면 시신이 즐비하였다. 교회에 나오는 교인들도 상류 가정의 부인이든 그렇지 않든 상관없이 옷은 잘 입었으나 신발도 없이 다리는 절고, 눈에는 눈물만이 흐르고 있었다. 그리고는 굶어서 일어나지 못하고 집에 머물고 있는 부모들을 위한 구호를 요구하기도 하였다.

여기에 선교사 "토레스"는 자비심이 깊은 분으로서 이런 불쌍한 가난한 백성을 보고 참을 수가 없어 그들을 돕기 위하여 외국인으로 가난하기는 마찬가지 이지만 다소의 금전을 모아 먼곳에 가서 쌀을 많이 사오도록하여 사람들의 눈을 피하여 야반을 통하여 집안에 들여왔다. 그것으로 아침마다 큰 솥에 죽을 쑤어 전도사들을 통하여 굶주린 군중에게 나누어 주었다. 이 배급은 끊임없이 계속 되었고 때로는 소수의 가난한 사람들이 늦게 와서도 당연히 자기의 몫을 요구하는 억지도 있었다. 그들에 대한 의무는 없고 또 교회에 나와 예배에 참석하는 이들도 아니지만, 그들에게 베푸는 이런 사랑의 봉사를 본 이방인들은 감동을 받아 신앙의 길을 택하기도 하는 역사가 일어났다. 유복한 불교 사찰에서는 전혀 하지 않는 것을 선교사들이 하는 것에 비교하면서 큰 감동을 주어 전도의 길이 열리게 되었고 다음 해에는 큰 풍년이 들어 백성이 도리어 선교사들을 돕는 일을 하게 되기도 하였다. 이에 대한 불교 승려들의 시기심으로 가진 모함을 당하기도 하였다.

② "나가사키"(長崎)의 기근

30년 후인 1588년의 "나가사키"(長崎)는 매우 번성한 곳이라고는 하나 빈곤과 범죄, 노예매매가 성행함으로 당시의 사회악을 잘 보여주고 있었다. 빈민들은 생계를 위하여 산과 들로 나가 초근목피를 캐고 따는 일을 해야 했고, 노예매매로 전쟁에서 잡아 온 포로들을 소나 양을 매매하듯 하였고 또 채권자가 채무자의 자녀를 매매하게 하는 경우와 생활고로 부모가 자녀를 외국인 상인들에게 직접 매매하기도 하였다. 이런 사회악은 빈곤에 의한 생활고라고도 하겠으나 인권 무시의 봉건 윤리와 [강한 자가 승리자다.]라는 전국(戰國) 윤리에 의한 이기주의의 횡포라고 하겠다. 즉 이웃 사랑의 결여에 있었다고 하겠다.

フロイス日本史 1권 제11장 = 147-149(山口)
日本キリシタン殉教史(片岡弥吉) = 106-107(山口 長崎비참)

(2) 선교정책

이러한 사회악에 대하여 키리시탄들은 "미세리꼬르디아"(Misericordia, 자비회)를 조직하여 다음과 같은 십계명의 사랑의 계명으로 실천방식을 정하고 구호사업을 전개하였다. 즉 십계명은 둘로 구분되는데, 하나님 사랑과 이웃을 자기 몸과 같이 사랑하는 것으로 구분된다. 여기에 키리시탄들에게 14개조의 사랑의 실천방식을 정하여 철저히 교육하여 암송하도록 하여 400년이 지난 지금도 숨은 키리시탄들은 계속 실천하고 있는 것으로 알고 있다.

[자비의 14개조]를 소개하면(숨은 키리시탄의 "오라쇼"에서 육신에 관한 7개조와 영에 관한 7개조가 있다.)

[육신에 관한 7개조]

1. 주린 자에게 먹을 것을 줄 것
2. 목마른 자에게 마실 것을
3. 헐벗은 자에게 입을 것을
4. 병든 자에게 위문할 것
5. 행인에게 숙박을 제공할 것
6. 포로된 자를 돌아볼 것
7. 시체를 매장하는 것을 도울 것

[영에 관한 7개조]

1. 사람들에게는 좋은 훈계를 할 것

2. 무지한 이들에게는 길을 가르칠 것

3. 슬퍼하는 자에게는 위로 할 것

4. 벌 받을 자에게는 처벌 할 것

5. 치욕을 용서할 것

6. 이웃의 잘못을 용서할 것

7. 생사의 사람과 원수가 될 자를 위하여는 하나님을 믿고 섬길 것

따라서 이 정책은 효과적이어서 고통 당하는 많은 교인이 모여들었다. "하비에르" 선교사가 "카고시마"(鹿兒島)에 상륙한 이래 70여 년 동안에 일본 전역으로 발걸음이 옮겨져갔다. 특히 "큐슈"(九州)와 "야마구치"(山口)는 물론 "쿄토"(京都)와 "큐슈"(九州) 지방의 중간인 "시코쿠"(四国)의 "이요"(伊予), "도사"(土佐)에도 들리게 되었다.

전국적으로 번져서 16세기에는 관동지방으로 그리고 금교령의 박해 속에서도 동북지방과 북해도의 "마사키"(松前)까지 교세가 확대되었다. 키리시탄의 선교가 초창기에 잘 진행된 것은 선교정책이 그 당시의 사회상에 잘 적응하였기 때문이다.

당시의 일본의 사회상은 비참하였다. 키리시탄의 신앙은 하나님 사랑과 이웃 사랑이었다.

日本キリスト教史(五野井隆史) = 86-7 (회의와 정책)
フロイス日本史 = 제 92장 주 2 (4서원)
日本キリスト教宣教史(中村 敏) = 53-55 (정책)

日本キリスト教史(海老沢有道) = 42 (견해)
日本キリスト教史(五野井隆史) = 87 (견해)
日本キリシタン殉教史(片岡弥吉)(14개조) = 106-118
高山友近史話(H. チ-スリク) = 188-189 (14개조)
日本キリスト教史 (五野井隆史) 15-16(慈善)
フロイス日本史 제5권 103장 = 120 (자선, ミゼリコリジャ)

# 제 2 장
# 선교 1기 10년의 발자취(1550-1559)

선교 1기 10년간 전파된 지역은 "가고시마"(鹿児島)에서 "히젠"(肥前), "히라도"(平戸, 1550), "스오"(周防), "야마구치"(山口), "분고후나이"(豊後府內, 1551), "구다미"(朽網, 1551), "치구젠하카다"(筑前博多, 1557)에 전파되고 "히라도"(平戸)에서 "다구시마"(度島), "이끼쯔끼"(生月)의 두 섬에(1559)까지 전파되었다. 이 10년간 개종자는 약 6,000명으로 그중에는 중소 영주와 불교 승려도 수명이 있었으나 대부분 농민을 포함한 일반 서민이었다. 교회는 불교사찰을 개수한 것을 포함하여 9개 교회에 이르렀다. 그리고 "교토(京都)"에는 적극적인 전파가 "하비에르"가 상경한 후 10년(1559) 만에 이루어졌다.

## 1. "야마구치"(山口)선교의 성공

### 1) "야마구치 스오"(山口 周防)의 영주

오우치 요시타카(大內義隆)

"야마구치 스오"(山口 周防)의 영주 "오우치 요시타카"(大內義隆)가 "하비에르"선교사와 만남에서 자기의 영내에서의 포교의 허가를 내렸다. "하비에르"는 영주 "오우치 요시타카"(大內義隆)의 첫 만남을 위해서 "히라도"(平戶)에서 "야마구치"(山口)로 가서 알현을 구하였다. 허락을 받아 인도 총독(가루시아 데 사)의 양피지에 기록한 두 통의 서한과 "갈라카" 총독 "베도로 데 시루바"(De. Sylva)의 13종의 귀중한 선물을 제공하였다.

그 13종의 선물 중에는 "야마구치"(山口)에서는 좀처럼 보기 힘든 것들이었다. 즉 12시를 알리는 톱니 시계와 음악시계, 안경과 거울, 세 총신의 사치스런 장식을 한 부싯돌 총(燧石銃), 수정과 유리제품. 단자, 포르투갈 술, 서적, 회화, 차완 등이었다. 영주는 친서를 읽고 선물을 바라보면서 황홀해 하였다. 그리고 답례로 금과 은을 내놓았으나 신부들은 사절하였다.

이에 영주는 [우리나라 승려들은 금과 은과 선물을 탐하는데, 그네들은 어찌 사양하는 것인가?]라고 물었다. 이에 신부들은 대답하기를 [저희들이 원하는 것은 금이나 은이 아니라 다만 영혼을 구하는 것입니다. 저희들의 종교를 펼치는 선교의 자유와 많은 사람이 이 종교에 귀의하는 것을 허락하시면 그 이상의 행복은 없겠습니다.]라고 대답하였다. 영주는 즉각 그리스도교의 포교를 허락한다는 뜻을 공고하는 게시판을 거리에 세우기 시작하고 또 신부들의 신변이 위해를 받지 않도록 신하들에게 명하였다. 그리고 영주는 관내의 오래된 사찰을 제공하여 신부들의 거처로 삼게 하였다. 이에 신부들의 소원은 이루어졌다.

두 번째의 방문에는 선물로 아름답게 장식된 성서와 주해서를 드리며 [이 책 중에는 거룩한 교훈 전부가 기록되어 있으니 부디 읽어보시기 바랍니다.]라고 하니 영주는 만족스럽게 받아들였다. 이로 인하여 선교사들에 대한 세인들의 인상이 일거에 변하여 아침부터 밤까지 신부들의 거처에 몰려들었다. 귀인들, 무사들, 불교 각파의 승려들, 비구니, 상인 등과 각양 계층과 직업인들이 몰려 들어 때로는 주거 안에 다 들어갈 수가 없어서 뜰에도 가득 차 인산인해를 이루었다.

또 매일 2회의 설교 후에는 장시간 질문과 토론이 이어졌다. 즉 지구 구형설(地球球形說), 태양의 운행, 달의 영휴(盈虧), 일 · 월식, 혜성, 뇌성, 전광, 비, 눈, 서리 등에 대한 질문과 초자연적인 진리에 대한 의문이었다. 신부의 박식함은 사람들을 놀라게 하였다. 신부는 모든 사람들에게 납득이 가도록 대답하였다. 이와 같이 "야마구치"(山口)에 선교의 문이 활짝 열렸다. "오우치 요시타카"(大內義隆)가 전란으로 사망하자 그의 동생 "요시나가"(義長)가 대를 이어 영주가 되고 선교사들에게 호의를 베풀므로 선교사 "토레스"(Cosme. de. Terres)가 한 채의 사찰을 희사받아 첫 번째 교회인 "다이도지"(大道寺)를 창건하여 선교의 근거지로 삼았다. 당시에는 교회라는 단어가 쓰이지 않아 "데라"(寺)를 교회라고 사용하였다.

## 교회 창건 허가서

「周防國吉敷郡山口県大道寺事건, 西域에서 来朝한 僧侶(神父)들이 佛法(선교)을 발전하기 위한 사찰(교회)을 창건하기 위하여 청원한 것을 이에 재가함」

1552년 9월 16일. 周防守 御判. 当寺住持.

### 2) 최대의 수확 "세끼강 비와호시"(雙眼琵琶法師) 라우렌시오

라우렌시오

"야마구치"(山口)에서의 최대의 수확은 "세끼강 비와호시"(雙眼琵琶法師)의 개종이었다. 그는 25세에 개종하였다. "예수회"에 가입하여 "이루만"으로 "토레스"신부에게 수종 들었고, 1559년에는 "빌레라"신부와 동행하여 상경 "교토"(京都)선교에 종사하였다. 애꾸눈인 그의 웅변술은 청중을 매혹하는 능력이있어 일본 초기 교회에 없어서는 안 될 존재였다.

그의 개종에 대하여 "후로이스"선교사는 "일본사"에 다음과 같이 기록하였다. "야마구치"(山口)의 거리에 한쪽 눈은 보이지 않고, 한쪽 눈은 조금 보이는 맹인이 있었다. 일본에서는 자주 볼 수 있는 광경으로 문앞에 서서 비파를 켜거나, 이상한 춤을 추거나, "히라게모노가다리"(平家物語)를 읊으면서 약간의 동냥으로 생계를 유지해 왔다. 그는 이러한 처세에 뛰어났지만 그의 생생한 정신, 풍부한 지식과 이해력,

기억력이 뛰어남으로 맹인들 중에서는 뛰어난 걸작이었다. 외국의 신부들이 새로운 종교를 전한다는 소문을 듣고, 그는 뜻을 정하고 신부를 찾아갔다. 그가 제시하는 의문에 대한 신부의 대답은 그를 만족케하여 더욱 교리공부에 주력하여 세례를 받고 "라우렌시오"라는 세례명을 받았다. "라우렌시오"는 신부들이 수많은 고초를 당하면서 수만 리 먼 외국에서 찾아온 목적이 단지 이 나라의 백성의 영혼을 구원하기 위하는 것 외에는 아무것도 없다는 것을 알고 심한 충격을 받아 비파와 예능사 "히라게 모노가다리"(平家物語)를 읊는 등의 처세의 세상사는 모두 벗어버리고 교회에 들어가 잡역에 종사하면서 하나님에게 쓰이는 사람이 되었다. 교만한 자를 물리치기 위하여 비천한 자를 들어 쓰시는 하나님은 나면서부터 맹인으로 흉측한 모습을 지닌 이 사람을 일본에 있어서 최초의 "예수회" 회원으로 일본교회사 중 가장 중요한 포교자로 세우신 것이다.

그의 설교를 듣고 개종한 자는 수천 명에 이르고 불승들과 귀인들과의 논쟁에서도 지는 일이 없었으며 그의 논리에 굴하고 매우 교만하던 학자가 도리어 그에게 배우기를 청하는 자도 있었다. 그의 설교에는 굴하지 않는 기백이 있었고 그의 생활에는 끊이지 않는 곤란과 위험 속에서도 모범을 보였다. 오늘도 그의 삶은 65세의 나이로 "큐슈"(九州)의 "오무라료"(大村領)에 생존해 있지만 "후로이스"가 이 일본사를 기록한 다음 해인 1592년에 66세를 일기로 세상을 떠났다.

"라우렌시오"는 신체장애자이지만 "교토"(京都)에서 "큐슈"(九州)까지 전도하여 6,000여 명의 키리시탄을 만들었고, 그중에는 특히 유명한 영주들도 있었다. 즉 "유키 타다마사"(結城 忠正), "기요하라 시키가다"(清原枝賢), "타카야마 히다노가미"(高山 飛騨守) 등을 신앙으로 이끌었다.

또 이곳 "야나구치"(山口)에서는 "라우렌시오"를 포함하여 신자로는 무사계급과 본래 불교 승려였던 지식계급과 상인들과 도시민, 농민과 각지로 유랑하던 행상인과 대장간에서 일하던 대장장이에 이르기까지 다양한 계층의 사람들을 포함하여 약 500명에 이르렀다. 이들은 시간 나는 대로 나가서 열심히 전도하였다.

### 3) 첫 번째 크리스마스

"토레스" 신부는 일본선교를 위하여 70세가 되도록 20년간 활동하였다. 그는 특히 일본인들이 육식을 싫어하는 것을 알고 육루를 입에 대지 않았고 쌀과 얼간한 생선과 채소만으로 조식을 하며 항상 맨발로 다니는 고난을 감수하고 교회 건설에 솔선수범하였다. 그의 자비심은 많은 신자들의 마음을 사로잡았다.

특히 이곳에 창건된 "다이도지"(大道寺)교회에서 1552년 12월 24일에 일본에서의 첫 크리스마스의 미사를 올렸다. 양금(洋琴, 구라보오, 피아노의 전신)을 연주하며 신부들은 성가를 합창하고 일본 소년들로 예수님의 일대기를 교독케하는 등의 행사를 하였다. 이 고회는 선교 초기부터 이웃사랑을 강조하는 특색있는 교회였다. 이날도 미사와 설교를 끝낸 후에 그날에 모인 교인들과 신부와 직원들이 다 함께 헌금을 하여 이웃 사람들에게까지 나누어 주는 사랑을 베풀며 축하하였다. 그리고 매월 1회씩 가난한 자들을 위하여 식사대접하기를 결정하고 모여드는 사람들에게 교리를 강론하였다. 그 후에 교회가 부흥하여 교인 수가 늘어남에 따라 매월 3, 4회씩 가난한 자들을 위하여 식사대접을 하였다.

이런 모습에 "오우치"(大内)의 가신들과 불승들과 지식인들이 적지 않게 개종하였다. 특히 "교토"(京都) 출신으로 "도우노미네"(多武峰)의 학승인 "바우로 쿄젠"과 "베루나베 센요"는 "토레스" 신부를 자주 찾아가 변론 중 1554년에 키리시탄으로 개종하였다. "바우로 쿄젠"은 의사이기도 하여 "알메이다"(Luis. de. Almeida)선교사가 "분고 후나이"(豊後 府内)에 병원을 설립할 때 협력하여 의료선교에도 협력하였고 선교사들과 함께 일본어 교리서 작성에도 기여하였다.

"토레스" 신부는 교회당과 수도원을 세운 후에 아름다운 묘지를 만드는 등으로 부흥하여 1555년에는 신도수가 4,000명에 이르렀다. 그러나 1556년 이웃 나라 "나가도"(長門)의 강력한 영주 "모우리모도나리"(毛利元就)의 공격을 받아 영주인 "요시나가"(義長)는 피난하였으나 회복할 가망이 없으므로 자결함으로 그의 후원을 받아 크게 부흥하였던 교회는 폐쇄되고 선교사들은 난을 피하여 "분고"(豊後)로 망명할 수 밖에 없었다.

長崎を開いた人(結城了悟) = 31-52 (토레스, 山口)
日本キリスト教殉教史(片岡弥吉) = 21-22 (선물)
フロイス日本史 1권 제5장 (山口, 라우렌시오)
日本基督教史(比屋根安定) = 41-44 (山口), 56-59 (별세)
日本キリスト教史(五野井隆史)= 49 (교회허가)
フロイス 日本史 1권 5장 = 103-105 (라우렌시오)
日本キリシタン殉教史(片岡弥吉) = 25-26 (라우렌시오)
日本キリスト教史(五野井隆史) = 45 (라우렌시오)

日本の教会の暦史(結城了悟) = 23-24 (라우렌시오)
フロイス 日本史 1권 = 제13장 163-5, 16장
日本キリスト教史(五野井隆史) = 50-51 (성탄)
日本キリシタン物語(田中 将) = 41 (성탄)
長崎を開いた人(結城了悟) = 43-45 (성탄), 50-52 (피난)
日本の教会の歴史(結城了悟) = 17 (신자 4,000명)

## 2. 분고(豊後)의 부흥

"큐슈의 분고"(九州 豊後)의 영주 "오도모 소린"(大友宗麟=義鎮, 1530-1587, 수세 1578)

### 1) 선교와 불승들의 반대

(1) 선교

일본의 초기 그리스도교의 착실한 발전은 포르투갈 상선의 내항을 빼고는 논할 수 없었다. 그 한 예로 "큐슈"(九州)의 전국 영주들은 무기와 탄약과 생사, 견직물, 황금 등을 벌어들임과 입항세의 징수를 위해서는 상선을 자국내에 초치하여야 하며 그러기 위하여는 그리스도교의 선교를 허락하지 않을 수 없었다.

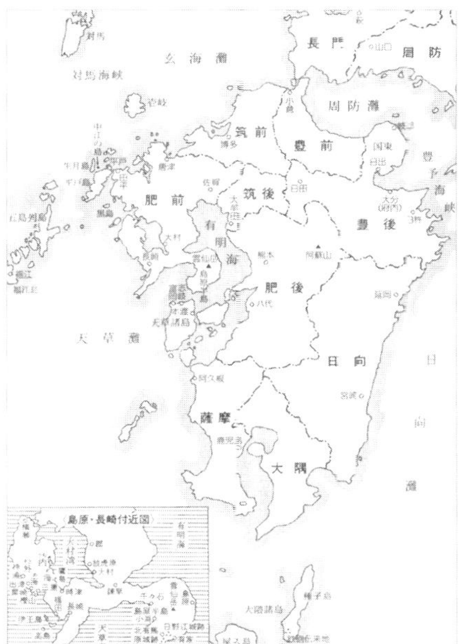

이러한 상항에서 “큐슈의 분고”(九州 豊後)의 영주 “오도모 소린”(大友宗麟)은 포르투갈의 상선에 대응하기 위하여 기독교와 관계를 가지게 되었다. 1551년 “하비에르” 선교사를 만나 키리시탄을 보호하고 선교사들에게 부지를 제공하여 머무르게 하였다. 그는 야심에 찬 청년으로 “발타사르 가고”(Baltasar, Gago) 신부를 1553년 2월에 “야마구치”(山口)에서 “분고”(豊後)로 맞아들였다.

(2) 승려들의 반대

“발타사르 가고”(Baltasar. Gago) 신부가 “후나이”(府內)에 살고 있을 때 승려들의 반대는 매우 심하였다. 승려들은 주민에게 공포와 전율을 일으키게 하기 위하여 선교사들은 사람의 고기를 먹을 뿐 아니라, 심지어는 비밀히 무덤을 파서 사람의 고기를 먹기도 한다고 소문을 내기도 하였다. 때로는 승려들은 개를 잡아 죽이고 야음을 틈타 그 피를 선교사의 주택의 문전에 뿌리고는, 다른 주민에게 그곳으로 가보라고 하면서 보내 확인하도록 하는 수단도 사용하였다. 그러나 그곳으로 간 이들이 먼저 발견한 것은 상처가 생생한 죽은 개의 시체였다. 여기에서 그들이 비방하는 것은 단순한 중상이라는 것을 주민은 알게되었다. 또 심하게는 죽은 아이들의 손을 잘라 선교사의 집 안마당에 던져넣기도 하고 또 돌을 던지기도 하였다.

(3) 영주의 입교

또한 “발타사르 가고” 신부는 “오토모”(大友) 영주의 후원을 받아 “분고”(豊後) 지방에서의 선교활동으로 일 년 간에 300명의 신자를 얻었다. 1553년 여름에는 일본에서 두 번째의 교회를 "분고 후나이"(豊後府内)에 설립하게 되었다. 이곳에서의 선교방식은 "야마구치"(山口)에서와는 조금 달리하였다. "야마구치"(山口)에서는 신자들 중에는 무사와 부호들이 중심이었지만 이곳 "분고"(豊後)에서는 무사계급은 쉽게 교인이 될 수 없었고, 대부분이 가난한 서민들 중심이었다.

또 영내에 "코레지오"(Collegio, 학원), "노비치아도"(Noviciado, 수련원)를 설립하여 일시적이나마 일본 전국의 기독교의 중심으로 번영하도록 하였다. "오도모 소린"(大友宗麟) 그는 1578년에야 이교도로 기독교에 대하여 항상 반대하여 온 신관(神官)인 처 "나다아기 모도노 무스메"(奈多鑑基女)와 이별하고 키리시탄 신부인 쥬리안을 맞고 나서 세례를 받았다. 세례명은 "프란치스코"였다(1578).

"분고"(豊後) 영내에는 "오도모 소린"(大友宗麟)영주가 개종한 후 2년간에 얻은 신자의 수는 개종 전의 수를 능가하여 1579년에 1만 명에 이르렀다. 그리고 여기에 특이한 것은 "구사미"(朽網)의 부호 일가족과 그의 일족 100명과 그 외 300명이 입교하는 열매를 맺었다.

### 2) 최초의 서양병원과 의과학교

이 교회에 포르투갈 상인으로 일본에 와서 기독교에 감동을 받아 수도사가 된 "알메이다"(Luis. de. Almeida)가 있었다. 그는 일본의 "마비끼"(間引, 가난하여 식솔을 덜기 위하여 아이를 죽이거나 강에 버리는 습관)라는 악습이 있어서 가난때문에 태어나는 아이들을 죽이거나 강에 떠내려 보내거나 하는 관습을 보고 불쌍하게 여기고 1555년에 젖소 2마리를 키우는 고아원을 "후나이"(府内)에 설립하여 "소린"(宗麟)에게 부탁하여 어린이들을 죽이지 말고 이곳에 데려오라는 방문을 부치도록 하여 최초의 복지사업이 시작되었다.

그후에 1556년에는 빈민과 한센병자를 위하여 교회 옆에 산원을 건설하여, 일본에 근대 서양의학을 전하게 되었고 이것이 최초의 서양의학 병원으로 내과와 외과 병원과 한센병원을 세워 본격적인 병원으로 활동하였다. 여기에 의사로는 "쿄센 파울로"라는 개종한 불승이 한방 의사로서 내과를 담당하고, 포르투갈에서 의학공부를 하고 외과 시술의 면허증을 소지한 "알메이다"는 외과를 담당하였다. 아쉽게도 내과 담당 의사 "쿄센 파울로"는 얼마 있지 않아 병사함으로 이곳 뿐 아니라 사방에 병원을 더 세워야하므로 할 수없이 의사를 양성하기 위하여 의과학교를 설립하기에 이르렀다.

"알메이다"는 본국에서 의과학교 교수의 면허증을 가지고 있었다. 학생 중에는 일본인 뿐 아니라 포르투갈 수도사들도 있었다. 병원 소문은 널리 퍼져서 교토(京都)와 멀리 관동지방에서도 와서 치료를 받는 등 입원환자가 늘어났다. 수십 년 동안 병으로 고생하던 환자들이 와서 고침을 받음으로 인기가 많았다. 이 병원의 치료비는 모두 키리시탄의 기부금으로 충당하였다. 특히 "쿠라라"라는 비구니 할머니가 있었는데 그는 사찰을 세우기 위한 기부금을 모집하려 전국을 순회하다가 "히라도"(平戶)에서 신부를 만나 설교를 듣고 키리시탄이 되었다. 이 부인은 병원 안에 기거하면서 자기의 소유 전액을 병원에 희사하였는데 거액이었다. 영주 "소린"(宗麟)은 선교사 "토레스"에게 영내에서 영구히 선교하도록 허락하고 이를 기뻐하는 뜻을 담은 3개조의 공고문을 교부하였다.

1580년에는 "후나이"(府內)에 "콜레지오"(大學)를, "우스키"(臼杵)에는 "노바차아도"(修練院)를 건설하였다. 그 후에도 영주 "오도모 소린"(大友宗麟, 1530-1587, 受洗 78)이 입교함으로 그의 후원으로 종단이 점점 많아져서 1580년에는 서 일본 전역에 신도수가 10만여 명을 넘었고 예수회 회원은 60명에 이르렀다. 그는 평생 선교사들에 대하여 호감을 갖고 보호하는 자세로 생을 마칠 때까지 굽히지 않고 일관하였다.

フロイス日本史 제1권 제12장 = 155-156 (犬살해)
日本キリスト殉教史(片岡弥吉) = 79-81 (병원 학교) : 110-111 (육아원, 間引)
日本キリシタ物語(田中 將) 42-46 (시설)
日本の歷史(日本史教育研究會) = 254 (身賣, 間引)

### 3) 오도모 소린(大友宗麟)과 후손들

#### (1) 오도모 소린(大友宗麟)

"오도모 요시시게"(大友義鎮) 후에 "소린"(宗麟)으로는 1530년에 "큐슈"(九州)의 "분고"(豊後)의 영주 "오오 토모"(大友) 집안에서 태어났다. 키리시탄을 처음 대한 것은 "하비에르 프란시스" 신브가 1551년에 일본을 출국하기 직전에 "소린"(宗麟)이 직접 초청함으로 시작된다. "하비에르"(Francisco de. Xavier) 일행은 "분고"(豊後)에 도착하여 "소린"(宗麟)으로부터 성대한 환영을 받았다. 여기에서 그의 구도(求道)가 시작되며 "분고"(豊後)에 키리시탄 전도의 길이 열리기 시작하였다. 이때 "소린"(宗麟)의 나이는 22세였다.

"하비에르"가 떠난 후에도 선교사들이 "분고"(豊後)에 남아서 전도할 수 있도록 허락을 받아 2년 후에는 신도수가 1,500명이 될 정도로 부흥하였다. 1556년에는 키리시탄의 좋은 보호자였던 "야마구치"(山口)의 "오우치요시나가"(大內義長)가 "모리모도 나리"(毛利元就)에 의하여 패하였으므로 일본포교장 "토레스"(Cosme. de. Torres) 신부는 포교본부를 "야마구치"(山口)에서 "분고"(豊後)의 "후나이"(府內)로 옮겼다.

"후로이스"(Padre. Luis. Frois. S. j)의 일본사에 의하면 불승들의 반대에도 불구하고 전도는 잘 되어 많은 신자가 늘어났다. "소린"(宗麟)은 스스로 토지와 재물을 기부하여 많은 교회와 병원을 세웠다. 이 병원에도 많은 환자가 모여들었고, 전도를 위해서도 필요한 존재가 되었다. 그러나 가장 중요한 본인의 세례를 받는 것은 속히 이루어지지 않았다. 그는 키리시탄에 대하여 대단히 우호적이고 또 많은 보호와 후원을 아끼지 않으면서도 그가 쉽게 키리시탄에 발을 들여놓지 못한 것에는 이유가 있었다. 종교적인 문제뿐 아니라 군사적, 경제적인 이익을 포함하여 생각하였기 때문이다. 이런 상황에서 세례를 받은 것은 27년 후인 1578년 8월 28일이었다. 세례명을 "프란치스코"라고 하였다. 그가 세례받기로 결심을 한 것은 다음과 같다.

[데우스(하나님)의 교훈은 선교사들에 의하여 일본에 전하여지는 당초부터 그 교훈은 자기에게는 합당한 것으로 생각되어, 마음속에 좋은 것으로 인정되었다. 그러나 그가 키리시탄이 되는 과정이 길어진 것은 두 가지 이유에서였다.]

그 첫째 이유는 국사에 쫓기어 좀처럼 자신의 일을 생각할 여유가 없었기 때문이요, 둘째는 키리시탄에 들어오기 전에 일본의 모든 종교를 비교하여 보는 데서였다고 하였다. 이러한 경로를 거친 후의 입신이므로 그의 신앙은 충실할 수밖에 없었고 따라서 "분고"(豊後)의 그리스도교는 크게 발전하였다.

세례를 받은 후의 그는 전혀 다른 사람으로 변신하여 훌륭한 생활을 하게 되었다. "분고"(豊後)의 영주는 장남인 "요시무네"(義統)에게 물려주고 자기는 은둔 생활로 들어가 오로지 신앙생활에 힘쓰며 지금까지의 죄를 회개하는 데 주력하였다. 매주 3, 4일은 단식하고 매일 성체에 빌며 또 "로사리오"의 기도문으로 기도하였다. 떠로는 먼 산에 세워진 십자가를 참배하기도 하였다. 그때는 연로하여 힘든 몸으로 걸어가면서 신부들에게서 신앙의 간증을 듣기도 하였다. "소린"(宗麟)의 이러한 행보는 많은 사람에게 감화를 주었고 훌륭한 모범이 되어 존경을 받고 또 전도의 효과도 있어 열매를 맺기도 하였다. 가장 기뻐한 것은 말썽꾸러기였던 장남 "요시무네"(義統)가 돌아와 세례를 받은 것이다. 아들이 돌아오기를 기도한 "소린"(宗麟)의 기도는 응답을 받았다.

1587년에 "사쓰마"(薩摩)의 "시마즈 요시히사"(島津義久)가 대군을 거느리고 침공하여 왔다. 나라를 빼앗기게 되었을 때 "구로다 요시다가"(黑田孝高)의 도움으로 구원을 받았다. "구로다"(黑田)는 열심 있는 키리시탄으로 "오도모 요시무네"(大友義統)의 불신앙을 나무라며 열심히 전도하였다. 이때 "오도모 요시무네"(大友義統)도 이번의 패전은 천벌이라고 깨닫고 통회하고 열심히 교리를 배워 세례를 받게 되었다(세례명 콘스탄티노). 2개월 후에 "소린"(宗麟)은 장남의 회개를 보고 안심하면서 58세에 세상을 떠났다.

### ⑵ 오도모 소린(大友宗麟)의 후손들

"오도모 소린"(大友宗麟)은 3남 14녀를 거느린 가운데 장남은 이미 언급했고, 차남 "지가이에"(親家)도 부부동반으로 세례는 받았으나 정실이 아닌 친모가 반 키리시탄적이어서 그 영향을 받아 그리스도교를 떠났다고 한다. 삼남 "지가모리"(親盛)는 키리시탄 부인을 맞아 세례를 받아 부부가 키리시탄이 되었으나 별로 활동이 없었다. 그러나 딸들 중에는 열심 있는 키리시탄이 많았다. 14녀 중 10명은 세례를 받은 키리시탄들로 키리시탄 사위들을 맞았다. 장녀는 "이지죠"(一条 兼定)와 결혼하여 함께 세례를 받고 열심 있는 신자로 전도에 힘썼다. 3녀 "마센시아"는 유명한 영주인 "모리 히데가네"(毛利秀包)와 결혼하였고, 4녀 "멘시아"는 신앙을 지키다가 "마닐라"로 추방되었고, 10녀 "모니카", 11녀 "루시아", 12녀 "크리스티나"와 손녀 "마센시아", "마시마", "사비나" 등 모두가 세례를 받은 키리시탄이 되었다. 13녀 "막달레나"는 화형으로 순교를 당하였고, 14녀 "레지나"는 키리시탄인 "이도 요시겐"(伊東義賢)과 결혼하였다.

日本キリスト教 宣教史(中村敏) = 79-81 (大友)
キリシタンになった大名(結城了悟) = 217-230 (大友) :224-229 (자손)
日本キリシタン物語(片岡弥吉) = 39-42 (大友)
日本 キリシタン殉教史(片岡弥吉) = 27-29 (大友)
日本キリスト教史(五野井 隆史) = 52-59 (大友) : 96-101 (자손)
キリシタン史考(H. チ-スリク) = 76-104 (大友)
長崎を開いた人(結城了悟) = 53-94 (토레스, 시설)
フロイス日本史 1권 제16장 = 187-200 (山口)

## 3. 히라도(平戸), 이키츠키(生月)

### 1) "히라도"(平戸) 최초의 키리시탄 "키무라"(木村)

"히라도"(平戸)는 "니시 큐슈"(西九州) 지방에서 가장 빨리 그리스도교가 전파된 곳이다. 선교사 "하비에르"의 선교는 1550년에 "히라도"(平戸)에서 시작되었다. 선교사 "하비에르"는 후에 일본인 최초의 사제가 되는 "세바스찬 키무라"(木村)의 일족으로 인하여 그곳에서 100여 명을 개종시켰다. 이곳이 키리시탄이 최초로 전파된 곳이기도 하지만 또한 최초의 탄압이 시작된 곳으로, 1559년 한 무사의 시녀 "마리아 오센"(仙)이 최초로 순교 당한 곳이기도 하며 순교사건이 종말도 1624년으로 다른 지역보다 앞선 곳이기도 하다.

1550년 "하비에르"가 "히라도"(平戸)에 처음 찾아 왔을 때 숙소를 제공한 "키무라"(木村)라는 무사의 일가가 최초의 키리시탄이 되었으나 이 일족에서 키리시탄사에 알려진 많은 순교자를 배출하게 되었다. 이 일족에는 "세바스티아노 키무라"(木村) 신부, "레오나르도 키무라"(木村) 수도사, "안토니오 키무라"(木村)의 3인이 있었다.

#### (1) "세바스티아노 키무라"(木村) 신부

최초의 일본인 신부이다. 그는 14세의 나이로 1580년에 "아리마"(有馬)에 "세미나리오"가 설립될 때 제1회 입학생 중의 한 사람이다. 그 학교에서 일본어, 라틴어, 일본과 로마의 고전과 작문, 습자, 음악 등을 수학하였다. 1584년에 평생을 하나님과 인간을 위하여 봉사할 것을 결심하고 19세에 "우스기"(臼杵)의 수련원에 들어갔다. 2년의 수련을 마치고 "교토"(京都)에 가서 전도 활동을 시작하였다. 1587년 6월 19일 "파테렌쯔이호레이"(宣教師追放令)가 내려져서 선교사들과 함께 "히라도"(平戶)로 피난하였다가 "큐슈"(九州)의 키리시탄 영주들 밑에 숨어서 활동을 계속하였다. 이때 "아마쿠사"(天草)의 "콜레지오"(대학교)에 입학하여 일본문학, 자연과학, 철학, 신학을 배우기 시작하였다. 1596년에는 일본 성직자가 되기 위하여 "예수회" 신학생 6인과 전도사 25명과 더불어 체발식(剃髮式, 신부가 되기 위한 하급 성직)을 받았다. 1597년에 예수회 회원 국외추방령에 의하여 선교사들과 함께 "마카오"의 "콜레지오"에 갔고, 1598년에는 부조제(副助祭, 신부의 두 단계 밑의 성직)에 추대되었다. 1600년에 일본으로 돌아와 대신학교에 입학하고, 다음 해인 1601년에 9월 21일에 26세로 일본인 최초의 신부로 서품하는 서품식이 성대히 거행하였다. 그 후 순교할 때까지 20년간을 선교사 추방령에도 불구하고 떠나지 않고 잠복하여 남아서 성실하고 선량한 신부로서의 고난의 길을 걸어갔다. 그는 자비로운 신부로서 조선인 여자 노예를 사서 해방시켜 주기도 하였다. 그 당시에는 "히데요시"(秀吉)의 조선출정 시에 장군들이 많은 노예를 잡아다가 파는 인신매매가 성하였던 때였다. 재론하거니와 키리시탄 영주들은 자비로워 노예를 사서 해방시키는 일을 많이 하였다.

화형(木村)

1622년 9월 10일에 내외인 합하여 25명의 신부와 수도사와 "나가사키"(長崎)의 30명을 합하여 56명이 처형당하였다. 이 중에

31인은 참수형을, 나머지 25명은 25개의 기둥을 세우고 한사람식 매어 달아서 화형에 처하였다. 이때 두 시간여의 화염에서 서서히 타들어가는 중에 끝까지 의연한 태도로 요동하지 않고 맨 나중에 순교 당한 이는 "키무라"(木村) 신부였다고 한다. 유해는 태워서 바다에 뿌려졌다.

(2) "안토니오 키무라"(木村)

"세바스티아노"의 조카로 선교사들을 숨겨주었다는 집주인과 여기에 5인조로 연좌된 11명과 함께 참수당한 순교자들에 속하여 순교 당하였다.

(3) "레오나르도 키무라"(木村)

"히라도"(平戶)에서 "키무라"(木村) 일족이 "마쓰우라"(松浦)의 키리시탄 박해로 "나가사키"(長崎)로 피난 후에 태어났다. 소년 시절에 "세미나리요"에 들어가 13세에 "도오쥬구"(同宿), 27세에 "예수회"의 수도사가 되었다. 17년간 경건과 겸손으로 학력도 있고 그림도 그리고 언제나 자기 본분을 성실히 감당하였다. 따라서 1614년 선교사추방령이 발하여졌을 때 상사의 명에 따라 일본에 잠복하여 키리시탄 지도에 전념하였다.

범인수색을 위하여 "나가사키"(長崎)에 온 관원이 수색 중에 "안토니오 키무라(木村)" 수도사가 체포되었다. 그 후 순교할 때까지 3년간을 옥중생활을 하였는데, 그 감옥에는 13명의 키리시탄이 들어와 있었다. 옥중에서는 매일 새벽에 한 시간의 묵상, 다음 한 시간은 소리내어 기도하고 끝나면 아침 식사까지 영적인 독서를 하였다. 식후에는 각각

작업에 들어가고, 오후에는 한 시간의 기도와 독서, 습자를 하고 그리고 영적인 독서로 하루의 일과를 마친다. 수, 금, 토요일은 모두 금식하고 자기 몸을 쳐 복종하는 고행을 하고, 금요일에는 그리스도의 고난을 묵상하며 5시간을 기도하였다. 이런 비참한 옥중생활에서도 기쁨을 감추지 못하고 기뻐하므로 많은 죄수에게 감동을 주어 믿는 자들이 적지 않아, 감옥에 있는 동안 세례를 받은 자가 96명에 이르렀다. 그리스도교의 진리를 깨달은 후부터는 모두가 옥중의 고난도 잊어버리고 죽을 때까지 참고 견디기를 원하게 되었다.

드디어 순교의 날이 이르렀다. 함께 화형을 당할 자는 "키무라"(木村) 수도사를 비롯하여 선교사들을 집에 숨겨주었다는 죄명으로 "요한 요시다"(吉田)와 조선(朝鮮)인 "고스메 다게야"와 포르투갈인 "도밍 고스"와 "죠루즈" 4인이 있었다. 형장으로 향하는 그는 밝은 표정으로 모인 키리시탄들에게 [죽을 때까지 키리시탄으로서의 의무를 다하십시오.]라고 권면하였고 자신이 순교의 자리에 이른 것을 하나님의 은혜라고 여기며 감사한다고도 하였다.

관원 앞에서 심문을 당하였다. [그대는 예수회 회원인가?] 물으니 [그렇습니다!]라고 대답하고, [장군의 명에 배반하면서 왜 일본에 숨어 있었는가?]에는 [그리스도의 복음을 전하기 위함이며, 이것은 생명이 있는 한 계속할 것이라고 생각합니다.]라 답하고, [따라서 그대는 화형에 처하라고 명하였다. 그대의 죄명은 "예수회" 회원이며, 또 장군의 명을 어기고 일본에 키리시탄의 교훈을 전하였기 때문이다.]라고 하니 "키무라"(木村)는 기쁨이 충만하여 관원에게 감사한다고 하고 주위 사람들에게도 [내가 처형당하는 것은 단지 그리스도의 복음을 전하였기 때문이라는 것을 아시기 바랍니다.]라고 하고 화형장으로 갔다.

기둥에 매달고는 장작과 거리를 두고 쌓아 먼 불에서 고통을 당하면 항복하고 배교하도록 하기 위함이었다. 불이 가까와오니 그는 시편 읊기를 계속하였다. 모여든 키리시탄들의 큰 소리로 [예수, 마리아]의 이름을 연창하는 소리가 들려왔다. 다른 4명도 "키무라"(木村) 수도사와 같이 경건한 모습으로 하늘의 기쁨을 만끽하면서 이런 고통 속에서도 극히 평안한 모습으로 순교의 길을 마쳤다. 1619년 11월 18일이었다(1619년 예수회 일본년보에서).

### 2) "히라도(平戸)"의 선교

"마쓰우라 다가노부"(松浦隆信)는 "히라도"(平戸)의 영주로 영내에 좋은 항만을 소유하고 있으므로 포르투갈과의 무역을 갈망하여, "젠슈"(禅宗)의 신자이지만 선교사들을 환대하였다. 이때 "가고"(Baltasar. Gago) 신부로 "히라도"(平戸)에 와서 전도하게 하여 많은 교인을 얻었고, "야마구치"(山口), "후나이"(府内)에 이어 1564년 11월에 세 번째 교회 "덴몬지"(天門寺)를 세우게 하였다.

특히 이곳에서의 큰 수학은 "이키츠키시마"(生月島), "다구시마"(度島) 등의 영주이며 "마쓰우라"(松浦)씨의 유력한 가신인 "안토니오 고데다사에몬 야스즈네"(籠手田左衛門安經)와 그의 동생 "죠안 이지부 가게유"(一部 勘解由)가 개종하여 세례를 받고 "히라도"(平戸), "이키츠키"(生月)지방의 키리시탄의 기둥이 된 것이다. 이로 인하여 그 외의 지방 "시시"(獅子), "네시시"(根獅子), "다가고에"(高越), "이이료"(飯良), "가스가"(春日), "다이쿄"(大脇), "시라이시"(白石) 지방으로 복음이 확산 되어 "히라도시마"(平戶島)에서만 14 교회가 세워졌다. 이때 영주 "마쓰우라 다가노부"(松浦 隆信)는 자신이 포르투갈인의 좋은 친구이며, 선교사를 환영하며 "까사"(Casa, 수양관)를 건설할 용지를 제공하며 인도의 부왕에게 편지를 보내는 등 환대하였다. 따라서 "빌레라"(Gaspar. Vilera)신부는 불과 1년 머무는 동안 1,300명을 전도하였다.

그러나 "마쓰우라 다가노부"(松浦 隆信)는 "젠슈"(禅宗)의 신자였으므로 영내에는 "죠도슈"(淨土宗), "신곤슈"(眞言宗) 등의 불교 종파가 뿌리 깊이 자리 잡고 있었으므로 불교도들의 반대에 부딪혀 선교사들의 퇴거를 명하였다. 승려 중 과격한 일부는 묘지에 있는 십자가를 파괴하고 교회를 파괴하기를 꾀하였지만 "안토니오 고데다"(籠手田)의 반대로 성공할 수 없었다. 그러나 다음 해 교회는 그들의 증오로 희생되었다. "마쓰우라"(松浦)는 선교사들을 자기 영토에서 영구히 추방하기로 하였다.

키리시탄들이 "가고" 신부를 초청하였으나 영주는 이것을 허락지 아니하고 영내에 머무는 것조차 허락지 아니하고 추방하고 대표적인 9인의 키리시탄에게 신앙을 버리라고 압박하였다. 이에 응할 수 없었으므로 키리시탄들은 야반을 틈타 "분고"(豊後)로 도망칠 수밖에 없었다. 이때 급한 나머지 가족을 데리고 갈 수 없었다. 남은 가족들이 다시 십자가를 세우고 매일 아침저녁으로 그 앞에서 기도하였다.

이교도의 한 키리시탄 하녀는 주인으로부터 다시 십자가 앞에 가는 것을 중지하지 않으면 죽일 것이라고 협박을 받았으나 그녀는 불법이 아니므로 대단하지 않은 것으로 알고 매일 계속하였다. 어느 날 저녁 그 녀가 십자가에서 돌아오니 주인은 화가 불같이 나서 그녀의 목을 쳐 죽였다. 그녀는 일본교회의 첫 순교자가 되었다. 그녀의 세례명은 "마리아"였다. 따라서 전도하던 "빌레라"(Gaspar. Vilela)선교사도 "븐고"(豊後)로 돌아갔고 포르투갈 상선은 "히라도"(平戶)항에서 "요꼬세우라"(横瀨浦)항으로 옮겨갔다.

여기에 화를 낸 "마쓰우라 다가노부"(松浦隆信)는 "요꼬세우라"(横瀨浦)가 전란으로 인하여 불타므로 포르투갈 상선이 자기의 영내인 "히라도"(平戶)항으로 입항할 것으로 기대하였으나, 상선들은 "오무라스미타다"(大村純忠)가 새로 개항한 "후구다"(福田)항으로 입항하였다. 이에 화가 난 "마쓰우라 다가노부"(松浦隆信)는 "니시큐슈"(西九州)의 바다에서 용맹을 떨치던 "다카노부"(隆信)의 수군 70여 척의 선단을 보내어 "후구다"(福田)항을 공격하도록 하였다.

이에 대한 포르투갈의 대포 위력에 지리멸렬하여 3시간 만에 200명의 사상자를 내고 패퇴하였다. 이후로 키리시탄과의 인연은 끝을 맺게 되었다. 그러나 동 영내에는 그의 충신 "고데다"(寵手田)가의 입신으로 보호와 후원을 받아 영주의 반기독교적인 자세에도 불구하고 "이키츠키시마"(生月島), "다구시마"(度島)들과 "히라도"(平戶)의 "시시"(獅子), "이라"(飯良), "가스가"(春日)에서 착실히 열매를 거두었다. 특히 "다구시마"(度島)에서는 약 1,000명의 신자가 있었고, 1565년에는 영내에는 14 교회와 약 2,500명 이상의 신도로 증가하였다(이들은 장차 박해시대의 지하교인으로 빛을 발할 신자들이었다).

日本キリスト殉教史(片岡弥吉) = 196-199 (장남 신부)
: 199-202 (2남, 3남 수도사)
日本キリスト教 總覽(宮崎賢太郎) = 284-286 (平戸, 生月)
長崎のキリシタン(片岡弥吉) = 10-11 (天門寺, 14교회)
長崎を開いた人(結城了悟) = 95-173 (토레스와 横瀬浦)
日本の教会の歴史(結城了悟) = 20 (大村와 横瀬浦) : 25 (天門寺, 福田港)
日本キリシタン物語(田中 将) = 64-69 (大村와 해전 横瀬浦)
フロイス 日本史 第 63章 = 136-140 (해전)

# 제 3 장
# 선교 2기 10년의 발자취(1560-1569)

## * 오무라스미타다(大村純忠, 최초의 키리시탄 영주)

2기 10년(1560-1569)은 "히라도"(平戸)의 영주인 "마즈라다가노부"(松浦隆信)가 무역충돌로 포르투갈 선박 사령관 "훼루난 데 소자"와 승무원 14명을 살해하는 사건으로 인하여 포르투갈 무역선의 근거지를 "히젠"(肥前)의 "오무라스미타다"(大村純忠)의 영인 "요꼬세우라"(横瀬浦)로 옮겨가는 데서 시작되었다.

서 일본에서는 1563년에 "오무라스미타다"(大村純忠)가 최초의 키리시탄 영주가 되므로 수년 후에는 "나가사키"(長崎)가 키리시탄 교회의 본부가 되었다. "오무라스미타다"(大村純忠)는 "히젠"(肥前)의 약소한 영주로서 포르투갈 상선을 자기 영내로 유치하고 선교사들의 후원을 받아 번영하였고, 또 개종하여 키리시탄 영주가 되어 그의 영토의 일부를 기독교의 토지로 기증하는 등 많은 후원으로 20년 동안에 개종자가 7만 명으로 번성하는 결과를 가져왔다.

1562년 사순절에서 "소노기"(彼杵)반도의 끝자락에 있는 "요꼬세우라"(横瀨浦)의 교회에 구경을 하러갔다가 그 교회에서 사목하는 "토레스" 신부를 만나게 되었다. 이때 신부는 "스미타다"(純忠)에게 "JESUS"라고 그린 부채와 십자가를 선물로 주었다. "스미타다"(純忠)는 "JESUS"와 십자가의 뜻을 알지 못하므로 그 뜻을 알고 싶다고 하였다. 다음날 밤에 많은 하인을 데리고 신부를 방문하여 부디 "JESUS"의 뜻을 알고 싶다고 하였다. 신부는 일본말을 잘하는 "훼르난데스"(Juan. Fernandez)라는 수도사에게 설교를 시켰다. 수도사는 천지창조에서부터 아담과 심판에 관하여 설교하였으나 십자가에 관하여는 말하지 않았다. 여기에 속히 그 이야기 듣기를 재촉하였다. 여기에 수드사는 예수님의 탄생과 속죄와 십자가의 은공을 설명하였다.

이에 "스미타다"(純忠)는 잘 알겠다고 하고 집으로 돌아와서는 십자가를 만들어 목에 걸고 사람 앞에서도 자기 방에도 장식을 하였다. 그 후에는 자주 설교를 들으며 신부의 교훈을 받고 나서는 "요꼬세우라"(横瀨浦)에 와서는 세례를 받기를 원한다고 하였다. 신부도 평소에 열심히 공부하고 또 진심으로 원하는 것을 알고, 1563년에 세례를 베풀어 최초의 키리시탄 영주가 되었다(세례명은 "바톨로메오"였다). 그의 인격은 훌륭하였다. "스미타다"(純忠)에 대한 "알메이다" 신부의 기록을 소개하면 다음과 같다.

나는 지금까지 일본에서 그이만큼 키리시탄다운 이를 보지 못하였다. 특히 이렇게 지위가 높은 영주로서는 더욱 그렇다. 이 지방의 전쟁에 부합한 신선한 의복을 입고, 그 위에 입은 덧옷에는 별도로 양어깨의 아랫부분에 흰 원형에 녹색 문자로 "JESUS"라고 그려졌고, 이 문자 중앙에는 (INRI)라는 문자가 기록된 경건한 십자가가 있고, 원의 주위의 남은 부분에는 3개의 못이 적절하게 배치되어 있었다. 뒷판에도 같은 모양이 있고, 그 천에는 그 외의 비상한 아름다운 그림이 그려져 있었다. 목에는 아름다운 십자가와 "콘다스"(로사리오)가 걸려 있었다.

"스미타다"(純忠)는 말씀을 지키며 열심히 전도함으로 영내에서 키리시탄이 된 자의 수는 7만 인이 넘었고, 교회는 40 교회가 넘게 세워졌다. 또 사위들인 "나가사키"(長崎)씨와 "후쿠다"(福田)씨도 키리시탄으로 "나가사키"(長崎)와 "후쿠다"(福田)의 도시는 훌륭한 키리시탄 도시로 발전하였다. 일본교회의 훌륭한 큰 기둥이었던 그는 임종이 가까워져 옴에 장남인 "요시아키"(喜前)를 불러 교훈을 잘 지키고, 이웃 주민을 사랑하고, 하나님을 위하여 충성하라는 유언을 남기고 "히데요시"(秀吉)가 "파테렌"(伴天連) 추방령이 발하기 직전인 1587년 5월에 소천하였다.

그가 남긴 공적으로는 ① 다른 영주들과 협력하여 "덴쇼"(天正)의 "겐오시세즈"(遣歐使節)를 파견한 것 ② "나가사키"(長崎)항을 개항하고 그곳을 교회에 기증한 것 ③ 친가인 "아리마"(有馬)가를 신앙으로 인도한 것이다. 특히 "아리마하루노부"(有馬晴信)는 훌륭한 키리시탄 영주로 알려졌다.

## 1. "요꼬세우라"(横瀨浦)를 교회에 제공

"오무라스미타다"(大村純忠)는 선교사 "아르메이다"의 청원을 받아들여 "요꼬세우라(横瀨浦)"항을 다음의 조건으로 교회에 제공하였다. 이곳을 선교사들과 포르투갈인들은 "놋사 스니요라 다쥬요다"(扶助者의 聖母의 港口)라고 불렀다.

### 1) 제공 조건

① 기독교의 교리를 설교할 한 사람의 수도사를 파견하여 여러 곳의 교회를 세울 것을 희망하며,

② 이를 위하여 토지(知行地, 임대지)를 대여하며 대지는 "요꼬세우라"(横瀨浦)로 교회의 주위 4㎞의 토지를 농민과 함께 기부하며,

③ 이 항구에는 선교사들의 동의 없이 이교도들의 정주를 금한다. 또 무역으로 내항하는 포르투갈 상인에게 10년간 각종 세금을 면제한다고 하였다.

여기에 "토레스" 선교사가 도착하여 이곳에 교회를 건설하기 시작하였다. 1563년에 교인 수가 300여 명에 이르고 주일엔 60명 이상의 어린이들이 주일학교에 다니게 되었다. "오므라"(大村)는 그 해 사순절(3월 21일-28일)에 처음으로 "요꼬세우라"(横瀨浦)교회를 방문하여 기독교의 교리에 귀를 기울이고 다음날 개종의 뜻을 밝혔고 약 2개월 후인 6월 초순에 신앙을 가짐은 "데우스"(하나님)가 주신 은총으로 알고 가신 25명과 함께 30세에 세례를 받았다.

### 2) 가신들 전도

가신들을 전도하는 데 있어서 강제성을 띠지 않았다. 그것은 불교 사찰과 반 키리시탄의 세력의 반발을 예측하므로, 영내의 소란을 피하기 위해서였다. 영내에 있는 가신들을 일제히 한목에 개종하도록 하지 않고 4-5인으로 분리하여 순차적으로 "요꼬세우라"(横瀨浦)로 보내어 교리를 듣게 하여 개종하도록 하였다. 그 가신인 무사들이 개종하므로 일반 영민들은 바로 그리스도교에 귀의하게 될 것이라고 믿었기 때문이다. 영내의 선교활동은 전면적인 지원 아래 진행되어 "오무라"(大村)와 "요꼬세우라"(横瀨浦)의 개종자는 1,200명에 이르렀다.

### 3) 수난의 시작

"스미타다"(純忠)는 열심 있는 신자로서 세례를 받은 다음 날 "사가"(佐賀)의 "류조지 다카노부"(龍造寺 隆信)와의 전쟁에 참전하였다. 전장으로 나가는 도중에도 당시 무장들에게 존중되던 "마리시 덴조"(摩利支天像)를 떼어 불사르고 사찰에도 불을 지르도록 하고 그 자리에 십자가를 세우고 영내 모든 우상을 소각하도록 하였다. 또 영내의 신사(神社)와 불각(佛閣)을 차례로 불사르므로 영내의 반감을 샀다. 특히 양부인 "스미아키"(純前)를 위한 불전 공양을 폐하도록 하고 망부의 위패를 우상이라는 이유로 불사르므로 가신들이 서자로 "다게오"(武雄)의 "고도오"(後藤)가의 양자로 간 "고도오다카아키"(後藤貴明)와 결탁하여, 영주인 "스미타다"(純忠)와 선교사를 살해할 목적으로 난을 일으켰고 이 반란으로 인하여 "요꼬세우라"(横瀨浦)가 불타버리고 말았다.

원래 "오무라"(大村)가(家)와 "아리마"(有馬)가(家)는 한 조상으로,

"오무라 스미아키"(大村純前)의 부인은 "아리마 하루스미"(有馬晴純)의 여동생이고 "아리마 하루스미"(有馬晴純)의 부인은 "오무라 스미아키"(大村 純前)의 여동생으로 겹사돈이었다. 그런 관계에서 생질인 "아리마 하루수미"(有馬晴純)의 아들 "스미타다"(純忠)를 양자로 받아들였다. "수미아키"(純前)에게는 원래 "다카아키"(貴明)라는 서자가 있었으나 뜻이 있어서 "다카아키"(貴明)를 "사가겐"(佐賀県)의 영주 "고도"(後藤)가에 양자로 보내고 "스미타다"(純忠)를 "오무라"(大村)가의 대를 잇도록 하였다. 여기에 불만을 품은 "다카아키"(貴明)는 "스미타다"(純忠)가 세례를 받은 것을 기회로 "오무라"(大村) 가의 중신들과 합작하여 난을 일으켰다. "스미타다"(純忠)는 성을 함락당하고 매우 난처한 처지에 놓였다. 이것이 키리시탄이 됨으로 일어난 것임에도 불구하고 결코 신앙을 버리지 않고 잘 참고 견디었다.

4년 후에 반란군을 진압하고 돌아와서 "산죠"(三城)라는 새 성 근처에 교회를 세우고 신부님들을 초대하였다. 이를 계기로 "마쓰우라 타카노부"(松浦隆信)의 공격으로 해전이 일어난 것은 전술한 바와 같다. 이로 인하여 "스미타다"(純忠)는 40일 후에야 "오무라"(大村)로 돌아올 수 있었다.

이후로 포르투갈 상선은 "요꼬세우라"(横瀬浦)에서 "후쿠다"(福田)항으로 갔다가 마침내 "나가사키"(長崎)가 개항되므로 그곳으로 입항하였고, 동시에 "나가사키"(長崎)에는 각처에서 추방당한 키리시탄들이 모여들기 시작하여 키리시탄시가 형성되어갔다.

말년에는 6개월간 병고로 고생하면서 죽음을 준비하고 있었다. 장남을 불러서 말씀과 교훈을 잘 지키며, 백성을 사랑하고, 하나님을 위하여 힘써 일할 것을 유언으로 남겼다. 그리고 신부님과 수도사들만 방에 남도록 하고 성체와 종부성사를 부탁하였다. 신부님은 신, 망, 애의 마음을 일으키도록 친절하게 설교함으로 "스미타다"(純忠)는 속히 천국에 가서 하나님을 만나보고 싶다고 하면서 [예수, 마리아]를 연호하면서 일본교회의 귀중한 기둥으로 세례를 받은 지 24년 만인 1587년 5월 24일에 조용히 숨을 거두었다. 일본의 많은 영주 중에서 최초의 키리시탄 영주가 되었다.

#### 4) "요꼬세우라"(横瀨浦) 전도의 5단계

① 1562년 초 – "오무라스미타다"(大村純忠)가 선교사들을 초청함. "토레스" 신부와 "알메이다" 신부 파견을 결정함.

② 1562년 7월 – "오무라스미타다"(大村純忠)와 "토레스" 신부 사이에 교섭이 성립됨. "고루레스" 신부 "요꼬세우라"(横瀨浦)를 받아들임.

③ 1563년 6월 –"오무라스미타다"(大村純忠) 세례를 받음.

④ 1563년 8월 17일 – "오무라스미타다"(大村純忠)에 대한 반란이 일어남.

⑤ 1563년 11월 하순 – "요꼬세우라"(横瀨浦)가 불탐으로써 선교사들이 항구를 포기함.

이 항구 전도는 1562년 7월부터 1563년 11월까지 불과 1년 4개월뿐이었다. 그러나 이 기간 동안 일어난 사건은 일본 교회사의 진로를 바꾸었고, 동시에 두 사람의 주역 "고메스데 토레스"와 "오무라스미타다"(大村 純忠)의 인생에 깊은 흔적이 되었다.

日本キリスト教宣教史(中村 敏) = 78-79 (大村)
日本キリスト教史(五野井隆史) = 93-95 (大村)
日本キリスト教總覽(宮崎賢太郎) = 288-289 (大村)
日本キリシタン物語(片岡弥吉) = 34-38 (교인 7만 명, 교회 40)
: 69 "세루게이라"(Luis. de. Cerqueira)
キリシタンになった大名(結城了悟) = 35-42 (純忠) : 43-53 (喜前)
日本キリスト教史(五野井隆史) = 56-65 (히라도(平戸)의 선교, 12)
: 60-61 (제공 조건) : 62-64 (전도)
フロイス 日本史 = 제 40(개항) : 48장 (화재)
日本キリシタン物語(田中 將) = 65 (제공, 조건)
長崎を開いた人(片岡弥吉) = 98-99 (5기간, 전도)
日本キリスト殉教史(片岡弥吉) = 31-32 (겹사돈)

## 2. "시마바라"(島原)

"시마바라"(島原) 반도 일원은 온천산 "운젠다케"(雲仙岳)에 대한 "슈겐"(修驗)신앙의 뿌리 깊은 곳이며 또 "오무라"(大村)령과 같이 "이세"(伊勢)신앙이 번성한 곳으로 이와 관계된 사찰이 많아 그 세력이 강하였다. 이보다 먼저 1563년에 "알메이다"(Luis. De. Almeida) 선교사에 의하여 "시마바라"(島原) 반도의 개척이 시작되었지만 선교활동의 장래에는 곤란이 예상되었다.

"후로이스"는 "알메이다"에 대하여 다음과 같이 평하였다. [그는 세상에서 말하는 자동항구 운전기(自動恒久 運傳機)로서 다분히 많은 영혼을 구원하기 위하여 여기저기에 분주히 달리고 있었다.]라고 할만큼 열정적인 선교사였다. "시마바라"(島原), "다카구코리"(高來郡)의 영주 "아리마 하루스미"(有馬晴純)는 "스미타다"(純忠)의 부친이고, "시마바라"(島原)의 영주 "아리마 요시사타"(有馬義貞)는 "스미타다"(純忠)의 형이었다.

"아리마"(有馬) 영주의 초청을 받고 선교사 "알메이다"와 일본인 "베르쇼루" 두 사람이 파견되었다. 두 사람은 "시마바라"(島原)에 가서 "야마구치"(山口) 출신 의사 "산 바우로"의 집을 중심으로 선교를 시작하였다. 먼저 그곳에서 영주의 자녀 한 사람을 비롯하여 50명에게 세례를 베풀었다. 거의가 지위가 높은 무사들이었다. 그 후에도 70여 명에게 세례를 베풀었다. "아리마"(有馬)씨는 "시마바라"(島原)외에 "구치노츠"(口の津)에도 교회를 세우도록 허가를 하였고 두 사람은 배편으로 그곳에 가서 교회를 세우고 250명에게 세례를 베풀었다. "아리마"(有馬)가 제공한 폐사(寺刹)를 교회로 이용하니 교인 수가 날로 부흥하여 400명에서 700명에 이르고, 그중에는 부유하고 신분이 높은 이들도 있었다.

그리스도교는 불교 세력에 대하여 위협적인 존재가 되었다. 즉 불도들의 시주가 줄어들므로 크게 반발을 샀다. 여기서도 선교사들은 사람의 고기를 먹으며, 그들이 가는 곳마다 황폐된다고 하며, 또 교회를 세우면 포르투갈 사람들이 와서 토지를 빼앗는다고 중상하였다. 따라서 영주는 교회건축에 있어서 근처의 주민 70호에 대하여 조세를 감하여 주고 건축에 이권을 주는 등 편의를 제공하고 큰 선박이 접안할 수 있도록 교회 문전에 부두를 축조하기도 하였다. 또 "쟌 신스케"라고 하는 "시마바라 가미노스게신스게"(島原上野介新介)는 선교사들에게 숙소를 제공할 뿐 아니라 자택을 교회로 사용하는 등 당시의 그 지방의 보호자 역할도 하는 독실한 신자였다. 1567년에는 "시마바라"(島原)반도의 신자 수가 20,000명에 이르렀다.

日本キリスト教史(五野井隆史) = 65-70 (島原) : 95-96 (有馬 2만 명)
日本キリシタン物語(田中 将) = 68-69 (島原)
フロイス日本史 = 제44-45장 (島原) : 49장(島原)

## 3. 고토(五島, 1565)

"고토"(五島)에 키리시탄 선교는 1562년 환자인 18대 영주인 "우구스미사다"(宇久純定)의 요청으로 파견된 일본인 의사인 "디이고"가 수일간 머무는 동안에 "우구스미사다"(宇久純定)의 병을 고쳐주는데서 시작되었다. 그후 1566년에 파견된 "알메이다"와 "라우렌시오"(Lorencoy) 수도사가 재발한 "우구스미사다"(宇久純定)의 병을 치유함으로 "후쿠에"(福江)에서 25명과 "오쿠우라"(奥浦)에서 120명에게 세례를 베풀었다.

그러나 자주 발생하는 화재와 유력가신들과 친척들과 불교세력에 반키리시탄 무사들이 "히라도"(平戸)의 "마쓰우라"(松浦)씨와 연합하여 반란을 일으키므로 선교는 활발하게 진행되지 못하였다. "알메이다"가 떠난 후 1558년에 "몬테"(Padre. Joao. Baptista. de. Monte) 신부가 와서 영주 "우구스미사다"(宇久純定)의 장자 "스미다가"(純堯, 루이스)에게 세례를 베풀었고 "후쿠에"(福江), "오쿠우라"(奥浦)와 "무가다"(六

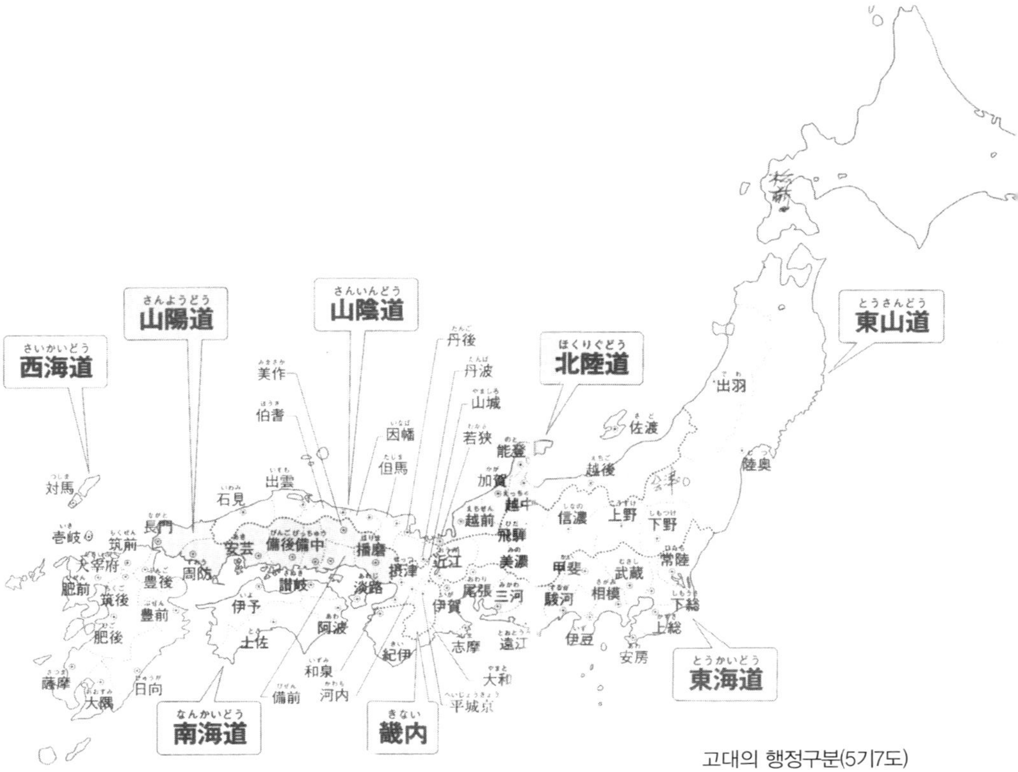


고대의 행정구분(5기7도)

方)에는 교회가 설립되었다. 1576년에는 "스미사다"(純定)가 세상을 떠나고 장남 "스미타카"(純堯. 루이스)가 제19대 영주가 되었으나 "스미아키"(純堯)도 1579년에 젊은 나이에 세상을 떠났다. "스미타카"(純堯)의 다음은 "스미사다"(純定)의 손자인 "스미하루"(純玄)가 제20대 영주로 "고토"(五島)라는 성씨를 사용하였다. "스미하루"(純玄)는 키리시탄을 탄압하게 되고 따라서 "스미사다"(純定)의 3남 "루이스 하루마사"(玄雅)는 많은 신도와 함께 "나가사키"(長崎)로 망명하였다가 "스미하루"(純玄)가 1594년 임진왜란으로 조선에 출병하였다가 전사하였으므로 전사한 후에 "하루마사"(玄雅)는 "고토"(五島)에 다시 돌아와 제21대 영주가 되었다. 재차 키리시탄이 번영하여 300명의 개종자가 생겼다. 그러나 말년에 "이에야스"(家康)의 금교령에 의하여 "하루마사(玄雅)"는 배교하였고, 제22대 영주 "모리오사무"(盛理)도 탄압을 강화함으로 "고토"(五島)의 키리시탄은 쇠퇴하였고 교회는 붕괴되었다. 이 "고토"(五島)를 키리시탄 영지로 부흥시킨 것은 "오무라"(大村)령의 키리시탄들이었다.

1797년에 "고토"(五島)의 영주 "고토모리유기"(五島盛運)가 "오무라"(大村) 영주 "오무라 스미고레"(大村純尹)에게 [고토(五島)는 토지는 넓지만 인구가 적어서 미개간 토지가 많으므로 농민들을 이주하여 주기]를 간청하였다. 특히 "오무라"(大村)령은 토지가 적고 인구는 많으므로 농민들을 이주시키기로 하였다. 영민들은 기뻐하며 환영하였다.

첫 번째 이유는 입지조건이 좋지 않아 생활의 어려움에서 뿐단은 아니었다. "오무라"(大村)령에서는 경제적인 안정을 위하여 인구억제정책을 취하고 있었다. 즉 주민의 빈민화(貧民化)를 방지하기 위하여 자녀 중에 장자만 남기고 그 외의 아이들은 살해 "마비기"(間引)하도록 강요하였다. 여기에 키리시탄들은 그런 큰 죄를 범할 수가 없어서 숨겨서 키우든가 또는 호적에 올리지 않고 무적자로 남겨져 숨어서 살아가야만 하기도 하였기 때문이다.

두 번째의 이유는 "오무라"(大村)령은 옛날 전주민이 키리시탄이었으므로 당국의 심한 박해로 1657년에 많은 희생을 당한 적이 있었고, 그 후에도 계속 단속의 눈은 떠나지 않았다. 이런 상황에서 "고토"(五島)에 이주하는 것은 영아를 살해하지 않아도 되고 또 키리시탄의 단속도 심하지 않아 신앙의 자유도 있어 모두들 [고토(五島)에 고토(五島)에]로 노래하면서 가기를 원하였다. 해를 거듭하면서 3,000명이 이주하여 개간에 힘썼다.

이는 마치 미주대륙 개척의 선구자가 된 청교도들과 같은 심정으로 열을 올렸으며 다음과 같은 노래를 남기고 있다.

"고토"(五島)에 "고토"(五島)에로 모두가 가기를 원하네.

"고토"(五島)는 따스한 곳, 땅도 따스한 곳일세.

이주한 주민들은 다음과 같은 넋두리를 남기고 있다. ["고토"(五島)는 극락, 이주하여 보니 지옥이라]라고 할 정도로 심한 곳이었다. 비옥한 땅은 원주민들의 차지이고 나머지 산악지나 메마른 땅만이 이주자들의 차지였다. 그러나 영아를 살해하라는 강제도 없고 신앙의 자유가 보장되어 있어서 모두들 기쁨으로 고난을 이겨나갔다.

長崎のキリシタン(片岡弥吉) = 35-43 (五島: 노래)
日本キリスト教史 (五野井隆史) = 70 (五島)
キリシタンになった大名(結城了悟) =129 (五島)
日本キリスト教總覽 = 289-290 (五島キリシタン)

## 4. "히고"(肥後), "아마쿠사시마"(天草島) "시키"(志岐, 1566)

### 1) 아마쿠사시마(天草島)

"아마쿠사시마"(天草島)와 키리시탄과의 연결은 1566년에 "시키시게즈네"(志岐鎮經 또는 麟泉, 돈 미카엘)가 포르투갈 상선의 내항을 기

대하며 선교사 "알메이다"를 초청하여 세례를 받음에서 시작되었다. 그후 1568년에는 "토레스"선교사도 초청을 받아 "구찌노츠"(口の津)에 와서 선교함으로 그 수는 1,000명에 이르렀고, 1570년에는 1,400명으로 늘어났다.

영주가 교회를 적극적으로 지원하지는 않았으나 무역선을 바람으로 "토레스"선교사의 떠남을 허락하지 않았다. 일븐 초대 포교장인 "토레스"가 연로하여 그 후임으로 "카브랄"(Cabral. Francisco, 1533-1609) 선교사가 1570년에 내일하여 제2대 포교장으로 부임하였다. "카브랄"은 내일하여 1개월 후에 "시키"(志岐)에서 10인의 신부와 4인의 수도사를 소집하여 선교사 회의를 개최하였다. 이곳 "시키"(志岐)가 일시나마 일본선교의 중심지가 되었다.

이 회의에서는

① 일본의 "예수회" 회원은 일본의 전통과 습관을 존중하여 사치스러운 명주옷의 착용을 금할 것.

② 일본의 "예수회" 회원이 일본과 마카오 간의 무역에 참가하여 이익을 얻고 있던 상거래를 금할 것이었다.

이것은 "하비에르"에서 "토레스"에게 계승된 선교정책과는 다른 것이었다. 왜 "카브랄"은 선교정책을 전환하였을까? "빌렐라"(Gaspar. Vilela) 선교사는 "카브랄"의 잘못된 것을 7개조로 지적하였다.

일본사람들은 자존심이 강하므로 엄하게 취급하여야 한다. 서양인보다 매우 저급한 인간들임을 표시하기 위하여 일본인 이루만들에게 의복, 식사, 수면에 이르기까지 차별대우를 하여 스스로 양식 생활을 하도록 하기 위하여, 일본 풍습을 조금이라도 취하지 않도록 하고 그것을 비웃었다. 일본인 이루만에게는 라틴어, 포르투갈어를 가르치려고 하지 않았고, 그것은 그들의 비밀이 알려질 것을 금하기 위함이요, 일본인들에게 교육하여 사제가 되는 것을 절대 반대하였다. 자신도 일본어를 배우지 않고, 다른 선교사들에게도 배우도록 하지 않았다.

선교는 점차 남부로 전파되어 "아마쿠사"(天草) 반도의 남부 "가와우지우라"(河内浦)의 영주 "아마쿠사 시게히사"(天草鎮尙)도 선교사의 파견을 기다렸고, 1569년 2월에 "알메이다" 선교사가 그곳에 도착하여 오래 머물기를 원하는 영주에게 다음의 5개 항의 조건을 제시하였다.

① 영내에서 선교하는 것을 찬성한다는 서장을 영주를 비롯하여 모든 성주가 제출해 주실 것.

② 영주께서 친히 일주일간 설교를 청종하실 것.

③ 만일 이 교훈이 마음에 동의하시거든 키리시탄들이 받아들이는 것 같이, 영주는 자식 중 한 아들에게 세례를 받도록 하실 것.

④ 영주 자신의 거주지인 "가와우지우라"(河内浦)에 한 교회를 건설할 것이며 그것을 위하여 토지를 제공하여 주실 것.

⑤ "가와우지우라"(河内浦)부터 "시키"(志岐)에 이르기까지의 연안에 거주하는 주민에게 설교를 들은 후 키리시탄이 되고자 하는 자들에게 영주께서는 허락하여 주실 것. 즉 신교의 완전 자유를 향유하도록 특별보증을 하여 주실 것.

영주가 모든 것을 그대로 받아들임으로 "알메이다"는 즉시 활동을 개시하였고 영주는 마음을 정하고 설교를 듣기 시작하여 10일간 계속하였다. 그때에 그는 구원을 얻기 위하여는 무엇을 하여야 하는가를 잘 깨달았다고 하면서 자기뿐 아니라 가신들이 세례를 받으러 찾아왔다.

첫 번째는 그의 영내의 원로 일가로 50인과 장인과 120인이 함께 왔고, 또 영주의 가신들이 이어졌다. 그리고 시골에 가서는 400명 이상에게 세례를 베풀었다. 영주는 세례를 받고 "레안"이라는 세례명을 받았다. 호사다마라고 승려들이 잔인한 이교도인 영주의 두 형제(大和守와 刑部大輔)를 선동해 합심하여 키리시탄을 박해하기 위한 반란을 일으켰다. 따라서 영주와 가족들은 일시나마 "본도죠"(本渡城)에 피난을 하였다. 이때에 이웃 나라 "기기린센"(志岐麟泉)의 원조로 5-6개월만에 전토를 회복하여 돌아올 수 있었다. 따라서 "알메이다"도 돌아와 선교에 전력하였다. 8월 하순까지 머무는 동안에 약 500명의 신도를 얻었다.

영주 "아마쿠사 시게히사"(天草鎭尙)도 세례를 받고 "성 미카엘"라 이름하였고 많은 친척도 세례를 받았다. 그러나 처가 아직 이교도로 철저하게 불교도들을 보호하는 권위있는 여인이었기 때문에 4명의 자녀는 세례를 받지 않았다. 장남이 먼저 키리시탄이 되어 세례를 받고 "성 요한"이라는 세례명을 받음으로 많은 가신도 대부분이 키리시탄이 되었다. 그리고 5년 동안을 그녀는 가까운 곳에 나갈 때에도 가마를 타고 명주옷을 입고 좌우에 20-30명의 여인이 정렬하드록 하는 등 마치 왕과 같은 행세를 하였다. 그러던 그녀가 키리시탄의 강의를 듣기 시작하고 이해를 하고 마침내 "키부리엘" 신부에게서 세례를 받는데 이르러 "도나 그라시아(은총을 주십시오)"라는 세례명을 받았다. 끝까지 반대하던 막내도 세례를 받았고 또 따르던 여인들도 함께 세례를 받았다. 이때에 승려들도 개종하고 사찰은 헐리고 대신 교회가 세워졌다. 이 부인은 날마다 신앙심이 강하여졌고 전 생애를 키리시탄으로 교회에 충성하게 되고 시녀들과 같이 시편을 읊기도 하였다. 이에 "돈 미카엘"은 더욱 힘을 얻어 노년임에도 전력을 기울여 그의 가신 1만 명, 내지 1만 2천 명이 키리시탄이 되고 교회수는 35개 교회가 세워졌다.

日本キリスト教總覽(宮崎賢太郎) = 281-284 (天草, 알메이다)
日本キリスト教史(五野井隆史) = 71-72 (天草) : 86-87 (카브랄. 결의)
キリシタン 史考(H- チ-スリク) = 353-363 (개종3단계)
キリシタンになった大名(結城了悟) = 121 (天草, 5영주)
フロイス日本史 = 제81장 (3단계 = 145 = 부인행차) : 92장 (회의)

## 5. 고기나이(五畿內)

### 1) 교토(京都)

#### (1) "하비에르"의 이상

"하비에르"의 상경

"하비에르"(Francisco. de. Xavier)는 일본에 올 때부터 일본선교의 효과적인 방법은 먼저 상경하여 천황을 알현하여 포교허락을 받고 일본의 종교현황을 조사하는 것이라고 생각하였다. 그는 1550년 8월에 "카고시마"(鹿兒島)를 떠나 "히라도"(平戸)를 거쳐 12월 중순에 "야마구치"(山口)를 떠나 1551년 1월에 "교토"(京都)에 도착하였으나 당시의 "교토"(京都)는 11년간의 "오닌의 난"(応仁の乱)으로 "시신덴"(紫宸殿)이 파괴되고 황실의 황폐는 극에 달하여 105대 "고나라덴노"(後奈良天皇)는 생활비를 마련하기 위하여 천황이 "신비츠"(宸筆)를 팔아 마련하고 궁정의 관료(關白)들도 생활비와 양식을 마련하기 위하여 도성을 돌아다닐 정도였다.

이와같이 막부의 위신은 땅에 떨어졌고 장군 "아시카가요시테루"(足利義輝)는 "고노에"(近江)에 피난한 상태였다. 궁성은 화려함이 아니라 황폐하여 농가로 보이는 초라한 목조건물이 궁성으로의 화려함은 찾아 볼 수 없을 정도였다. 이와 같이 "하비에르"가 "교토"(京都)에 도착하였 때는 실로 황폐하였다. "하비에르"는 "사가이"(境)에서 소개받은 "고니시류사"(小西隆佐 = 小西行長의 부친)의 댁에 머물면서 천황을 알현하고자 하였으나 당시에는 신분이 있거나 현상품의 상당액이 격식에 합하지 않으면 알현할 수가 없었다. 더욱이 이국인으로 긴 여정으로 인하여 옷차림도 그렇고 현상품도 준비되지 않은 상태였고, 더 나아가서는 당시의 천황(天皇)의 권위는 실추되어 포교의 허락을 얻을 수 있는 상황이 아니었다. 11일간의 체제를 마치고 "야마구치"(山口)로 돌아갔다.

### "하비에르"의 이상

"하비에르"는 "카고시마"(鹿兒島)에서 "히라도"(平戶), "야마구치"(山口), "교토"(京都)를 여행하는 등 2년여 동안 일본에 체재하는 동안 일본사회 전체를 구원할 필요성을 느꼈다. 그는 "교토"(京都)에서의 엄한 경험을 통하여 후임자들에게는 무엇이 필요하며 어떤 사람들을 파견해야 하는가를 그는 깊이 생각하며 이렇게 말하였다.

"야마구치"(山口)에 있는 예수회의 선교사들에 대하여는 거기에 있는 자나 금년이나 또는 장래에 일본에 오는 이들은 대학에 파견할 것이 아니라고 나는 생각한다. 그러나 먼저 일본어를 잘 배워서 그들이 모든 종파에 대한 지식을 가지고 선교사들이 왔을 때 그들(日本宗派)과 토론할 때 통역을 잘 하여야 하기 때문이다.

그리고 그 종파의 승려들 질문에 대답하기에는 학문이 필요할 것이며, 특히 [철학에 능통하며 변증법에 능통한 자들로 명백한 모순이 발견되면 즉시 지적할 수 있어야 한다.]라고 하였다. 즉 일본 선교사의 자질에 대하여 밝히 말하고 있다. 그는 일본에나 "말라카"에나 그가 요구하는 적임자는 없다고 보았으며 그 이유를 이렇게 밝혔다.

일본에는 최고의 대학(寺院)이 있는 "교토"(京都) 그리고 관동의 "아시가가 학교"(足利學校)의 학자들과 승려들과 대등한 논쟁을 펴며, 이것을 논파할 수 있는 유럽에서의 최고급의 지식인과 학자로 대항하는 외에는 없다고 판단하였기 때문이다.

### (2) "토레스"의 "교토"(京都)선교 착수

"야마구치"(山口)에 머물었던 "토레스" 신부는 상술한 "하비에르"의 의향을 충분히 이해하고 신학과 철학에 능통한 이가 오기 전에는 "교토"(京都)선교는 착수할 수 없다고 생각한 것 같다. 그러나 그는 1559년에 일본인 전도사 "이루만 라우렌시오"와 "빌레라"와 "다미안" 세 사람을 "교토"(京都)에 파송하여 본격적인 선교활동에 착수하였다. 동행한 일본인 "이루만 라우렌시오"(Laurenco)는 절름발이요, 애꾸눈인 장애인으로 비파를 가지고 돌아 다니는 달변가로 "하비에르" 선교사를 만나 키리시탄이 되고 신학공부를 하여 훌륭한 이루만(修道士)이 되어 전도자로 많은 사람을 인도하였고 또 선교사들을 도와 통역을 담당하여 "교토"(京都)에 선교의 허락을 받는 데 공을 세운 전도사였다.

"빌레라"(Vilela, Gaspar, 1525-1572)는 일본에 온 지 3년에 "분고"(豊後), "히라도"(平戸), "하카다"(博多) 전도에 힘쓰므로 일본말을 알고 어느 정도 쓸 수도 있고 용모와 기질도 일본인들에게 호감을 살만하며 일본의 풍습을 아는 "교토"(京都) 전도에 적임자로 "토레스"에게 인정을 받아 "라우렌시오"와 "다미안"과 함께 "교토"(京都)로 파송되었다. "교토"(京都)에 올라가 전도를 시작하니 불승들이 찾아와 시비를 걸어왔다. 예컨대 "혼교지"(本行寺)의 불승들은 [당신들이 말하는 하나님은 인간의 눈으로 볼 수 있는가?] "빌레라"는 [영혼과 물질의 차이를 설명하고, 하나님은 물질의 결합이 아니므로 볼 수 없는 실체다.]라고 대답하였다. [그러면 "석가모니"는 어떻게 보느냐?]에 대하여도 "빌레라"는 ["석가"는 우리와 동일하여 죽을 수밖에 없는 인간으로 천지의 창조주에 의하여 만들어진 피조물에 불과하다.]라고 대답하였다.

그 외에도 많은 불승들이 찾아와 논쟁함으로 설득을 당하여 그리스도교의 진리를 깨닫고 신봉하여 세례를 받는 불승들이 늘어났다. 한때는 15인의 승려들이 개종하고 과거의 생활을 버리고 새출발을 하기도 하였다. 또 학자인 "야마다쇼자에몬"(山田庄左衛門)은 11개조의 질문서를 제출하여 이에 대해 확답을 하면 신자가 되겠다고 하였다. 이에 대한 "빌레라"의 해답은 그를 감동시켜 개종하고 고향에 돌아와 전도에 힘썼고 개종 후 3, 4년 만에 세상을 떠났는데, 이에 대하여는 개종으로 인해 암살 되었다고도 한다.

"요호겐"(養普軒)이라는 의사는 개종하여 "토레스"와 "빌레라" 선교사를 도와 18년간 전도에 힘썼고 그의 아들도 세례를 받고 "빈첸시오"라는 세례명의 저작자로 활동하고 "야즈지가구린"(安土學林)의 교사가 되어 일본 종교학을 강의하였다. 또 법화승의 고위에 있는 "고조인"(光丈員)은 신도 30명을 거느리고 "빌레라" 선교사를 찾아와 설교를 듣고 모두 감동을 받아 세례를 받았다. 이와 같이 많은 수확을 얻을 수 있었다.

(3) 3년 후의 선교

"토레스" 선교사에 의하여, "교토"(京都)로 보내어 본격적인 선교를 다시 시작하였다. 일본인 이루만 "라우렌시오"와 동숙(同宿)인 "다미안"(Damiao)과 더불어 3인이 파송 받아 선교에 착수하였다.

승려들의 날조 비난

그들은 이방인이라는 멸시와 불승들의 방해로 거처도 마련하기 힘들었다. 처음 힘들게 마련한 곳은 가옥이라기보다는 말 구유라 헛간이라 함이 옳았다. 바람막이 벽도 없고 다만 갈대로 엮은 바주가 전부였다. 그러나 일반 민중들에게 새로운 낯선 데우스(하나님)에 대한 관심을 끌기 위하여는 외부적인 장식이 사람들의 마음을 끌 수 있었기에 헌 누더기 이불을 담벼락에 걸어놓고 거기에 종이로 만든 십자가를 붙여 놓았다. 그리고 선교사들은 헐어빠진 망토를 걸치고 붉은 모자를 쓰고 앉아 기도서를 펴놓을 작은 상을 만들고 그 위에 붓과 먹물을 준비하고 양편에는 "다미안"과 "라우렌시오"가 앉아서 몰려오는 사람들에게 설교를 준비하였다.

그리하여 많은 사람이 모여들어 먼저 자리를 잡으려고 앞을 다투었다. 이들의 방문에는 각자의 이유가 있었다. 어떤 이들은 선교사들이 보통 사람이 아니라는 것을 확인하려고, 어떤 이들은 호기심으로 인도와 유럽의 습관을 듣기 위하여, 어떤 이들은 이 교훈의 새로운 것을 듣고 공격하려고, 어떤 이들은 선교사들을 비웃고 멸시하기 위하여 찾아온 것이다.

선교사들은 이에 관여하지 않고 더욱 명료하게 대응하였다. 모든 이들이 전도되어 한사람도 빠짐없이 구원받도록 그들의 마음을 사기위하여 노력하였다. 여기에 놀라울 정도로 사람들이 모여들어 집안에 설 자리가 없을 정도였다. 선교사들은 더욱 겸손하고 온유하고 침착한 자세로 각종 질문에 일일이 답하였다. 끝나고 나면 기다리던 이들이 또 집안으로 계속 몰려들어 아침부터 밤까지 계속되었다. 설교를 들으려 몰려오는 무리 중에는 여러 종파의 승려들이 있었다. 비난하던 승려들은 변론에서 밀리니 많은 불도를 잃을 염려로 분개하여 다시 변론하러 오지 않고 선교사들을 추방하는 방도를 강구하기에 이르렀다. 그들은 허무맹랑한 것을 날조하여 도성 안에 널리 퍼트리도록 노력하였다. 그 내용은 이러하다.

① 선교사들은 야만인이라 야밤 중에 사람의 고기를 먹으려고 묘지를 찾아가 직접 자기 손으로 파헤치는 확실한 증거가 있다고 비난하면서, 그 증거로 그 묘소 주변에 죽은 이들의 다리와 팔이 고기가 뜯기어 사방에 흩어져 있는 것을 볼 수 있다. 그들이

하는 짓은 이성있는 사람으로서는 도저히 할 수 없는 야만인들이라고 하겠다. 이런 잔인한 사람이 전하는 교훈이 어떤지는 짐작이 갈 것이다.

② 승려가 육류나 생선을 먹지 않는 것은 일본의 모든 종파가 엄금하고 있는데 이들은 돼지, 사슴뿐 아니라 송아지, 말과 개고기와 우리가 금기하는 모든 더러운 것을 먹고 있다.

③ 일본에서는 악마를 상징할 때 여우와 요정의 모습을 하는데 이들은 마치 여우와 똑 닮았고 또 언어도 다르니 이국에서 온 악마의 도구다.

④ 선교사들은 석가와 다른 신들은 모두 악하다고 하면서 결국은 이교가 내세에서와 금세의 모든 축복을 누리게 한다면서 키리시탄이 아니라도 선교사들의 설교를 듣기만 하면 된다고 하니 부처와 신들을 필요로 하지 않는다는 것이다.

⑤ 그들의 말이 확실히 어리석음을 알 수 있는 것은 그가 [천지만물의 창조자다.], [백성들의 구세주다.]라고 하는 이가 두 강도와 같이 십자가에서 돌아가셨다고 하는 것을 알 필요가 있다. 그리고 이런 형벌은 일본에서는 극악한 죄인들에게만 가하여지는 처벌이므로 그들이 말하는 구주는 어떤이인가가 판단될 것이다. 그리고 더욱 기이한 것은 극형에 처한 사람을 신이라고 숭배하는 것을 자랑스럽게 여기고 십자가를 만들어 놓고 그 앞에 머리를 숙이는 것이다.

⑥ 이런 자들은 악마의 도구로 그들이 가는 나라나 거리마다 항상 화재나 기근이나 전쟁과 재앙이 그치지 않는다. 그들은 같은 종

교인으로, 또는 그들과 같은 나라 사람으로, 구원과 소망이 가득하여, 그들이 권하는 설교를 들으러 가지도 말라. 그들은 극악무도한 염병 자로 여기고 집에서 축출할 것이며 집을 빌려준 집 입구에는 명예를 해치는 방을 부칠 것이다.

이와 같이 날조하여 비난하였다.

3개조의 선교 윤허

그 후 "빌레라"는 어느 승려의 소개로 장군 "아시카가 요시테루"(足利義輝)를 알현하고 포교의 허락을 받아 가두선교를 시작하였다. 처음 개종한 이들은 친형제와 친구들이 숨어서 찾아와서 설교를 듣고 15인, 20인씩 차례로 세례를 받았다. 교회에 대한 승려들의 방해가 심하여 다시 "아시카가 요시테루"(足利義輝)에게서 3개조의 윤허를 받아 가두에 게시하고 포교를 계속하였다.

3개조의 금제 내용

禁制 幾利紫旦國僧(기리시단국 승) 波阿傳連(비레라)

一. 甲乙等亂入狼籍事.

一. 寄宿事付, 惡口事.

一. 相懸非分課役事.

右条々、堅被停止訖 若違犯輩者 速可被処罪科 之由 所被仰付也

下知如件

永禄 3年 左衛門尉藤原 対馬守平朝臣

① 어느 누구도 신부의 주거에 들어가 난동을 부리는 건.

② 영주를 포함한 무장들과 군졸들이 숙사를 이용하는 것과 또 신부

에게 악독한 말을 토하는 건.

③ 불합리한 세금과 부담을 과하는 것은 각각 금할 것들임.

금제 고찰을 받은 후부터는 법화종(法華宗)의 학문 승들과 대덕사(大德寺)의 선승 및 조정의 관원이 내방하여, 종교를 논하게 되었다. 그 중의 한 사람인 천문박사 "가모아리마사"(駕茂在昌)가 이해를 하게 되므로 그와 함께 10인이 세례를 받았고, 그해 6월에는 개종자가 100여 명에 이르렀다. 그중에는 "다이도쿠지"(大德寺)의 노승을 포함하여 15인의 승려들과 관원들도 포함되어 있었다.

1560년도 크리스마스에는 100여 명이 교회에 모여 성대히 개최하였고, 또 1565년 부활절에는 "빌레라"(Vilela)가 약 250명에게 설교하였고, 신부 "알메이다"와 일본인 수도사 "다미안"도 참석하여 성대히 거행하였다. 그러나 그해 전란으로 "아시카가 요시테루"(足利義輝)가 패하고, "마쓰나가 히사히데"(松永 久秀)가 정권을 잡음으로 "교토"(京都)의 승려들의 선동으로 "빌레라" 선교사와 "라우렌시오" 수도사 일행은 추방되어 할 수 없이 "사가이"(境)로 피난을 하게 되었다. 그곳에서 "히비야리요게이"(日比屋了珪)의 가옥을 교회로 삼았다.

日本キリスト教史(五野井隆史) = 40–41 (폐허) : 72–73 (자비에르 이상)
日本キリシタン殉教史(片岡弥吉) = 20 (경도 황폐)
日本カトリック教会史(ヨハネス. ラウレス) = 11–12 (상경 11일)
人物中心日本キリスト教史(池田敏雄) = 25 (상경 11일)
日本基督教史(比屋根安定) = 41–42 (상경 11일)
フロイス日本史 = 제22장 (3인 파견)
日本基督教史(比屋根安定) = 74–79 (파송), 81–85 (개종자들)

日本キリシタン物語(田中 将) = 47-49 (비레라 파송)
日本キリスト教史(五野井隆史) = 73-75 (3인 파송)
フロイス日本史 = 22장 (3인 파송) : 24장 (가옥, 회집다수)
: 26장 (승려날조 모함)
フロイス 日本史= 第25章 = 17-18 (윤허)
日本キリスト教史(五野井隆史) = 74-75 (윤허)
日本基督教史(比屋根安定) = 79 (윤허)

### (4) 도성 안의 3인방

선교사들은 전란을 통절하게 여겼다.

> 전쟁이란 여러 영주들이 타인을 지배하고, 그들의 영토를 빼앗으려는 욕망으로 끝없이 계속되는 것이다. 이것이야말로 복음에서 가르치는 교훈인 평화를 일본에 뿌리내리기 위한 것인데, 당면한 최대 장애 중 하나는 전쟁이다.

또 전쟁이 일어날 때에는 항상 키리시탄 선교사들을 연관시키고 있다. 불승들은 이런 것을 기회로 키리시탄 박해의 호기로 이용하고 있었다.

당시 도성의 정치는 3인에 의하여 좌우되었다.

① 公方様 장군("아시카가 요시테루", 足利義輝)이고, 당시의 106대 "오기마치 덴노"(正親町天皇)는 정국의 절대군주이지만 그것은 명의 뿐이고 궁정을 유지하는 것뿐 그 이상의 실권과 위엄은 없었다.

② 그 가신인 "미요시조게이 도노"(三好長慶殿)로 "가와치노쿠니"

(河内國)의 왕이다.

③ "야마토구니노도노"(大和國の殿)인 "마즈나가시모다이"(松永霜台)로 "미요시도노"(三好長慶殿)의 가신으로 매우 지식있고, 현명하고, 통치력이 뛰어난 분이었다. 노령에도 경험이 풍부하여 도성안에서는 절대 명령을 할 수 있는 분이었다.

(5) "히에이산"(比叡山)의 불승들의 청원서

"히에이산"(比叡山)의 불승들도 도성 안에서는 많은 권력을 가지고 있었다. 그들은 부요한 사찰과 3,000명이 넘는 승려들이 있었다. 따라서, 그들은 모두에게 두려운 존재로 존경을 받고 있었다. 그들은 선교사들을 추방할 뜻으로, "교토"(京都)의 평화와 치안을 위한다는 13개조의 청원서를 "마쓰나가 히사히데"(松永久秀)에게 제출하였다.

제1조에는 선교사들의 추방과 교회의 파괴 필요성은 그들 키리시탄들은 일본인의 조상숭배 대상인 신들에 대한 비방과 이로 인하여 일반인들이 불교에 대한 신앙심이 상실되며 반역과 다른 죄악을 범하는 것을 두려워함이라 하고, 제2조에는 선교사들이 체재하는 토지 즉 "야마구치"(山口)와 "하카다"(博多)는 전쟁으로 인하여 황폐해졌다. 따라서 선교사들을 "교토"(京都)에서 추방하는 것은 장군과 막부에는 큰 도움이 될 것이라는 것이다.

이에 대한 "히사히데"(久秀)는 선교사들은 외국인들이며 그들은 명예를 위하여 동의하지는 않으나 "교토"(京都)의 무술인이며 대학자인 "유우기야마시로노가미"(結城山城守)와 "기요하라게기시게가다"(清原外記枝賢)에게 조사하고 심사하여 국가에 대하여 유해 여부를 판단하도록 하여 해롭다면 추방할 것이라고 대답하였다. 이로 인하여 "빌레라" 선교사와 "라우렌시오"가 일시적이나마 추방되었으나 그들은 이미 키리시탄의 교훈을 들을 때 영혼의 불멸과 만물을 창조한 영원한 창조주의 존재와 지배함이 참 진리임을 깨닫고 개종하여 세례를 받고 키리시탄이 되었다.

이로 인하여 많은 사람이 놀라워하였다. 특히 승려들의 놀라움은 말할 수 없었다. 자기들이 믿었던 일류학자가 무식하다고 하던 그 선교사들에게 패하여 개종한 것은 더욱 치명적이었다. 특히 "기요하라게기시게가다"(淸原外記枝賢)는 도리어 선교사들을 "나라"(奈良)에 오도록 초청함으로 "나라"(奈良)선교의 길을 여는데 힘이 된 한 사람이 되었다.

### 2) 나라(奈良) 선교

그때에 "나라"(奈良)에서 "유기야마시로가미 다다마사"(結城山城守忠正), "기요하라에가다"(淸原枝賢), "다카야마 히다노가미"(高山飛驒守)라는 세 무장이 당시 화제로 되어 있는 새 종교인 키리시탄에 대하여 결말을 지을 목적으로 선교사들을 초청하였다. 여기에 신도들의 반대에도 불구하고 "라우렌시오" 수도사가 "나라"(奈良)에 가서 세 무장의 질문에 응하여 웅변가인 "라우렌시오"의 창조주 하나님인 유일신에 대하여 설파하므로 마침내 세 무장이 설득당하여 "라우렌시오"의 제자가 되었다.

여기에 감동받은 "다카야마 히다노가미"(高山飛驒守)는 "라우렌시오"를 자기의 "사와죠"(沢城)로 초대하여 전 가족과 더불어 세례를 받았다. 세례명은 "다리안"이였고 당시 11살인 장남 "나가후사"(長房)는

"유스티노"라 불렸다. 이 소년은 후에 유명한 키리시탄 영주 "다카야마 우곤"(高山右近)이다.

"유기야마시로가미 다다마사"(結城山城守忠正)도 세례를 받고 "헨리"라 불리었고 "라우렌시오"를 자기의 "이이모리죠"(飯盛城)로 초청하여 신하들도 세례를 받았는데 그중에는 "와가에죠"(若江城)주 "이게다 단도노 가미"(池田丹後守)와 "산가죠"(三箇城)주 "산가요리데루"(三箇頼照)와 그 아들 "만쇼" 등 많은 이들이 신앙을 가지게 되었다. 이들은 후에 "교토"(京都)선교와 교회 건설에 귀한 역군들이 되었다. 그 후 다시 교토(京都)에 선교를 시작하게 된 것은 "오다노부나가"(織田信長)가 정권을 잡은 후부터이다.

フロイス 日本史 제54장 = 39－43 (3인방)
日本キリスト教史(海老沢) 38–39 (청원서)
日本キリスト教史(五野井隆史) = 76–78 (청원서)
フロイス 日本史 제37–39장(奈良)
日本キリスト教会 歴史(結城了悟) 23–24 (奈良)
日本キリスト教史(五野井隆史) 78–79, 98 (奈良)

### 3) 나가사키(長崎)를 교회에 기증(1567)

"시마바라"(島原) 반도에 이어 당시 "오무라스미타다"(大村純忠)의 령이던 "나가사키"(長崎)에도 "빌레라" 신부가 1567년에 파견되어 1569년 11월에 "도오도스 오스 산도스"라는 최초의 교회를 세웠다. "오무라스미타다"(大村純忠)는 "나가사키"(長崎)를 교회령으로 기증하였다. 여기에 대하여 두 설이 있다. 그 하나는 "오무라스미타다"(大村純忠)

는 “사가”(佐賀)의 “류조지”(龍造寺)로부터 거듭 공격을 받아서 군용자금이 달려서 총포와 화약, 쌀에 이르기까지 빚을 내어 그 땅을 예수회에 저당 잡혔기 때문이라고 하고 또는 “나가사키 신자 에몬”(長崎甚左衛門)이 그 땅을 저당 잡혀 은을 빌려 무기를 구입하였기 때문이라고도 한다.

다음은 “오무라스미타다”(大村純忠)가 “사가”(佐賀)의 “류조지”(龍造寺)로 부터 공격을 당하여 “나가사키”(長崎)를 요구하면 거부할 수 없고, 무역의 이윤을 상실하게 되므로, “나가사키”(長崎)가 교회령이 되면 포르투갈 상선은 계속 내항할 것이고, 만일 공격해 오면 그곳으로 피난할 수 있기 때문이라고, 즉 전쟁의 위험과 무역을 위해 기증하였다고도 한다.

“나가사키”(長崎)는 무역항이 번성되면서 그 동시에 영주 “스미타다”(大村純忠)의 명에 의하여 새로운 시가지 구획을 하였다. 언덕 위는 “시마바라조”(島原町), “오무라조”(大村町), “가이우라조”(外浦町), “히라도조”(平戸町), “요꼬세우라조(横瀬浦町), “분지조”(文知町) 등 6개 거리가 생겨났다. 이들의 거리 이름은 “나가사키”(長崎)의 각처에서 같은 신자가 몰려 왔다는 것을 뜻한다. 그 예로 1599년에 “고데다”(篭手田)일가 600명이 “히라도”(平戸)에서의 박해를 면하고 신앙을 지키기 위하여 “나가사키”(長崎)로 피하여 왔다. 교회령 “나가사키”(長崎)는 치외법권적인 성격을 지니고 있었다. “나가사키 신자어문”(長崎甚左衛門)이 영주로 있으면서 영민들의 세금은 “오무라스미타다”(大村純忠)에게 바쳐졌다. 그 당시의 무역수입은 정박료만은 선교부에, 무역세는 “오무라”(大村)에게 들어갔다. 이때 정박료는 연간 700-1,000도카드(당시의 화폐단위, 당시 신부 한 사람의 연간 생활비는 20도카드였다고 한다.)로 이 수입은 항만 수리비, "오무라"(大村), "아리마"(有馬)의 교회비용으로 충당되었다.

1598년에는 "코레지요"(대학)와 인쇄소 그리고 "세미나리요"(신학교)도 이전해 왔고 1601년에는 일본사교구대신학교(日本司教區大神學校)도 이곳에 세워졌다. 그리고 회화학과도 신설하여 유화와 동판화를 교육함으로 일본 미술사에 이름을 남겼다. 따라서 이곳이 키리시탄의 교육과 문화의 중심지가 되었다.

### 4) 나가사키(長崎)의 교회들(15)

"나가사키"(長崎)의 행정권과 사법권의 일부가 "예수회"("발리냐노" 신부)에 위임되었다. 따라서 관원들도 두게 되었다. 여기에 "나가사키"(長崎)의 외항의 "모기"(茂木)도 선교부에 기증되고, 이어서 "시마바라"(島原)의 "아리마 하루노부"(有馬晴信)도 "나가사키"(長崎)와 육로로 이어진 "우라카미"(浦上)를 기증하였다.

이와 같이 "나가사키"(長崎)는 1569년에 1,500명이었던 신도수가 1614년에는 50,000명으로 증가하므로 "나가사키"(長崎)는 완전한 기독교 도시로 화했다. 따라서 교회도 많이 세워져 15교회가 세워졌다. 지금까지 알려진 교회는 다음과 같다.

① 1565년에 세워진 "도 도스 오스 산도스"교회

② 1571년에는 선교부 본부교회인 "산 파울로"교회

③ 1600년에 세워진 "산다 마리아"교회. 이 교회에는 일본인 "미게르" 신부가 사제로 있었다.

이상은 나가사키(長崎)의 삼대교회의 하나로 입항하는 포르투갈 선박의 표적이 되었다.

④ 1591년에 세워진 “산죠안 파우스다”교회는 “도 도스 오스 산도스”교회와 “산다 마리아”교회와 더불어 “나가사키”(長崎)의 삼대교회로 불렸다.

⑤ 1611년에 세워진 “산 페드로”교회에도 일본인 “라우렌시오” 신부가 사제로 있었다.

⑥ “산 안토니오”교회도 일본인 “모라야마 프란치스코” 신부가 사제로 있었다.

⑦ 1603년에 세워진 “산타 크라라”교회는 주임신부 “아르바레스”가 “우라카미”(浦上) 뿐 아니라 인근의 넓은 지역의 신자들을 관할하였다.

⑧ 1608년에 세워진 “미세리꼬르디아” 자비(組)의 본부교회는 “이에야스”(家康)의 금교령으로 모든 교회가 폐쇄 또는 파괴되었을 때 이 단체에서 경영하는 7시설과 교회는 그냥 남아 있었다. 그러나 1620년에는 끝내 파괴되었다.

⑨ 1604년에 설립된 “산 챠고”교회는 병원에 부속되어 있었다. 이 병원에 있던 종(鐘)은 현재도(大分県 竹田市 中川神社) 나라의 중요문화재로 남아 있다.

⑩ 1609년에 세워진 “산 도밍코”교회는 도미니코회 수도사들이 세운 교회다. 일명 “로사리오”교회라고도 했다.

⑪ 1610년에 세워진 “산 로렌조”교회(조선인을 위한 교회)는 임진왜란 때 조선에서 잡혀온 포로들이 키리시탄이 되어 조선인을

위한 자체 교회로 세웠다.

⑫ 1612년에 세워진 "산 아우구스티노"교회는 아우구스티노회에서 세운 교회이다.

⑬ 1612년에 세워진 "산 프란치스코"교회는 산 프란치스코회에서 세운 교회로서 후에는 박해시대에 감옥으로 사용되어 많은 순교자가 고통을 당한 곳이기도 하다.

참고: ("산 로렌조"교회)

조선의 포로들을 수용하였던 "나가사키"(長崎) 주변의 영주들은 키리시탄이 많았다. 따라서 포로 중에는 키리시탄이 된 자가 많아 교회를 세울 수도 있었다.

임진왜란으로 많은 포로가 잡혀왔다. 포로로 잡아온 목적도 각각이나 그중에는 인신매매 상인들도 있었다. 상인 중에는 일본인 상인, 포르투갈 상인, 이탈리아 상인 등이 있었다. 그중에서 이탈리아 상인 "카르렛디이"의 "나가사키"(長崎)에서의 견문기에 다음과 같이 설명하고 있다.

> "코리아" 국은 "큐슈"(九州)로 수도 한성(漢城)과 8도로 분리되어 있다. (중략) 이러한 모든 지방에서 특히 해안지방의 여러 주에서 엄청난 수의 여러 계층의 남녀, 소년, 소녀들이 일본으로 끌려와서 모두 싼 값에 노예로 팔리고 있었다.

이와 같이 인신매매가 이루어지고 있는 가운데, 이들(조선인)이 일본과 동남아에 노예로 팔려가는 것을 방지하기 위하여 그 지방의 키리시탄 영주들과 선교사들의 전도로 세례를 받고 키리시탄이 되어 해방되기도 하였다. "슈타인"의 [切支丹大名記]에 의하면 다음과 같이 기록하고 있다.

> 포르투갈 상인에 비하여 온순한 영주들은 만장일치로 선교사들의 결의에 의하여 조선인 포로들을 해방하기로 하였다. 따라서 조선인 포로들은 이후로 일본인들과 동등한 권리를 얻게 되었다. "예수회" 회원들은 이들을 불쌍한 사람으로 동정하여 일본어를 가르치고, 또 그들을 위하여 많은 종교서적을 조선어로 번역하여 키리시탄을 연구하도록 하여 전도에 힘쓰기도 하였다. 이에 키리시탄으로 개종한 자의 수로 보면 조선인 포로가 상당수 있어 2,000명이 넘어 철저한 키리시탄이 있었다.

그 포로 중 화해조건으로 조선에 송환된 수는 7,500명으로 일부에 지나지 않았고 억류된 수는 도공, 유학자 등을 포함하여 수만 명에 이르고 있었다. 즉 일본인 영주들 중에도 포로되어 온 조선인들을 일본에서 해방하도록 하는 이들도 많았다. 그중에는 포로로 잡혀온 어린 4살짜리 양반의 딸로 후에 훌륭한 키리시탄이 된 "쥴리아 오다"도 있었다. 이들 중에는 "도쿠가와"(德川) 막부의 금교정책하에서 투옥되거나 순교당한 자들도 상당수 있었다.

"산 로렌조"교회가 세워진 "나가사키"(長崎) 근방의 모든 지역의 영주들을 살펴보면 거의가 키리시탄이었다. "나가사키"(長崎)에는 1590년의 통계에 의하면 시내에 교회는 15교회가 세워졌고 본부교회는 "나가사키"(長崎)를 비롯하여 "나이카이"(內海), "도기즈"(時津), "소토메"

(外海), "신노우라"(神浦), "우라카미"(浦上), "후카호리"(深掘), "고가"(古賀), "이사하야"(諫早) 등 45교회와 3만 명의 신자를 관할하였다. 그 외 "히라도"(平戸)의 17교회와 3,500명의 신도, "고토"(五島)의 2,000명의 신도, "히젠"(肥前), "지구젠"(築前), "지구고"(築後)에 산재한 2,000명을 지도하였다. 교회 외에도 "콜레지오"(대학, 학림), "세미나리요"(中等學校) 등 교육기관과 병원을 세워 1614년 "도쿠가와 이에야스"(德川家康)가 금교령을 내릴 때까지 이어졌다. 중간에 1588년 "도요토미 히데요시"(豊臣秀吉)에 의해 몰수당하기도 하였고, 26성인의 순교의 비극도 있었지만 이것은 서곡에 불과하였다.

日本キリスト殉教史(片岡弥吉) = 88–92 (長崎)
日本史キリスト教史 (五野井隆史) = 6 : 59–72 (大村)
日本の教会の歴史(結城了悟) = 27:36 (長崎)
長崎のキリシタン(片岡弥吉) = 12 (篭手田) : 49–58 (교회들)
日本キリシタン物語(田中 将) = 62–67 (長崎) : 71–74: (교회에 기증)
日本キリスト教 總覽 = 286–288 (長崎)
長崎のキリシタン(片岡弥吉) = 50–59 (교회들)
文祿. 慶長의 役(中野 等) = 294–296 (포로 전도)
日本キリスト教史(海老沢有道) = 73 (포로 개종)
日本キリスト教 宣教史(中村 敏) = 77 (포로 전도)

# 제 4 장
# 집단 개종의 실태

## 1. "오무라"(大村)령

"오무라"(大村)령, 즉 "오무라스미타다"(大村純忠)는 영주들 중에서 제일 먼저 1563년에 세례를 받은 영주였다. 그리고 1574년부터는 본격적인 전도로 집단적인 개종이 시작되었다. 즉 이때에 수차례의 반란이 일어났으나 위기를 면할 수가 있었다. 이것은 전적으로 하나님의 특별한 섭리라고 믿어졌기 때문에 강제적으로라도 자기 영내를 키리시탄으로의 개종을 실행하기위하여 "가스파르 코엘료"(P. Gaspar. Coelho) 신부를 초청하여 전도에 힘을 기울였다. 따라서 영내의 유명한 사원을 교회에 주어 성당으로 개조하고 이교도들도 설교를 듣도록 하였다. 듣지 않으면 불당은 불사르고 키리시탄이 되지 않으면 령에서 떠나야만 했다. 따라서 많은 령민들이 세례를 받았다. 즉 무사 40명, 무구의 승려, 부하직원 1,500명이 세례를 받고 개종함으로 나중에는 령내의 신도수는 3만 명이 넘었다.

## 2. "이키즈키시마"(生月島), "다구시마"(度島)

"이키즈키시마"(生月島)에는 "가고"신부에게서 세례를 받아 키리시탄이 된 영주 "에고다 사에몽 야스즈네"(籠手田 左衛門 安经)와 동생 "고데다 가게유"(籠手田勘解由)형제가 있었다. 이들은 "빌레라" 신부와 더불어 열심히 전도하여 1차로 1,300명에게 세례를 베풀었고 계속하여 키리시탄이 아닌 농민들과 신하의 가족들 모두가 키리시탄이 되게 하였다. "다구시마"(度島)에도 수도사 "알메이다"와 더불어 건너가서 전도함으로 섬 전체가 키리시탄이 되었다. 이와 같이 하여 사원은 우상을 제거하고 성당으로 개조하여 성도들을 위하여 묘지도 만들고 큰 십자가를 세우기도 하였다.

## 3. "아리마"(有馬)령

### 1) "아리마 요시사다"(有馬義貞)

"시마바라"(島原) 반도는 "아리마"(有馬) 씨의 영지였다. 1563년에서부터 "시마바라"(島原)와 "구치노츠"(口の津)에는 작은 키리시탄 그

룹이 있었으나 본격적인 전도가 시작된 것은 1576년에 "아리마 요시사다'(有馬義貞)가 세례를 받음에서부터였다. "아리마"(有馬)는 "오무라스미타다"(大村純忠)의 형으로 동생이 개종하고 "나가사키"(長崎) 개항으로 성공하는 것을 보고 또 "시마바라"(島原)에서 활동하고 있는 "알메이다" 수도사의 영향도 있고 해서 키리시탄에 흥미를 가졌으나 주위의 불교도들과 또 친척인 "이사하야"(諫早)의 영주인 "사이고 스미히사"(西鄕 純久)의 반대와 "류조지 타카노부"(龍造寺 隆信)의 압력 등 정치적인 불안으로 결심은 유동적이었다. 그러나 1576년에 선교사 "가스파르 코엘료"(P. Gaspar. Coelho S. J.)를 "구치노츠"(口の津)에 불러오게 하고 부하 30인을 데리고 여행가는 듯 위장하고 가서 일주일간 교리공부를 하고 세례를 받아 "안드레"라는 세례명도 받았다.

그 후에도 많은 사람이 따라가서 세례를 받았고 가족들도 모두 세례를 받도록 하였다. 선교사는 자기 주택 옆에 교회를 세운 귀인이 있는 산으로 가서 미사도 올리곤 하였다. 이곳에서는 신부가 피곤하여 쉬러가는 길도 가로막고 [세례를 베풀기 전에는 못갑니다.]라고 열을 올려 야단을 맞기도 하였다. 이와 같이 육지에서는 이웃들이 모여서 가로막고, 바다에서는 자기네들의 배로 가로막고 세례 베풀기를 원하므로 신부는 그들이 하는 것을 보고 할 수 없이 조건을 달았다. 즉 기력이 다할 때까지 설교하고 그 후에는 그 마을에서는 승려와 세례를 받지 않은 사람이 한 사람도 없는 것을 조건으로 삼았다. 그들은 조건없이 승낙하고 만일 승려 중에 원하지 않거든 추방하기로 하고 그들에게 세례를 베풀었다.

"사이고지"(西興寺)의 주지가 떠나감으로 "요시사다"(義貞)는 접수하여 교회당으로 개조하였다. 그때에 집단개종이 이루어져 1576년에는 15,000명으로 늘어났다. 1577년에 "요시사다"(義貞)가 급사하므로 그 대를 이은 "하루노부"(晴信)는 소란한 영내를 정리한 다음 1580년에 많은 가신과 함께 세례를 받았다.

### 2) "아리마 하루노부"(有馬晴信)

"아리마 하루노부"(有馬晴信)는 "오도모소린"(大友宗麟), "오무라스미타다"(大村純忠)와 더불어 훌륭한 키리시탄 영주이며 그 당시 "큐슈"(九州)지방에서 세력이 강대한 영주였다. "하루노부"(晴信)는 "아리마"(有馬)의 "히노에죠"(日野江城)에서 "아리마요시사다"(有馬義貞)의 차남으로 태어났다. 모친은 "야수도미도구엔"(安富得圓)의 딸이었다. 장남인 "요시즈미"(義純)가 일찍 별세하는 바람에 "하루노부"(晴信)가 후계자로 상속을 잇게 되었다. 부친 "요시사다"(義貞)가 세상을 떠날 때 "하루노부"(晴信)는 10세 소년으로 키리시탄은 아니었다. 한때는 불승들의 충동으로 키리시탄을 금하고, 신부들을 추방하기도 하였다. 그러나 마음속으로부터 키리시탄을 싫어하는 것은 아니었다.

"류조지타카노부"(龍造寺隆信)의 계속되는 공격으로 인하여 점차 위기감을 느낀 "하루노부"(晴信)는 점차로 포르투갈 사람들과 가까워지게 되었다. 마침 그때 1579년 8월 25일에 "발리냐노"(Alessandro. Valignano) 신부가 타고 온 선박이 "구찌노츠"(口の津) 항에 입항하였다. 그후 1580년 2월에 "하루노부"(請信)는 "발리냐노"(Alessandro. Valignano) 신부에 의하여 세례를 받게 되었다. 그는 토지를 교회에 기부하여 "아리마"(有馬), "아리가"(有家), "가쯔사"(加津佐)에 교회를 세우고, 1580년에는 "아리마"(有馬)에 "세미나리요"(神學校)를 세웠다. 그 후 이 학교는 "아리가"(有家), "하지라오"(八良尾), "나가사키"(長崎)로 이전하였다. 이 학교는 종교뿐 아니라 서양의 학문과 예술을 교육하는 학교였다.

### 3) 신학교 설립

#### (1) 신학교 학제

예과 1년, 본과 3년, 전료제(전원 기숙사 체제)로 1학급의 과정을 마치는 데는 적어도 1년이 걸리며, 신학교를 졸업하는 데는 7-8년이 걸린다. 졸업생 중에서 신부를 희망하는 자로 그 적성이 인정되는 자는 "콜레지오"(大學)에 입학한다. 일본의 "콜레지오"는 3년제로 오늘의 교양학과에 해당한다.

#### (2) 신학교 입학자격

어른과 한방에서 지낼 수 있는 귀인이나 지위가 있는 분의 자제 이외는 통상 "세미나리요"에 입학할 수 없으며 특히 "세미나리요" 창설 초기에는 "세미나리요"가 좋은 평판을 받는 것이 중요하기 때문이다. 그리고 일반적으로는 교회에 오래 섬길 의사가 있고 부모의 허락을 받거나 또는 교회에 헌신하기로 작정하는 자 외에는 입학할 수 없다.

#### (3) 일과표「신학생의 하루는」

여름(2월-9월 말)에는 4시 반에 기상하여(겨울에는 한 시간 늦게) 아침 기도와 미사를, 소제는 6시까지 마치고, 아침 식사 후 9시까지는 연장자는 학과의 복습과 자습, 연소자는 라틴어의 단어를 암기하고, 후반시간은 연장자는 라틴어 교사 밑에서 검열받고, 강의를 들으며 연소자는 자습과 교사의 지시대로 행하고, 식후 11시까지는 휴식, 자유시간이며, 11시부터 오후 2시까지는 전원이 일본어 공부와 작문할 수 있는 자는 작문공부를 하고, 2시부터 한 시간은 능력에 따라 음악과 악기연습을 하고, 3시부터 4시 반까지는 연장자는 다시 라틴어 교사 밑에서 글짓기를 하고, 강의를 들으며, 연소자는 라틴어 읽기와 쓰기를 하며, 5시 저녁 식사까지 30분은 자유이며, 저녁식사 후 7시까지는 자유시간이며, 7시부터 한 시간은 라틴어 복습이며, 연소자는 일본어 및 라틴어 쓰기를 한다. 8시에는 양심 반성과 마리아 기도를 한 후 취침한다.

"가쯔사"(加津佐)에는 "콜레지오"(대학교)도 세워졌다. 서양의 문화는 여기서부터 시작하여 전 일본에 확장되었다. 여기에서는 오르간, 시계, 동판 등이 만들어지기도 하였다. 그로 인해 선교가 활발하게 전개되어 1592년에는 그 영내에 45 교회가 세워졌고 성도수는 7만5천 명이 넘었다. 그러나 일생일대에 큰 실수를 하였다. 장남인 "나오즈미"(直純)는 신앙이 좋은 "고니시 유기나가"(小西行長)의 조카 딸 "마르다"와 결혼하여 아들까지 낳았음에도 "세기가하라"(關ヶ原) 전쟁에서 "유키나가"(行長)가 패하여 살해됨으로 승전한 "도쿠가와이에야스"(德川家康)는 "하루노부"(晴信)를 불러 마르다를 추방하고 자기의 손녀인(秀忠의 딸) "쿠니히메"(國姬)를 며느리로 삼으라는 것이었다. "하루노부"(晴信)는 염치없이 승낙하고 말았다. 참으로 슬픈 일이 되었다. "마르다" 부인은 이혼당하여 "나가사키"(長崎)로 추방되어 그곳에서 평생을 험한 생애를 살다가 마쳤다.

"구니히메"(國姬)가 시집온 후부터는 남편인 "나오즈미"(直純)를 설득하여 반기독교적으로 전환하여 선교사들을 추방하도록 하고, 신자들을 엄하게 다스리도록 하였다. 이때부터 "아리마"(有馬) 지방에는 가장 험한 핍박이 시작되었다. 전적으로 신앙을 잃어버린 "나오즈미"(直純)는 부친의 부정을 "이에야스"(家康)에게 밀고까지 하여 부친인 "하루노부"(晴信)을 추방당하게 하고 마침내 사형을 받도록 하였다.

이런 일은 훌륭한 며느리였던 "마르다"를 추방하라는 "이에야스"(家康)의 명령에 따라 염치없이 순응한 죗값이라고 생각하며 최후가 가까워 옴에 따라 "하루노부"(晴信)는 십자가 앞에 꿇어 엎드려 큰 소리로 죄를 고백하며 회개하였다. 끝으로 아들에게 편지를 보내어 [속히 회개하고 신앙을 되찾도록] 권하고 1612년에 최후를 마쳤다. 아들 "나오즈미"(直純)는 끝내 듣지 않았고 심지어 자기의 전처(마르다)의 소생인 두 아들까지 살해하고 말았다.

## 4. 일본 최초의 여자 수도원

### 1) 조선(朝鮮)인 출신 "마리나 박"(朴)

키리시탄의 복음은 모든 지역 모든 계층의 사람들에게 전파되어야 하는데, 남자 수도회로서는 전도의 손이 미치지 못하는 계층이 있었다. 그것을 충족하기 위하여 조직된 것이 여자 수도회(베아다스)다. 이 조직에 앞장선 여인은 유명한 영주인 "나이도 히다노가미"(內藤飛驒守忠俊)의 여동생 "나이토(內藤) 쥴리아"였다. 그녀는 고귀한 가문에 출가하였으나 22세에 남편을 잃고, 즉시 머리를 깎고 "교토"(京都) 근처의 암자에 들어가 비구니(比丘尼)가 되어 불도 전파에 전력을 기울이고 있었다. 지성이 풍부하고 심성이 아름다운 여성으로 인간성도 영주의 딸다웠다. 영주의 여동생이라는 신분으로 "교토"(京都)의 상류부인들에게도 신망이 있었고, 장군 "히데요시"(秀吉)의 부인에게도 신뢰를 얻고 있었다. 그때에 "교토"(京都)에는 "오르간티노"(Organtino. Gnecchi-Soldo) 신부가 있었다. "쥴리아"는 우연한 기회에 그의 설교를 들을 수가 있었다. 불교와 신도와는 다른 전적으로 새로운 종교와 윤리사상에 마음의 눈이 열렸다. 철저하게 키리시탄의 교훈을 연구하여 마침내 1596년 31세에 세례를 받고 키리시탄이 되었다.

그의 좋은 인간성과 가문의 뛰어나므로 "교토"(京都)의 상류사회에 알려졌던 비구니의 개종은 당연한 것이지만 많은 충동을 일으켰다. "쥴리아"가 대궐 안의 부인들과 상류 가정의 귀부인들에게 키리시탄을 전도함으로, 승려들의 반발을 사고 있었다. 1601년에 마침내 장군의 첩으로 교토에 시집온 귀부인이 키리시탄으로 개종하므르 승려들의 맹렬한 증오를 사서 장군 "도쿠가와 이에야스"(德川家康)에게 고소함으토 "도쿠가와 이에야스"(德川家康)는 "쥴리아"를 체포하라는 명을 내렸다.

이에 "쥴리아"는 생명의 위험을 느꼈다기보다는 교회에 위험을 초래할 것을 염려하여 "큐슈"(九州)로 피하여 갔다. "아리마 하루노부"(有馬 晴信)와 "제스타" 부인은 가능한 숨기고 보호하고 있었다. 1604년경에 "도쿠가와"(德川)의 명에 의하여 "단바"(丹波)에 돌아왔고. 다시 죽음을 각오하고 "교토"(京都)로 들어가 전도를 재개하였다.

여자 수도회는 성 "베네딕트"의 덕을 기리는 사람들에 의하여 "이탈리아"의 "몬테 가쯔시노"의 집회에 참석하는 것으로 세계 최초의 수도회가 창립되었다. 수도회는 그의 창립자의 덕과 이상에 감명하는 자들에 의하여 자발적으로 모이는 데서 발전하여 왔다.

"쥬리아"에 감명한 처녀들과 미망인들이 "쥬리아"를 회장으로 하여 "교토"(京都)에서 일본 최초의 수도원이 창립된 것은 "쥬리아"가 키리시탄이 된 1596년에서 얼마 되지 않아서였다. 이 회는 "베아스 다스"라고 불리고 "예수회"의 교회 근처에 있었다. 회원으로는 사촌여동생 "막달레나"(中島), "마리아"(伊賀), 고위 무사의 미망인 "마리아 무니", 조선(朝鮮)귀족 출신인 "마리나 朴", "오도모 소린"(大友宗麟)의 딸 "멘샤"(大友), "루시야 데 라 구루스 가와라바시", "마리아 무니"의 딸 "이구나시오 데 라 데구라" 외에 1614년 국외 추방령이 발하여질 때까지 20인이 수도원에서 공동생활을 하였다고 한다. 이 회를 "베아다스"회라 불렀다. "베아다"란 평생을 하나님과 사람들에게 사랑의 봉사를 하려는 독신으로 수양하는 여성을 말하며, "베아다스"는 그의 복수로 "베아다스"회는 "베아다"들의 수도 공동체를 말한다.

이 회의 규칙에는 "청빈", "정결", "순종"의 세 가지 서원을 선언하였다. 전국적인 금교령이 내린 후 "베아다스"회의 수도자들도 심한 고문을 받았다. 마침내는 1614년 11월 8일에 "다카야마 우곤"(高山友近), "쥬리아"의 오빠인 "나이도 도구안"(內藤德菴)과 더불어 마닐라로 추방당하였다. 이때 "베아다스"의 회원 14명이 포함되었다. 이들은 마닐라에 추방되어 그곳에서도 필리핀 최초의 여자 수도회를 창립하였다. 수도회는 자기 자신의 수양은 물론 그 시대의 사회의 필요를 충당하기 위한 것으로 자연발생적이라고 할 만한 섭리적인 창립이었다. 따라서 그 목적과 행동이란 그 사회의 필요에 따른 것이라 하겠다.

16-17세기에 소위 키리시탄의 세기에 일본에서 활동하고 있던 것은 "예수회", "프란치스코회", "도미니코회", "아우구스티노회"라는 4개의 남자 수도회가 있었다. 키리시탄의 복음은 어느 지역, 어느 계급을 가리지 않고 전파돼야 하는데 일본에서는 남자 수도회만으로는 미치지 않는 계급이 있었다. 그곳은 상류계층의 안방마님들이었다. 그 필요에 따라 생겨난 것이 바로 "베아다스" 수도회였다. 즉 그 회원 중에는 "나이도오(內藤) 쥴리아"와 "오도모(大友) 멘샤"는 명문가 출신이므로 상류사회와도 교류가 있었으므로 자유로이 방문하여 전드할 수가 있었다. 따라서 "히데요시"(秀吉)의 양녀로 "우기다 히데이에"(宇喜多秀家)의 부인을 전도하여 세례를 받게 하는 등 많은 귀부인을 전도하였다.

### 2) 다카야마 우곤(高山 友近)

가장 훌륭한 영주인 "다카야마 우곤"(高山友近)은 1552년 "셋츠 다카야마"(攝津高山)에서 "타카야마 히다노가미"(高山飛騨守)의 장남으로 태어났다. 그의 부친은 열심 있는 불교도였으며, 그리스도교를 추방하기 위한 심사위원으로 "유기야마시로노가미 타다마사"(結城山城守忠正)와 "기요하라 에가다"(淸原枝賢)와 함께 임명되어, "나라"(奈良)에서의 키리시탄 종문논쟁을 통하여 일전하여 그리스도교를 받아들여 세례를 받았다. 세례명은 "다리오"(太慮)라고 했다. 그 후 그의 감화로 가족들과 가신들이 한번에 150명이 세례를 받는데 이르렀다. 그때 12살의 "우곤"(友近)도 "라우렌시오"에게서 세례를 받고 "제스도"라는 세례명을 받았다. 이와 같이 "우곤"(友近)의 신앙은 부친의 영향으로 인한 것이었다. 그러나 후의 전쟁으로 부상을 입었으나 이로 인하여 그의 신앙은 더욱 급속히 깊어만 갔다.

"우곤"(友近)은 22세에 "오사카"(大阪), "다카즈기"(高槻) 성의 성주가 되어 2만 석의 복록을 받아 누리게 되였다. 키리시탄 영주로서 그는 먼저 "다카즈기"(高槻)에 훌륭한 천주교회를 세웠다. 또 "교토"(京都)에 교회와 "아즈지"(安土)에 "세미나리요"의 건설에도 힘을 기울였다. 특히 1581년에는 순찰사 "베리아노" 신부를 "다카즈기"(高槻)에 초청하여 실로 성대한 부활제를 개최하였다. 이때 교회당은 작았지만 일본 최초의 파이프오르간의 반주로 "아즈지(安土) 세미나리요"의 학생들에 의하여 "그레고리오" 성가가 불렸다. 주민도 놀라워했고 "베리아노" 신부도 놀랄 정도의 성대한 부활축제였다.

"다카야마"(高山) 부자는 "다카즈기"(高槻)영내에 복지정책을 폈다. 당시에는 키리시탄이 암송하여야 할 자비에 관한 14개조의 교리서가 있었으며 내용은 다음과 같다.

〈신체에 대한 7가지〉

1. 주린 자에게 먹을 것을
2. 갈한 자에게 마실 것을
3. 벗은 자에게 입을 것을
4. 병자를 돌아볼 것.
5. 행인에게 숙소를.
6. 잡힌 자에게 돌봄을.
7. 사자를 장례해 줄 것.

〈정신에 대한 7가지〉

1. 사람에게 좋은 충언을 할 것.

2. 무지한 자에게 길을 안내할 것.

3. 슬퍼하는 자를 달래줄 것.

4. 잘못된 자를 나무랄 것.

5. 치욕을 잘 참을 것.

6. 타인의 부족을 용서할 것.

7. 생사의 사람과 원수를 위하여 하나님을 의뢰하고 받들 것.

이런 정신으로 "다카야마"(高山) 부자는 "다카즈기"(高槻)영내에 훌륭한 복지정책을 실행하였다. 해마다 4인의 자비역을 두어 일체의 육신적인 것과 정신적인 자선사업을 감독하고 지휘하도록 일임하여 운영하였다. 즉 매년 교체하는 4인의 감독자를 두어 이교도 간의 포교에 대하여 신부에게 연락하도록 하고, 각 지방에서 오는 여행객들에게 숙소를 제공하는 등의 직책을 맡겼다.

또 자신들도 타국에서 키리시탄들이 오면 초면임에도 불구하고 직접 나가서 친척이나 친구인 듯 친절하게 맞아 주곤 하였다. 가난한 자들에게는 그들을 며칠간이라도 식사와 숙박을 도우며 추운 겨울에는 헌옷뿐 아니라 때로는 입고 나간 새 옷도 나누어 주곤 하였다. 또 가난하여 장례를 치를 수 없는 이들에게는 장례를 치러 주기도 하였다. 그 시대에는 생활보장이라든가 은급제도가 없었음에도 "다카야마"(高山) 부자는 이런 일에 신경을 쓰고 있었다.

이와같이 "다카야마"(高山) 부자는 영내에서 조직된 사회정책을 위하여 [자비역]을 두는 것으로 만족하지 않고 직접 실천하는 등 전국시대에 전례가 없는 제도를 실행하여 안정된 복지국가를 이루었다. 따라서 전시임에도 폭력배도 없고 평화를 잘 유지되고 있었다. 이때의 "다카즈기"(高槻) 주민 2만 5천 명 중에 1만 8천명이 키리시탄이었고 후에는 전 주민이 키리시탄이 되었다. 이것은 영주의 강제에 의한 것이 아니라 "예수회"의 전도와 그의 열심과 후덕한 행동이 키리시탄의 모범이 되어 자연적으로 증가한 것이라 하겠다.

그의 모범적인 감화력으로 신앙을 가지게 된 영주들이 많았다. 즉 "고니시 유키나가"(小西行長), "구로다 요시다카"(黑田孝高), "가모우지사토"(蒲生氏鄉)등 유력한 영주들이 있었다. 또 "아게지 미즈히데"(明智光秀)의 딸 "호소카와 타다기"(細川忠興)의 처인 유명한 "호소카와(細川) 가라시아" 부인도 그의 감화를 받아 입신한 사람이다.

이러한 증좌로 사람들은 그리스도교의 일을 [다카야마슈몬, 高山宗門]이라고 불렀다. "우콘"(友近)은 주군인 "히데요시"(秀吉)에게도 신임이 두터워 "다카즈기"(高槻)의 2만 석 성주에서 "아카시"(明石) 6만 석의 성주로 전임되어 새로운 각오로 영내의 전도에 힘썼다. 그러나 1587년 6월에 "큐슈"(九州) 평정을 마친 "히데요시"(秀吉)는 돌연 "우콘"(友近)에게 키리시탄을 버리라고 명하였다. 그러나 하나님을 신앙함으로 거절한 "우콘"(友近)에게 격노하여 "파테렌쯔이호레이"(伴天連追放令)를 발하였다. 이 시련에서도 그는 신앙이 요동하지 않았다. 그는 신앙을 지키기 위하여 6만 석의 영지를 반환하기로 결의하였다. 그는 변의를 재촉하는 "히데요시"(秀吉)에게 다음과 같이 대답하였다.

"키리시탄"을 버림에는 만일 온 천하를 준다고 하여도 자신의 영혼구원과 맞 바꿀 수는 없으며, 따라서 자신의 신분, 봉록, 영지에 대하여도 장군의 뜻대로 하시기를 바랄 뿐이다.

이것은 마치 마태복음 16장 26절의 말씀과 같이 [사람이 만일 온 천하를 얻고도 제 목숨을 잃으면 무엇이 유익하리요.]함과 같은 "예수회"의 구호와 같은 것이었다.

"히데요시"(秀吉)는 아까운 심정으로 친우인 "센티큐"(千利休)를 보내어 설득하였으나 끝내 듣지 않고 신앙을 지키기 위하여 굴욕적인 길을 택하였다. 그후 "카네자와"(金沢)의 "마에다토시이에"(前田利家)의 호의로 25년간 객으로 머물며 그곳에서 선교활동을 하면서 1601년에 자비로 "카네자와"(金沢)에 교회를 건설할 뿐 아니라 또 선교사를 초청하여 170명에게 세례를 베풀기도 하였다. 그중에는 "마에다"(前田)가의 충신 30명도 포함되었다.

전도에 열중하던 "우콘"(友近)은 "도쿠가와"(德川)의 금교령으로 국외추방을 당하여 1614년 11월에 그 가족과 "나이도(内藤) 죠안"과 그 가족, "이스즈" 회원 350명과 더불어 마닐라로 추방되었다. 다음 해 봄에 63세로 소천하였다. 그는 참으로 훌륭한 위인으로 사람들을 해치는 대신, 자신의 희생으로 명예와 권력 대신 신앙과 덕을 귀히 여기는 참된 키리시탄이었다.

## 5. 기독교 수용의 배경

중세말기 전국 난세에 정치, 사회 상황하에서 사람들은 종교에 의한 인식은 이국 종교인 일신교 그리스도교가 불교사원과 천황, 공가 계급의 반대과 압박에도 불구하고 단시일 내에 신자를 획득하고 교세를 확장할 수 있었던 그 첫째 이유는 이것을 받아들인 당시의 사람들은 시대가 크게 변화하는 시기로 과도기적인 사회혼란 속에 살면서 개화하기 시작하면서 강한 신앙으로 구원을 바라는 데 있었다. 그들은 내세에 대한 구원과 더불어 혼란상태의 현 사회에서 살아남기 위한 욕구가 강함에 있었다.

당시의 장원제도(莊園制度)가 붕괴되어 영주들과 불교계의 지위가 저하되어 일반 민중들의 종교활동도 부진하게 되었고, 또 농촌의 일부 종파에서는 영주들과 싸워 봉기를 일으켜 세력을 더욱 잃어버리게 되어, 기존의 종교세력도 종교적 욕구를 충족시킬 수가 없었다.

따라서 기존 종교에 대신하여 서민들의 마음을 사로잡은 것은 기존 종단에 속하지 않은 "히지리"(聖 = 聖人, 神仙), 야마부시(山伏 = 入山修道士 佛僧), 무술사(巫術師) 등의 비체제 종교가들의 교훈과 민간종교와 이세 신도(伊勢神道) 등이었다. 이세신도(伊勢神道)는 현세의 소원을 성취하여 준다는 것으로 농촌의 농민들과 상인들에게 받아들여졌다. 또한, 신흥 무사계층도 많이 받아들여 지방에 세력을 확장하여 갔다.

일반서민의 절실한 요구는 내세의 구원을 바라며 또한 현세의 행복도 추구한 것으로 석가의 구원에서 누락된 중생을 구원하여 준다는 미륵보살(彌勒菩薩)신앙, 지장(地藏)신앙, 관음(觀音)신앙 등이 성행 하였다.

미륵신앙과 관음신앙은 모두 극낙(極樂) 즉 내세 지향의 교리로 장래(來世)의 안식을 갈망하는 것으로 민중들은 지옥의 공포에서 염라 왕인 지장(地藏)이 지옥의 악귀에서 망자를 지켜주는 자비의 보살이라는 것을 믿었기 때문이다. 이와같이 정신적으로나 신앙적으로나 의지할 것 없는 불안한 전국시대에 참된 기쁨을 주는 기독교가 반갑게 받아들여지게 되었다.

여기에 기독교의 교리서에는 내세에 구원을 얻기 위하여는 현세에서의 삶의 교훈으로

1. 믿을 것
2. 희망을 가지고 "데우스"(神)가 그리스도인들에게 구원을 약속한 것을 믿을 것
3. 생활의 순결을 지킬 것 등이다.

키리시탄들은 하나님인 데우스와 그 외아들 예수 그리스도를 바라는 것으로, 현세에서는 은총과 내세의 영광을 믿고 자유함을 얻을 것이라고 하였다. 이를 위하여 이 세상에서 유혹을 받아도 유혹되지 않고 하나님(데우스)의 은총을 바라고 날마다 자라나고 무사할 수 있도록 기도할 것이라고 하였다. 이렇게 내세에 구원 얻고 현세에서 병 고침을 바라는 당시의 일본인들이 외래의 새로운 종교(기독교)에 관심을 가지는 것을 당연하였다.

キリシタン史考 (H- チ-スリク) = 338-345 (大村)
フロイス日本史 = 제5권 = 제8장 (大村) : 제109장 (有馬)
フロイス日本史 제1권 제18장 = 209-219 (生月. 度島)
キリシタン史考(H- チ-スリク) = 330-338 (生月. 度島)
キリシタン史考(H- チ-スリク) = 345-352 (有馬)
日本キリシタン殉教史(片岡弥吉) = 100 (세미나리요, 고레지요 이동표)
日本キリスト教総覧(松田毅一) = 20 (세미나리요, 고레지요)
日本キリシタン物語(田中 將) 76-78 (세미나리요, 고레지요)
ペテロ岐部カスイ(五野井隆史) = 75-79 (신학교 일과)
日本キリシタン物語(片岡弥吉) = 42-47 (有馬)
キリシタンになった大名(結城了悟) = 59-72 (有馬)
(日本キリシタン殉教史(片岡弥吉) = 223-225 (마리나. 朴)
Leon. Pages 日本キリシタン教史)
高山友近史話 (H- チ-スリク) = 186-194
日本キリシタン物語(片岡弥吉) = 51-59 (高山)
日本キリシタン殉教史(片岡弥吉) = 35-47 (高山)
日本の教會の歴史(結城了悟) 41-43 (高山)
日本キリスト教史 (五野井隆史) = 13-24 (배경)

# 제 5 장

# 세 장군들과 기독교

## 오다(織田), 도요토미(豊臣), 토쿠가와(德川)

## 두견새와 세 장군

세 장군의 성격이 잘 표현되어 있다.

1. 杜鵑 鳴かぬなら、殺して終え、杜鵑!

= 두견새 울지 않으면 죽여버리라. 두견새야! 織田信長

2. 杜鵑 鳴かぬなら、鳴かせて見よう、杜鵑!

= 두견새 울지 않으면 울려보자. 두견새야! 豊臣秀吉

3. 杜鵑 鳴かぬなら、鳴くまで待とう 、杜鵑!

= 두견새 울지 않으면 울 때까지 기다리자. 두견새야! 徳川家康

## 1. 오다 노부나가(織田信長, 1524-1582)

오다 노부나가

"오다 노부나가"(織田信長)는 "오하리슈고다이묘시바"(尾張守護大名斯波) 씨의 "슈고다이"(守護代, 경비담당 관원)의 가문으로 "노부나가"(信長)의 부친은 "오하리시모시코리"(尾張下四郡)를 지배하는 "기요스"(清洲) 성주의 세 관원의 한 사람이었다. "노부나가"(信長)는 18세의 젊은 나이로 가계를 이었으나 이상한 짓을 하는 바람에 문중에서는 "큰 바보"로 취급되었다. 그러나 그 후 8년간에 이복 형제 둘과 친동생 한 명을 포함하여 "오다"(職田) 가문의 라이벌을 차례로 제거하므로 "오하리"(尾張)의 통일을 실현하여 "오하리국"(尾張國)의 독재군주가 되었고 14년간에 이웃 나라 50여 개국을 정복하고 전국통일의 과업을 이루었다.

1560년 "오게하사마"(桶狹間)의 전투에서 동해의 유명한 영주 "이마가와 요시모도"(今川義元)를 격파하고, 이어서 "미노"(美濃)의 "사이또"(斉藤) 씨를 공략하고 "이나바야마"(稲葉山) 성을 탈취하여 본거지로 삼고 "기후"(岐阜) 성이라고 개명하였다. 이때부터 [덴가후부, 天下布武]라는 인장을 사용하여 천하통일의 의지를 선언하였다. 전 장군의 동생 "아시카가요시아키"(足利義昭)에게 "무로마찌"(室町) 막부 재흥의 의뢰를 받아 "고노에"(近江)의 "로구가구"(六角) 씨를 격파하고 상경하여 "요시아기"(義昭)를 장군직에 추대하였다. 그러나 머지않아 "노부나가"(信長)는 정치적인 실권을 잡고 "요시아키"(義昭)의 권한을 제한하는 행동을 하므로, "요시아키"(義昭)는 "아사쿠라"(朝倉)와 "아사이"(淺井) 양씨와 결합하여 대항하였으나 패함으로 "기나이"(畿內)의 영주들의 세력을 제압함으로 천하통일의 유업을 완성하였다.

**＊"노부나가"(信長)의 인간성**

당시의 선교사 "루이스 후로이스"(P. Luis. Frois. S. J)의 "일본사"에 "노부나가"(信長)의 인간상을 다음과 같이 소개하였다.

> "노부나가"(信長)의 성품과 기질은 신장은 중간 키에 머리숱은 적고 목소리는 쾌활하고 특히 전쟁을 좋아하고, 무예수업에 전념하고, 명예심이 강하고, 정의감도 강했다. 타인으로부터의 모욕은 참지 못하며 반드시 복수해야 했다. 때로는 애정과 자비심을 나타내기도 했다. 잠은 적게 자고 일찍 일어났다. 탐욕과 속마음은 좀처럼 나타내지 않는다. 전략에는 교활하였고 규율이란 없었고 부하의 진언은 거의듣지 않았고 그는 모든 사람에게 이상하리만큼 두려움과 존경의 대상이기도 하였다. 그는 술을 마시지 않았고 식사도 소식가였고 그의 행동은 누구에게도 구애되지 않고 마치 전제군주적인 성격의 소유자였다. 그가 좋아하는 것으로는 유명한 찻잔, 좋은 말, 검, 매 사냥이며 또 벌거벗은 몸으로 씨름을 구경하는 것을 좋아하였다. 또 누구도 무장을 하고는 그에게 접근을 허락지 않았다. 그는 이해력이 뛰어나고 명석한 판단력을 지니고 있어 신·불(神道, 佛敎) 기타의 우상을 믿지 않고 이교의 점술도 믿지 않았다. 그리고 우주의 창조주도 믿지 않았고 영혼의 불멸설도 믿지 않았다.

선교사들은 일본에서는 권력자의 지지 없이는 포교가 되지 않음을 깨닫고 "노부나가"(信長)의 불교 탄압을 이용하여 포교에 힘써 많은 열매를 거둘 수 있었다. 그가 불승들을 박해한 이유의 발단은 부친이 병들어 사경을 헤맬 때 불승들을 불러서 기도하면 쾌유할 수 있는가 하니 불승들은 자신 있게 좋아진다고 했다. 그러나 수일 후에 세상을 떠났다. 이에 분노한 "노부나가"(信長)는 한 사찰에 불승들을 감금하고 거짓을 말했다고 살해하기도 했다.

### 1) "교토"(京都)에 교회건축

(1) 포교의 윤허자

"오다 노부나가"(織田信長)가 1568년에 중앙정권을 잡음으로 "예수회" 회원들에게 가장 큰 보호자가 되었다. 따라서 이런 보호정책으로 키리시탄의 융성을 가져왔다. 그는 전국 통일사업을 방해했다는 이유로 "이시야마 혼간지"(石山本願寺)와 "히에이잔"(比叡山) 등의 붙교세력과는 항쟁하였으나 키리시탄에 대하여는 새로운 문물에의 호기심과 정치적인 이점으로 이것을 보호하는 태도를 보였다. 즉 1569년에는 그를 알현한 "루이스 후로이스"(Frois. Luis, 1532-1597)에게 포교의 자유를 보장한 이래 후대하였다.

"후로이스"의 후임으로 1574년부터 교토(京都) 주변에서 선교를 담당한 것은 "오루간티노"(Organtino. Gnecchi-Soldo, 1533-1609)였다. 그는 "하비에르"의 선교정책을 존중한 일본을 이해하며 일본에 적응하는 선교정책을 채용하였다.

(2) 교회 건축("난반지"(南蠻寺), "산타 마리아"교회)

"교토"(京都) 시내가 점차로 평온하여지므로 1575년에 "오다 노부나가"(織田信長)의 허락을 받아 시내에 "난반지"(南蠻寺)의 남만(南蠻)이라는 말은 당시의 포르투갈인과 스페인인을 지칭하는 것으로 키리시탄을 지칭하기도 하였다.)라는 삼층 교회를 세우기로 결의하였다.

이 공사에는 키리시탄뿐 아니라 "셋츠"(攝津)의 "다카즈기"(高槻), "가와우치"(河內)의 "오카야마"(岡山), "와카에"(若江)의 3곳의 그리스탄 영주와 무장들이 솔선하여 목수와 인부들을 제공하고 건축자재 운반 등 솔선하여 도와주었다.

그 내용을 보면 설계는 "오루간티노" 신부가 담당하고, 특히 "다카야마 우곤"(高山友近)은 직접 상경하여 전면적으로 각종 우량 재목 공급에 협력하였다. 그것도 부하들에게 맡기지 않고 직접 4-5인의 신하와 목수와 벌목공들을 데리고 "다카즈기"(高槻)의 깊은 산으로 가서 벌목하여 자비로 "교토"(京都)까지 운반하여 왔고 기타 영주들도 건축을 위한 노동자들을 데리고 오며 또 일부 성도들은 건축자들을 위한 식량과 자금을 제공하는 등 전력을 기울였다.

특기할만한 사건은 "마르다"라는 가난한 노인 과부는 행상으로 모은 전액을 교회와 사택의 다다미를 까는 것으로 전당하였다. 또 다른 "훼리바"라는 나이 많은 귀부인은 사방으로 다니면서 모금을 하기도 하였다. 이와 같이 전 교인들이 성심을 다하여 교회건축에 동참하였다. 그런가운데 호사다마라고 불승들과 일부 시민들은 다음의 3가지 조건으로 반대하였다.

1. 당시 천하의 장군 "노부나가"(信長)가 건축한 건물이, 이 교회가

서면 너무 초라하게 보이게 된다.

2. 승려들은 사찰보다 높은 곳에 교회를 세운다는 것을 일본의 풍습에 반한다.

3. 교회의 층수가 머리 위에 높이 솟아 있으므로 이웃집의 여자들과 여인들이 내려다 보이기 때문에 뜰에 나갈 수 없게 된다고 반대하였다.

이에 대한 교회 측의 해명은 이러하였다.

1. 도성 안에는 교회보다 높은 3층, 4층 건물이 없지 않으니 교회한 동뿐이 아니지 않는가.

2. 그대들도 사찰에서 승려들의 사택을 사찰 위에 세우지 않는가.

3. 그들은 머리 위에 솟는다고 하나 거리가 멀기 때문에 상관이 없지 않은가.

해명을 통해 반대자들을 잠잠케 하고 교회를 건축하였다. 건축한 교회 이름은 "산타 마리아"라고 하였다.

"교토"(京都)에의 교회건립을 도우며 "아즈지"(安市)에는 토지를 나누어 주어 "쎄미나리요"(神學校)를 세우도록 하는 등 교세확장에 일익을 담당하였다.

"오루간티노" 신부는 1577년에 "셋츠"(攝津)의 "다가즈기"(高槻)에서는 영주 "타카야마 우곤"(高山右近)이 직접 백성을 소집하여 설교를 듣게 하여 하루에 800명에게 세례를 베풀었고 단기 내에 2,400명의 개종자를 얻었다. "가와지"(河內)의 오가야마(岡山)에서는 영주 "돈 죠안 유기"(結城)의 협력으로 700명에게 세례를 베풀었다.

따라서 "난반지"(南蠻寺) 건립 후 "기나이"(畿內, 皇居중심의 사방지역으로 大和, 山城, 河內, 和泉, 攝津으로 지금의 "교토"(京都), "나라"(奈良), "오사카"(大阪), "효고겐"(兵庫縣) 등지의 5개국)로 신자수는 급격히 늘어나 다음 해의 여름에는 6,000명에 이르고 그해 가을에는 교회 건설도 늘어 연말에는 1만1천 명에 이르렀다.

"노부나가"(信長)는 종교에 대한 이해는 있었으나, 신앙심이 있었다고는 할 수 없었다. 그럼에도 이렇게 보호한 것은 당시의 문화를 알아차렸기 때문이다. 이는 전술상으로 처음으로 총포대(銃砲隊)를 조직하고 그 병기의 위력을 발휘하여 총포기술에 호감을 샀기 때문이다. 전래된 총포기술을 자기의 것으로 만든 그는 총포의 상징인 외래문화의 힘을 최대한으로 이용하고자 하였다. 따라서 그 시야를 국내에 한하지 않고 일본을 감싸고 있는 외국에까지 미치게 되었다.

### (3) 위기의 후원자 "와다 마레마사"(和田惟政)

특히 선교사들이 "교토"(京都)에서 추방된 지 5년이 되었을 때 당시의 장군 "노부나가"(信長)의 신복이었던 "다카즈시"(高槻) 성의 영주인 "와다 마레마사"(和田惟政)의 알선으로 선교사들이 장군을 알현하였다. 그후 "노부나가"(信長)는 부하들에게 다음과 같이 말하였다.

> 내가 선교사들을 알현하게 된 동기는 첫째로 이 복음을 전하려고 수천리 먼 길에서 일본에 건너온 이방인에게 어떻게 대우할 것인가 고민하였고, 둘째는 만일 내가 홀로 그들을 영접하였더라면 혹 내가 키리시탄이 되었다고 오해할 것이기 때문이다. 그 이상의 이유는 없다.

이것은 선교사들의 요구를 들어준다는 뜻이기도 하였다. 또 키티시탄들을 추방하여야 한다고 선교사들을 추방하였던 "마쓰나가 시모다이"(松永霜台)의 상소를 받고는 ["시모다이"(霜台) 당신은 연세도 있고, 도량도 넓은 양반이 왜 그렇게 소심한 것인가? 단 한 사람의 이국인이 이 넓은 일본에 어떠한 해악을 끼칠 것이라고 하는가? 뿐만 아니라 여기에 그 종교의 진리를 전파하기 위하여 특히 먼 곳에서 또한 먼 나라에서 한 사람의 남자가 온 것이 말할 수 없이 많은 종파가 있는 이 거리에 있어서는 도리어 명예로운 것이 아닌가?]라고 하면서 "와다"(和田)와 선교사들의 요청을 들어 마침내 1569년 4월 8일에 윤허장을 교부받아 "교토"(京都)에 돌아가서 자유로운 선교를 할 수 있도록 허락하여 주었다. [信長의 윤허장]의 내용은 다음과 같다.

> 선교사들이 도성에 거주함에 있어서 그들에게 자유함을 주며 이 나라의 국민의 의무로 하는 모든 의무는 일체 면제하도록 하며 이 나라의 어느 곳에서든지 원하는 곳에 체재할 수 있도록 허락한다. 이에 대하여 방해를 받지 않도록 하며, 만일 불법으로 그들을 해한다면 이에 대하여 분명히 상응하는 처벌을 할 것이다.

그 밑에 부기를 달아 [참된 진리의 길이라 칭하는 예배당에 거주하는 선교사들을 위하여]라고 기록되어 있다. 또 이에 따라 도성의 장군도 다음의 내용의 게시판을 1569년 4월 15일에 세웠다.

> 선교사들은 도성 안에 거주할 수 있으며 또는 국내의 다른 곳에 있어서

도 원하는 곳에 거주할 수 있으며 자국민이 부담하는 일체의 의무를 면하도록 한다. 선교사들을 해하는 악을 행하는 자가 있다면 이에 상응하는 벌을 받게 될 것이다.

선교사들의 일본선교는 이와 같이 권력자의 도움이 없이는 포교가 되지 않으므로, "노부나가"(信長)의 공은 매우 크다고 하겠다. 이에 따라 포교에 힘을 써 많은 열매를 거둘 수 있었다. 따라서 "큐슈"(九州)에까지 전파되어 "나가사키"(長崎)는 키리시탄 도시로 화했다. 예수회의 본부교회로 "산 파울로"교회가 서고 "도 도스 오스 산도스"교회와 "산타 마리아"교회로 삼대 교회가 서고 입항하는 포르투갈 상선의 입항표적이 되기도 하였다.

1592년의 통계를 보면 본부 교회를 비롯하여 45 교회와 3만 명 신도가 있고, 기타 "히라도"(平戸)에 17 교회와 3천 명의 신도, "고토"(五島)섬에 2천 명, "히젠"(肥前), "쯔구젠"(筑前), "쯔구고"(筑後)에 산재하는 2천 명의 신도가 있었다. 그 외에 "세미나리요"(교육기관)를 설립하기도 하였다. 교육기관으로는 "콜레지오"(大學, 學林)와 "세미나리요"(中等學校)와 병원도 생겨났다. "도쿠가와 이에야스"(德川家康)의 금교령이 내려질 때까지 나가사키(長崎)는 비교적 평화로운 나날이 계속되었다.

### 2) "오다 노부나가"(織田信長)의 가족들

위에서 논한 바와 같이 "노부나가"(信長)는 교회활동의 길을 열었고, 선교사들의 활동을 자유롭게 하였다. 그의 보호가 없었더라면 선교사들의 노력은 실패로 돌아갔을 것이다. 이와 같이 "노부나가"(信長)는 선교사들의 은인이었다. 그러함에도 "노부나가"(信長)의 사상은 그리스도교와는 멀리 떨어져 있었다. "혼노지"(本能寺)의 비극이 없었다면, 언젠가는 선교사들의 활동과 부딪혔을 것이다. 그러함에도 그가 선교사들에게 보인 호의적인 태도는 후손들에게 교회에 가까이 가도록 하는 계기가 되었다. "노부나가"(信長)가 세상을 떠난 후에 자녀와 친족 중에서 키리시탄이 된 자들이 있고 또는 다른 키리시탄 영주들과 연결되어 빛을 발한 자들도 있었다.

특히 "가라시아"와 같은 유명한 순교자도 있었다. 즉 후손 중에 세례를 받은 자들은 다음과 같다. "노부나가"(信長)의 차남 "노부히데"(信秀)와 두 손자 "히데노부"(秀信)와 "히데노리"(秀則), 장녀와 사위 유명한 키리시탄 영주 "가모우지사도"(蒲生氏鄉), 차녀와 사위 "쯔쯔이 데이지"(筒井定次), 삼녀와 자녀, 사녀 등이고 누나와 생질녀와 손자 "아키사도미즈히데"(明智光秀)의 딸로 영주 "호소카와 타다오"(細川忠興)의 부인이 된 "가라시야 다마고"(玉子)와 그 자손들이 모두 세례를 받은 가친들이다.

"후로이스" 신부는 다음과 같은 글을 남겼다.

> "노부나가"(信長)의 자식들이 타지방의 영주로 떠나면서 도중에 드성에 들려 3인은 각자 별도로 교회를 방문하였다. 그들은 이미 큰 지방의 영주로서 모두 설교에 귀를 기울이고 만족함을 나타내며 각자 자기의 나라에서 하나님의 교훈을 설교할 수 있는 분을 요청하기도 하였다.

"노부나가"(信長)가 세상을 떠난 후 "히데요시"(秀吉)와 "도쿠가와"(德川)가 정권을 잡음으로, 정권을 완전히 빼앗긴 후에도 몇몇 분은 키리시탄으로 신앙을 잘 지켰다.

후손들 중에서 세례를 받은 이를 소개하면 다음과 같다.

(1) 차남

"노부히데"(信秀)는 사촌과 함께 세례를 받았다. "이나바사다쯔"(稻葉貞通)의 딸과 결혼하였고 병에 걸렸을 때 선교사가 준 약으로 고침을 받고 신앙의 열심을 더하여 신하들과 모친까지도 전도하였다. "도요토미"(豊臣)의 명에 따라 300명의 부하를 거느리고 조선에도 출병하였으나 나병에 걸려 돌아와 은퇴하고 선교사들이 주는 약도 별 효과가 없었다. 신앙생활을 계속하다가 오래가지 못하고 세상을 떠났다.

(2) 두 손자

장자인 "노부타다"(信忠)의 아들들인 손자들은 키리시탄인 신하들의 영향으로 "히데노부"(秀信)와 "히데노리"(秀則)는 "마에다하루이"(前田玄以)의 조카들인 "파울로 미케일", "디에고"와 더불어 세례를 받아 훌륭한 키리시탄이 되어 선교사들에게 큰 희망을 주었다. "히데노부"(秀信)는 전도를 열심히 하여 신하들과 특히 유모를 세례받게 하고 "기후"(岐阜)에 교회를 건설하도록 토지를 기부하여 교회를 건설하기도 하였다.

(3) 딸들

첫째 "후유히메"(冬姫)와 사위 "가모우지사도"(蒲生氏鄕)는 세례를 받을 때에 백만 석을 하는 대영주로 전장에서는 6,000명을 거느리는 훌륭한 무사이기도 하며 "도요토미"(豊臣)의 유력한 가신이었다. 또 전장에 나갈 때는 십자가를 군기에 달고 나가는 것으로도 유명하였다. "도요토미"(豊臣)의 금교령이 내렸음에도 그는 신앙을 버리지 않았다. 병으로 세상을 떠날 때에도 손에 십자가를 쥐고 임종하였다고 한다.

둘째 사위 "츠츠이사다즈기"(筒井定次)는 대를 이어 영주가 되고 무사로서 "노부나가"(信長)의 사위로 세례를 받은 후에는 금교령으로 교회를 파괴하라는 명이 내렸을 때에도 설교를 듣고 전도에 힘썼다. 선교사들이 염려함에도 불구하고 그는 [본인은 이점에 대하여 장군의 명을 마음에 두지 않는다. 다만 영혼의 구원을 위해서는 각자가 옳다고 믿어지는 방법대로 따라가지 않으면 안된다. 따라서 무어라고 하여도 교훈은 들어야 한다.]라고 대답할 정도로 신앙이 철저하였다. 말년에 하인의 모함으로 영지는 몰수당하고 자결하라는 명을 받아 부자가 함께 세상을 마쳤다.

또 신앙이 훌륭한 사촌누이 동생 "마리아"의 열렬한 활동으로 부인과 아들도 세례를 받는 등 가족들도 키리시탄이 되었으나, "마리아"는 "도쿠가와 이에야스"(德川家康)의 금교령으로 핍박이 심하여 "다카야마 우곤"(高山友近)과 더불어 마닐라로 추방당하여 그곳 "산 미겔" 수도원에서 세상을 마쳤다.

셋째 사위는 키리시탄 의사였다. 넷째 딸도 세례를 받았다.

(4) 친족들

손녀사위 "코고쿠 타카토모"(京極高知)와 그 형제들이 키리시탄이 되었다. 조카 딸 "가라시아"와 그 자녀와 별도로 그 외에도 많은 키리시탄이 있었다. 이와 같이 "오다 노부나가"(織田信長)는 비록 자신은 믿지 않았으나 키리시탄 선교에 협조하므로 많은 후손이 키리시탄이 되는 축복을 받은 것을 볼 수 있다.

### 3) "호소카와 다마고(細川 玉子) 가라시아"

(1) 유명한 키리시탄 "다마고(玉子) 가라시아"

즉 "가라시아"는 "호소카와 타다오기"(細川忠興)의 부인으로 어렵게 세례를 받고 자녀들도 키리시탄으로 성장시킨 현명하고 덕있는 부인이었다. 그녀는 인생문제로 고민하였다. 즉 [인생은 어디서 왔으며 인생은 왜 여러 가지로 고통을 받아야 하며 또 짧은 인생이 죽으면 어디로 가는가?]라고 진지하게 고민하던 중에 친정부친 "아기사도미즈히데"(明智光秀)가 본능사(本能寺) 사건으로 반란을 일으켰다는 이유로 살해당하므로 고통이 가중되어 더욱 인생문제로 고민하게 되었다. 영주인 낭군 "호소카와 타다오기"(細川忠興)는 부인이 출중한 미인으로 현명하기 때문에 염려함으로 엄하게 외출을 단속하였다. 특히 그 당시의 장군 "도요토미 히데요시"(豊臣秀吉)의 행실이 좋지않아 미인만 보면 겁탈을 일삼으므로 더욱 염려하여 일체 외출을 금한 것이었다. 따라서 그녀는 외출이 자유롭지 못한 상태였다.

그러던 중 남편 "타다오기"(忠興)의 친우였던 "다카야마우곤"(高山右近)이 키리시탄이였으므로 남편을 통하여 키리시탄에 대하여 들을 수가 있었다. 따라서 부인은 키리시탄 신부(神父)를 통하면 인생 문제를 잘 알 수 있을 것이라고 생각하여 신부를 만나고 싶었으나 쉽지 않았다. 남편은 부인의 외출을 염려할 뿐 아니라 키리시탄에 대하여도 냉담하였다. 그러나 부인은 어찌하든지 키리시탄의 진리에 대하여 알고 싶어하였다.

어느 날 절에 시주하러 가는 시녀들이 있었다. 엄하게 문을 지키는 병사들도 이들의 외출은 간섭하지 않고 통과시키는 므습을 보았다. 남편 "타다오기"(忠興)가 "큐슈"(九州)지방으로 출정하여 집을 비우고 있었다. 이때를 기회로 부인은 시녀로 변장을 하고 밖으로 나갈 수가 있었다. 그들의 행선지는 "오사카"(大阪)의 교회였다. "오사카"(大阪)교회에는 예수회의 "그레고리요. 세스데스" 신부가 있었다. 그리고 일본인 수도사 "고스메"도 있어서 부인에게 교리를 잘 들려주었다. 진지하게 교리를 들은 부인은 번번이 질문을 하였다. 즉 평소에 지니고 있던 인생문제와 교리를 듣는 중에 일본 각 종파의 교훈과의 관계에 의심이 가는 것들에 대해서였다. 수도사도 부인을 이해시키는데 힘이 많이 들었다.

후일에 수도사는 [일본에서 지금까지 이런 이해력이 강하고, 종교적인 깊은 지식을 가진 부인은 본적이 없다.]라고 하였다. 그날은 바로 부활절이었으므로 교회의 장식된 아름다움도 보고, 강단 의의 그리스도상에 마음이 끌린 모습이었다. 그날 저녁까지 머물면서 부인은 세례를 받기를 바라고 있었다. 그렇지만 신부는 세례를 허락지 않았다. 그 이유는 부인이 너무 고상하기 때문에 귀부인이라는 것을 짐작하고 특히 "도요토미 히데요시"(豊臣秀吉)의 부인이 아닌가하고 의심하였기 때문이다. 그렇다면 박해자인 "도요토미"(豊臣) 밑에서는 신앙생활이 어렵다는 것을 알았기 때문이었다.

그 후에 "도요토미"(豊臣)가 아니고 "호소카와"(細川)가의 부인임을 알았고 참으로 영특함과 풍부한 이해력을 지닌 귀부인으로 반드시 신앙을 받아들일 성도라는 것이 틀림없다고 생각하였다. 부인은 그 후에도 교회에 출석하여 교훈을 받기를 원하였으나 감시가 엄하였으므로 외출을 할 수가 없었다. 그렇다고 신부를 집안으로 불러들일 수도 없었다. 여기에 부인은 지혜를 내어 자유로이 출입할 수 있는 하녀 중에서 믿을 만한 한 여인(마리아)을 택하여 교회로 보내어 교리를 배우도록 하고 돌아와서 자기에게 가르치도록 하여 교리공부를 계속하였다.

또 마리아는 부인의 질문을 가지고 가서 답을 얻어오기도 하였다. 이와 같이 하여 교리습득도 하고 세례를 받기를 원하였다. 따라서 먼저 "마리아"를 세례받게 하고 뿐만 아니라 다른 하녀들에게도 전도하여 17명이 세례를 받도록 하였다. 그 외에 남편의 부하 무사도 세례를 받도록 하였다. 부인은 신부를 만나서 직접 교리공부를 하기 위하여 또 보내주시는 책을 읽고 배우기 위하여 라틴어와 포르투갈어도 연구하였다. 따라서 세례를 받을 수 있는 자격은 갖추었으나 교회에 출석하기 위한 외출이 금지되고 또 "히데요시"(秀吉)의 금교령이 발포되어 신부를 모실 수도 없었다. 따라서 비상수단으로 하녀 마리아의 손을 빌려 세례를 받음으로 세례명을 "가라시아"라고 이름 하였다.

세례를 받은 후의 부인의 태도는 큰 변화가 있었다. 그동안 우울증으로 화도 잘 내고 완고하던 행동이 부드러워지는 등 화기애애하게 변했다. 따라서 가친들도 놀라워했고 특히 전장에서 돌아온 남편 "타다오기"(忠興)도 놀라워하며 자기도 키리시탄이 되고 싶다고 하였으나 "히데요시"(秀吉)의 금교령으로 일시적으로 키리시탄을 박해하는 자리에 서게 되기도 하였다. 그런 가운데서도 부인은 신앙을 굽히지 않고 굳건히 서 있었다. 남편이 이해하기 시작한 것은 "히데요시"(秀吉)가 세상을 떠난 후였다. 부인이 키리시탄이라는 것을 도리어 자랑으로 여기며 숙소에 예배당을 지어주는 등 참으로 화평하게 지냈다. 그것도 잠깐 남편 타다오기(忠興)가 "도쿠가와 이에야스"(德川家康)의 편을 들어 전쟁터에 나간 사이에 반대편인 "히데요시"(秀吉)의 아들인 "히데요리"(秀賴)의 부하인 "이시다 미즈나리"(石田三成)가 "오사카"(大阪)에 남아 있던 부인을 인질로 삼기 위하여 포위하였을 때 부인은 키리시탄인 하녀들을 먼저 피난시키고 예배당에 들어가 촛불을 켜 놓고 제단 앞에 엎드려 최후의 기도를 드리고 남편의 부탁대로 적들에 의하여 불명예스럽게 죽는 것보다 명예로운 죽음을 맞기 위하여 부하인 "오가사와라 쇼사이"(小笠原 小齊)의 손에 의하여 38세의 나이에 세상을 마쳤다. "쇼사이"(小齊)도 할복하고 집에 불을 질러 태워버리고 끝을 내었다.

"가라시아" 부인이 세상을 떠나기 전에 남긴 노래가 전해지고 있다. [꽃이 떨어지는 때에 비로소 참을 알게 된다. 이 세상의 꽃을 꽃으로, 인생을 인생으로서!]라는 노래를 남겼다.

(2) "가라시아"의 자녀들

부인에게는 삼남 삼녀의 육 남매 중 세 자녀가 세례를 받았다.

장녀 "오나가"(오長, 1575-1603), 차남 "오기아기"(興秋, 1585-1615), 차녀 "다라"(多羅, 1588-1615)였다. 그리고 시동생 "오기모도"(興元)도 세례(1595)를 받았다.

장녀 “오나가”(오長)는 중병을 앓고 있었으나 일시적으로 치유는 되었어도 끝까지 신앙을 지키면서 세상을 떠났다. 차녀 “다라”(多羅)는 “우수기”(臼杵) 성의 성주 “이나바잇츠”(稲葉一通)와 결혼하여 남편에게 감화를 주어 교회에 대해 호감을 가지게 되어 “우스기”(臼杵)에 교회를 세우도록 허락하였다. “도쿠가와”(徳川) 막부의 금교정책으로 일시나마 박해를 받았으나, 그 후 일 년이 못 미쳐 “다라”(多羅)는 세상을 떠났다.

차남 “죠안 나가오가 쿄아키”(長岡興秋)의 생애는 비극적이었다. 숙부의 양자로 갔다가 파기되고 부친에 이끌리어 “에도”(江戸)에 인질로 보내지는 도중에 도피하여 낭인이 되어 “도요토미”(豊臣)의 충신으로 싸우고 “오사카”(大阪) 성에 잠복하면서 선교사들과의 교제가 이루어져 신앙생활을 할 수가 있었다. 그러나 “오사카”(大阪) 성이 함락되면서 체포되어 특사를 받았으나 부친에 의하여 살해되었다.

삼남 “타다리”(忠利)는 키리시탄은 아니었지만 오랜 세월 어머니의 신앙의 영향으로 선교사들에 대한 호의를 가지고 있었다.

신하 중에는 훌륭한 키리시탄들이 있었다. 그중에 “오가사와라쇼사이”(少笠原小齊)는 충신으로 사명을 다하고 할복하였고 그의 삼남 “오가사와라 하루야”(少笠原玄也)는 신앙인 “마리아”와 결혼하여 훌륭한 신자였으나 1619년에 순교하였다. 그 가족들은 1632년에 화강산에서 순교하였다.

시동생 “호소카와 오기모도”(細川興元)는 형수의 영향을 받아 세례를 받고 처음에는 “도요토미”(豊臣)의 부하로서 조선(朝鮮, 임진왜란)에 출정했으나 후에는 “도쿠가와”(徳川) 편에 가담하여 “도쿠가와 타다히데"(德川忠秀)의 부하로 지내다가 영지를 하사받아 성주로 지내다 "에도"(江戶)에서 세상을 마쳤다.

フロイス日本史 제4권 제83장 = 155-158 (織田)
日本キリスト教宣教史(中村敏) = 66-69 (織田)
日本キリシタン物語(田中 將) = 47-60 (織田)
キリシタンのなった大名(結城了悟) = 266-285 (織田)
日本キリスト教会の歴史(結城了悟) = 29-35 (織田)
フロイス 日本史 5卷 第105章 (교회건축)
日本キリスト教史(五野井隆史) = 98 (高槻부흥) : 108-111 (교회)
日本キリスト教(物語)(田中 將) = 57-59 (畿內 부흥)
1567년 4월 8일 인정 (フロイス 日本史 제86장) = 199 (윤허장)
1567년 4월 15일 인정 (フロイス 日本史 제86장) = 200 (게시판)
日本キリシタン物語(田中 將) = 73-74 (長崎 부흥)
キリシタンのなった大名(結城了悟) = 264 ("후로이스"의 글)
: 264-285 (가족들)
高山友近史話 (H. チ-スリク) = 154 (장녀. 冬姫)
日本キリシタン物語(片岡弥吉) = 105-123 (가라시아) : 122(노래)
キリシタンになった大名(結城了悟) = 278-281 (가라시아)
日本キリシタン殉教史(片岡弥吉) = 218-219 (가라시아)
キリシタンになった大名(結城了悟) = 281-284 (자녀들)

## 2. 도요토미 히데요시(豊臣秀吉, 1536-1598)

### 1) 도요토미 히데요시(豊臣秀吉 : 하시바 히데요시(羽紫秀吉)

토요토미 히데요시

"도요토미 히데요시"(豊臣秀吉)는 "오하리국 아이지 코리 나카무라"(尾張國愛知郡中村)의 농민 "기노시다 야에몬"(木下弥衛門)의 아들 "기노시다 후지요시로"(木下藤吉郎)로 태어났다. "히데요시"(秀吉)의 어린 시절의 별명은 "히요시마루"(日吉丸), 또는 원숭이라고 전하여진다. 성장한 후에는 "하시바 히데요시"(羽紫秀吉)로 불렀다. 16세경 가출하여 실바늘 행상을 하면서 각 지방을 방랑하다가 "하시바 히데요시"(羽紫秀吉)는 "오다 노부나가"(織田信長)의 수하에 들어가 처음에는 신들매는 하인이었으나 그의 독특한 창의력과 전략에 의하여 공적을 쌓음으로 "노부나가"(信長)의 눈에 들어 발탁되어 급진급을 거듭하였다. 즉 하인의 신분에서 "오우미나가하마죠주"(近江長浜城主)로 출세할 뿐 아니라 "오다"(織田) 가문의 유능한 무장으로 "모리"(毛利) 공격의 총사령관으로 임명되기에 이르렀다.

그 직후 "노부나가"(信長)가 "혼노지"(本能寺)의 사변에서 전사하자 "야마자키"(山崎)의 전쟁에서 "아케즈 미즈 히데"(明智光秀)를 파하고 "기요스회의"(清洲會議), "시즈게다게갓센"(賤ヶ岳合戰)에서 "오다"(織田)의 중신 "시바다 가즈이에"(紫田勝家)를 파하고 승리함으로 "노부나가"(信長)의 후계자의 직을 획득하였다.

"히데요시"(秀吉)의 행로를 저지한 것은 동해의 영웅으로 실력자인 "도가와 이에야스"(德川家康)이었다. "고마키"(小牧), "나가구데"(長久手)전에서 승리함으로 동국을 평정하고 "세이이다이쇼군"(征夷大將軍)이 되었다.

무가의 최고직으로 정가의 최고직을 얻기 위하여는 "하시바"(羽紫)란 서민의 성으로는 불가하므로 새로운 성으로 "도요토미"(豊臣)라는 성을 부를 수 있도록 천황의 직허를 받아 "간바구"(關白), "다이죠다이진"(太政大臣)에 올랐고 나중에는 스스로 "다이가구"(太閣)가 되었다. 그의 욕망으로 이루어진 두 번의 조선출병(임진왜란)은 "히데요시"(秀吉)정권의 붕괴를 재촉한 원인이 되었다. 그가 남긴 최후의 일구는

露と起き、露と消えにし 我が身かな 浪花のことは 夢のまた夢

이슬로 태어나 이슬로 사라지니, 이것이 나 아닌가 나니와(浪花, 대판근교지역)의 일들은 꿈의 꿈이로다.

### 2) 그 당시 선교사들의 직책

- バードレ : 선교사 "파테렌"(신부, Padret, 사제)
- イルマン : 수도사, Irumao
- ドウジュク : 同宿, 선교사를 보조하는 역으로 삭발하고도 복을 입되 신부와 수도사의 옷과는 다르다. 보조의 종류로는 "예수회" 회원, 성직자가 되기 위하여 공부, 수납계, 차 시중, 미사

시종, 기독교 교리를 불신자에게 강론하며, 또 신자들에게는 설교하며 교화하는 전도사, 설교자

- コモノ : 小者, 선교사, 동숙을 수반하는 종자로서 포교 이동 시에 성구 등을 운반하는 보조자
- カンボウ : 看坊, 선교사가 적은 그 시대에 새로 개척된 시골교회에서 그 교회를 관리하며, 그 지방의 신도들을 돌보는 역이 있었다.

### 3) 당시의 키리시탄 영주들

그 당시에는 키리시탄 수는 약 20만 명이었다. "노부나가"(信長)의 죽음 전후에는 약 15만으로 그 내역은 가장 많은 곳은 "나가사키"(長崎), "오무라"(大村) 지방에 약 11만 5천 명, "후나이"(府內 大分市)에 1만 명, "미야꼬"(京都)에 1만 5천 명이었다.

당시의 키리시탄 영주들은 "고니시 유끼나가"(小西行長), "다카야마 우곤"(高山右近), "구로다 요시다가"(黑田孝高), "안도료사"(安藤了佐), "히노큐안"(日農休庵), "가모우우지사도"(浦生氏卿), "오무라스미타다"(大村純忠), "오도모 소린"(大友宗麟), "아리마 하루노부"(有馬晴信) 등의 영주를 합하면 60여 명에 이르고 교회에는 신부와 수도사 합하여 예수회 회원 85명, 여기에 협력하는 일본인과 학생 등은 500여 명에 이르렀다.

교회적으로 큰 변화가 있었다. 일본에도 다른 교파가 들어왔다. 즉 프란치스코회와 도미니코회 등의 가톨릭의 타종파가 진출하였다. 특히 1493년에 로마교황에 의하여 세력권은 분리되어 포르투갈은 인도, 중

국, 일본으로 스페인은 아메리카 대륙방면으로 진출하고 그 후에 필리핀에 진출하게 되었다.

#### 4) 돌연한 추방령

한때 국내통일을 한 후부터 해외 진출을 꿈꾸어 한국과 중국침략의 야망에 불탔기 때문에 무장 선박을 탐내 키리시탄을 일시 용납하기는 하였으나, 용의하지 않음을 깨닫고, 일부 영주들에게 키리시탄을 버리라고 강요하였다. 그러면서 4개조의 질문서를 내밀었다.

(1) 추방을 위한 질문서

1. 선교사들은 왜 이와 같이 열심으로 사람들을 권하여 키리시탄이 되라고 하는가?
2. 절과 신사를 파괴하고, 스님들을 박해하고, 이들과 화해하지 못하는가?
3. 소와 말은 사람에게 사육되는 유익한 동물인데 왜 이것을 식용으로 먹는 것은 도리에 어긋나는 것이 아닌가?
4. 포르투갈 사람들은 왜 많은 일본사람을 사서 노예로 데려가는가?

(2) 선교사들의 회답서

여기에 대한 회답으로 다음과 같이 할 수밖에 없었다.

1. 구원은 그리스도에 의해서만 얻어지는 것으로 우리는 이것을 전하고 강제로 되어지는 것이 아니다.

2. 절과 신사의 파괴는 일본 신자들이 자발적으로 한 것이다.
3. 소고기를 먹는 것은 나라의 습관이지만 말 고기는 먹지 않았다. 그리고 먹으면 안된다면 먹지 않기로 하겠다.
4. 노예의 매매는 일본 사람들이 하고 있다. 우리는 강력히 금하고 있다. 차라리 파는 것을 금하기를 바란다.

이 대답은 타당한 것 같으나 전제군주에 대하여는 강경한 것이었다. 이것은 급격한 정세의 변화에 놀라워하면서도 교회의 입장을 지키기 위한 것이었다.

(3) 추방령

"히데요시"(秀吉)는 영주들을 소집하여 선교사들을 추방하라고 명하였다. 즉 선교사들은 언제 변혁을 일으킬 지 모르는 위험한 존재라고 하여 1587년 6월 19일 5개조의 추방령을 내렸다.

1. 일본은 신국(神國)이므로 키리시탄 나라의 사교를 전하면 안된다.
2. 그들은 모든 나라의 인민들을 귀의시켜 신사, 불각을 파괴하는 것은 전대미문의 일이다. 원래 영주들에게는 일시적으로 그 영토를 맡긴 것으로 천하의 법을 지키지 않으면 안된다.
3. 신부는 그 지혜의 법을 가지고 자유로이 신자들을 얻는 것을 잘하는 것으로 여기고 일본의 불법을 파괴한다. 신부들은 금일부터 20일까지 귀국시켜라. 그동안 신부들에게 위해를 가하는 자는 엄벌에 처한다.
4. 상선은 장사로 입항하는 것이니 별도며 무역은 해도 된다.
5. 이후 불법(佛法)을 거부하지 않는 상인이라면 누구라도 가하다

고 하며 또 키리시탄 국인이라도 가하다.

### 5) 추방령의 결정적인 원인

⑴ 많은 신하들이 키리시탄으로 그 세력이 단결하면 제재하기 힘들기 때문이었다. 당시의 쟁쟁한 주된 키리시탄 영주들은 "타카야마 우곤"(高山友近), "고니시 유키나가"(小西行長), "구로다 마사나가"(黑田長政), "오도모 요시무네"(大友義統), "모리히데가와"(毛利秀包), "오무라 요시아기"(大村喜前), "구로다 관효에"(黑田官兵衛), "가모 우지사도"(蒲生氏鄕), "아리마하루노부"(有馬晴信) 등으로 "큐슈"(九州) 지방의 반수 이상이 키리시탄 영주들이었다.

⑵ 키리시탄의 세력이 강성하여 불교를 압박하므로 승려들이 공포감을 가지기 때문이었다.

⑶ 유럽의 키리시탄이 전도를 빙자하여 일본을 침략한다는 소문이 있기 때문이다. 즉 1596년에 일어난 "큐슈"(九州) 지방의 키리시탄의 실태가 강대함에 놀라서라고도 한다. 즉 "나가사키"(長崎)의 교회령에는 성채 둘레에 수로를 파서 둘러 요새화한 것과 또한 자기의 충신들이 키리시탄 영주로 늘어나는 것을 억제하기 위함이었다.

⑷ 교회의 회보(會報)는 "히데요시"(秀吉)는 대단한 호색가로서, "시야구인젠슈"(施藥院全宗)이라는 주지를 옆에 두고 "하카다"(博多)에 있을 때에 각지의 미녀들을 찾아내도록 하여 색욕을 채우곤 하였다고

기록되어 있다. "아리마"(有馬) 지방에 파견하여 이름있는 가문의 미혼 여성을 찾아데려오라고 명하였다. 이에 미녀들을 발견하여 데려와 "히데요시"(秀吉)의 첩으로 삼으려는데 그녀들은 키리시탄이라는 이유로 거절당함으로 원래 키리시탄을 반대하던 "시야구인젠슈"(施藥院全宗)는 이것을 기회로 "히데요시"(秀吉)를 선동하므로 대노한 것이 그 원인이라는 설도 있다.

실례로 "히데요시"(秀吉)의 최측근이었던 [천하의 차(茶) 장인]으로 환대하던 "센리큐"(千利休)의 딸이 미인이었는데 첩으로 주지 않는다고 자택에서 자결하도록 명하였다. 이 외에 "센리큐"(千利休)가 "다이도구지산몬"(大德寺山門)에 불손하게도 자기의 목상을 세웠다는 이유라고도 하였다.

(5) 그것만의 이유로는 사태가 너무 지대한 것 같다. 차라리 일본인 노예문제가 더 큰 원인이라고 함이 더 중한 것으로 여겨진다.

(6) 그리고 "히데요시"(秀吉)가 요구한 포르투갈 선박을 "히라도"(平戶)에서 "하카다"(博多)항으로 회항하도록 약속한 것이 지켜지지 않는데 대노하여 금교령을 발하였다고도 한다. 특히 "히데요시"(秀吉)는 선의를 베풀어 선교의 자유를 허락하였음에도 종종 자기의 요구에 응하지 않음에 있다고도 하겠다.

(7) 키리시탄은 자살을 금하였으므로 무사들의 할복, 순직 등을 부정하고 또 신성한 서약문과 혈서 등 봉건사회의 도덕과 습관에 부합하

지 않음에도 있었다. 그리고 결정적인 원인은 스페인인들은 선교사들을 앞세워 영토를 침략한다는 보고에서 결정적인 원인을 찾을 수 있다.

(8) 스페인 선박 "산 펠리페"(S. Felipe)호 사건

1596년 스페인 선박 "산 펠리페"(S. Felipe)호가 터풍을 만나 "도사 우라도"(土佐 浦戶)에 표류하였다. "우라도"(浦戶)의 영주 "쵸소가베"(長曾我部) 씨가 일본 관습법에 따라 선박과 모든 화물을 압수하고 "히데요 시"(秀吉)에게 보고하였다. 이 선박에는 막대한 화물과 "마닐라"에서 "멕시코"를 거처 "로마"로 향하던 "아우거스치노"회 신부 2인과 "멕시코"로 향하던 수도사 12명과 "도미니카"회의 선박 신부 1인과 "프란시스고"회의 수도사 12인이 탑승하고 있었다. 이들은 모두 일본에 오는 이들이 아니었다. 이에 대해 "산 펠리페"(S. Felipe)의 선장 " 마치아스 데 란데쵸"는 사자를 보내어, 재경의 "프란시스고" 회의 "바부디스다"를 통하여 "히데요시"(秀吉)에게 화물을 반환해줄 것을 간청하였다.

"히데요시"(秀吉)는 부하인 "마시다 나가모리"(增田長盛)를 현지에 파견하였다. 현지에 도착한 "마시다 나가모리"(增田長盛)는 먼저 동 선박의 항해사 "란디아"를 만나 [스페인인들은 어떤 방법으로 필리핀, 멕시코를 얻을 수 있었는가?]라고 하니 항해사는 항해지도를 펴 보이며 그를 협박하기 위하여 [우리는 전 세계 중에 무역하기를 원하며, 우리에게 호의적이면 우리 편이 되고, 우리를 학대하던 영토를 탈추한다.]라고 하고 이어서 [침략하기 위하여는 먼저 선교사를 파송하고 뒤를 이어 군대를 보내어 정복한다.]라고 하였다. 이 보고를 들은 "히데요시"(秀吉)는 격노하여 "파테렌"(伴天連) 추방령의 동기가 되었다.

### 6) 히데요시(秀吉)와 26 성인(聖人)

여기에 일본 최초의 대순교 26인의 순교가 일어나게 되었다. 즉 1596년 12월 8일에 "히데요시"(秀吉)는 두 번째의 금교령을 내렸다. "교토"(京都)와 "오사카"(大阪)에 있는 선교사들을 감시하고 교회에 출입하는 신자들의 명단을 작성하도록 "교토"(京都)의 행정관 "이시다 미즈나리"(石田三成)와 "오사카"(大阪)의 행정관 "고이데 히데마사"(小出秀政)에게 명하였다. 이 명을 받은 "이시다 미나리"(石田三成)와 "고이데 히데마사"(小出秀政)는 "교토"(京都)와 "오사카"(大阪)의 신자들 탄압을 시작하였다.

"프란치스코"회원 6인과 일본인 "예수회 회원" 3인, "프란시스코" 교회에 출입하는 키리시탄 14인 등 24명과 중간에서 체포된 일본인 3인을 포함하여 26인이 되었다. 외국인 3명은 "페드로 파우치스" 신부 이하 3인의 수도사와 "예수회" 3명과 "미키(三木)파울로"와 "고지 마"(五島)의 "요하네 소앙"(宗庵)과 "야고보 기사이"(喜齊)의 3명이었다. "야고보 기사이"(喜齊)는 63세의 노인이요, 18명의 일본인 중에는 12세의 "루도비고 이바라키"(茨木)와 13세의 "안토니오"와 15세의 "토마스 고사키"(小崎)의 세 소년이 포함되어 있었다.

"페드로 파우치스" 신부는 "사라만카"대학을 졸업한 학자로서 설교가로서도 유명한 덕이 많은 수도자였다. 그는 1593년에 일본에 도래하여 "교토"(京都)와 "오사카"(大阪)와 "나가사키"(長崎)에 교회와 한센병 환자 130명을 수용하는 수용소와 가난한 자 50명을 수용하는 병원을 설립하는 등 힘을 기울여 선교하였다. 그들은 1593년에 체포되어 투옥되었고 새해 1월 31일에 24명의 수인은 포승 되어 "교토"(京都)의 "이지죠"(一条)에 끌려가 왼쪽 귀의 일부분을 절단 당하였다. 그리고 나서 우차에 태워 "교토"(京都) 시내를 일주하여 많은 시민에게 구경거리로 삼았다. 이때에 "베데 로 파우치스" 신부는 우차 위에서 구경나온 시민에게 열심히 설교하였고, 3인의 소년들은 무릎을 꿇고 열심히 기도하였다. 그들의 얼굴은 마치 천사의 얼굴과 같았다고 하였다.

"교토"(京都), "오사카"(大阪), "사카이"(境) 등 거리를 돌면서 구경거리로 삼으며 2월 11일에 "가라즈"(唐津)에 도착하였다. "나가사키"(長崎)의 관원인 "데리사와하지사부로"(寺沢八三郎)는 소년 "루도리고"의 가련한 모습을 보고 [키리시탄을 버리면 훌륭한 무사로 키워주겠다.]라고 하였으나 12살의 소년은 [영주님, 머지않아 멸망할 짧은 생명과 영원한 생명과는 바꿀 수가 없습니다. 당신이야말로 키리시탄이 되시기를 바랍니다. 우리 다 함께 천국으로 가십시다.]라고 당당히 대답하였다. 1597년 2월 5일 아침 일찍 "나가사키"(長崎)에 도착하였다.

또 소년 "안토니오"의 부친은 아들을 찾아 개종하고 당장 키리시탄을 버리면 전 재산을 물려주겠다고 하였으나 "안토니오"는 [아버님, 재산은 이 세상뿐입니다. 그리스도님이 우리를 위하여 천국에 준비하였으므로 영원한 보화입니다. 슬퍼하지 마십시오. 저는 곧 천국에 이를 것입니다. 아버님을 위하여 기도드리겠습니다.]라고 대답하였다.

26개의 십자가가 세워지고 그 하나하나에는 각자의 이름이 적혀 있었다. 일동은 일 개월 가량의 긴 여행 끝이라 도중의 고난도 잊어버리고 각자의 십자가를 찾았다.

처형은 당일에 이루어졌다. 즉 26개의 십자가를 세웠다. 그중에는 소년을 위한 3개의 작은 십자가도 있었다. 이들은 키리시탄을 버리면 석방해 준다고 하였으나 그들은 거부하고 [천국! 천국!]이라고 부르짖으며 십자가에 달려 순교의 길을 택했다. 또 어떤 이는 십자가 상에서 설교하기도 하고 소년들은 찬송가를 부르면서 [다이꼬(太閤=豊臣秀吉)님을 비롯하여 일본 전체가 키리시탄이 되기를 바랍니다.]라고 기도하면서 순교하였다. 순교 전에는 불과 1천여 명에 불과하던 키리시탄이 20년 후에는 3만으로 증가하였고, 265년 후에는 로마 교황청에서 성인으로 서품하였다.

〈26 성인의 십자가 순서〉

1. 프란시스코 2. 고메스 "다께야(竹屋)"

3. 페드로 "죠지로"(助四郎) 4. 미켈 "고자기"(小崎)

5. 야고보 "기사이"(喜斉, 64세) 6. 바우로 "미키"(三木)

7. 바우로 "이바라키"(茨木) 8. 요하네 "소앙"(宗庵, 19세)

9. 루도비고 "이바라키"(茨木, 12세) 10. 안도니오(12세)

11. 페드로 파우스다 12. 마루치노 디 아기라

13. 훼리베 데 헤스스 14. 곤자리로 가루시야

15. 프란시스고 부랑고 16. 프란시스고 데 산 미켈

17. 마치야스(마다이) 18. 레온 "가라즈마"(烏丸)

19. 보나우엔즈라 20. 도마스 "고사기"(小崎, 14세)

21. 요아김 "사가기하라"(榊原) 22. "구스시"(薬師) 프란시스고

23. 도마스 24. 죠안 "기스야(絹屋)" 25. 가부리에루(19세)

26. 바우로 "스스키(鈴木)" 이상 26명의 순교자들이다. "나가사키(長崎)"시 서산에는 26 성인의 동상과 기념 성당이 세워졌다.

### 7) 조선침략(임진왜란)에 동원된 키리시탄 영주들

(1) "도요토미 히데요시"(豊臣秀吉)가 조선침공을 한 것은 물론 명나라를 침공하기 위한 길을 요구한 것이라고 하였다. 그는 1586년에 일본교회의 최고지도자인 "코엘료"(Coelho. Gaspar) 준 관구장인 선교사를 만나 중국대륙 침략 정책을 이야기하면서, 침공에 필요한 충분히 무장한 두 척의 대형 포르투갈 선박을 마련하여 주기를 의뢰하면서 정복 후 중국에서의 그리스도교의 선교자유와 일본에서의 선교의 자유를 약속한다고 하였다. 즉 [중국을 정복한 후에는 그곳 어디든지 교회를 세워주고 중국인들이 모두 키리시탄이 되도록 명할 것이며 뿐만 아니라 일본에서도 인구의 절반 아니 대부분이 키리시탄이 되도록 할 것이다.] 라고 감언이설로 선교사들을 유혹하였다. 이에 선교사들은 기뻐하면서 이것을 환영하는 뜻에서 일본의 키리시탄 영주들을 모두 "도요토미 히데요시"(豊臣秀吉)의 편에 서도록 할 것이며 포르투갈 함선도 제공할 것을 제의하고 있었다.

여기에는 각자의 바람이 있었다. "도요토미"(豊臣)는 장차 대륙침공에 키리시탄 영주들을 이용할 의도가 있었기 때문이다. 여기에 배석하였던 다른 선교사 "오르간티노"(P. Organtino. S. J)와 "다카야마 우곤"(高山 友近)은 염려하고 있었다. 그 후 염려한 대로 "도요토미"(豊臣)는 구주지방 통일을 이루어 놓은 상태에서 구주지방에 확고한 지반을 구축하고 있는 키리시탄 교계의 상황을 파악한 그는 포르투갈 상선이 요구하는 대로 "하카다"(博多)항에 입항하지 않는 것을 키리시탄 영주들이 반대한 것으로 의심하던 "도요토미"(豊臣)는 결단을 내릴 수밖에 없게 되었다. 즉 봉건적 통일국가를 달성하기 위하여 장애가 되는 한 가지가 키리시탄 영주들과 종교세력의 단결이며, 이를 배제할 것이며 또한 동국 평정과 조선, 중국 원정을 앞두고 필요하다고 여겼다.

먼저는 지도자급 영주인 "다카야마 우곤"(高山友近)만 개종하면 다른 영주들도 개종하여 키리시탄의 세력은 붕괴될 것으로 알았는데 "다카야마"(高山)가 거절함으로 "도요토미"(豊臣)는 기대에 어긋나므로 그는 키리시탄은 [천하에 누를 끼치는 존재들]이라고 보고 그 원흉들인 선교사들을 추방하기로 결정하기에 이르렀다. 선교사들이 타고 오는 선박에는 대포가 장착된 무장선으로 선교사들에게는 숨어 있는 음모가 있다고 의심하였다. 이런 가운데 조선원정의 의도를 "도요토미"(豊臣)는 [반 키리시탄적인 감정에 끌려 군대 내의 키리시탄들을 희생시키는 것이 그 의도였다.]라고 한다. 부산에 상륙한 군인 25만 중 10%가 키리시탄이었다.

(2) 파병된 두 선봉 장군은 "가토 키요마사"(加藤清正, 불교)와 "고니시키 유키나가"(小西行長, 키리시탄)였다. 따라서 상당수의 키리시탄 영주들과 그 부하들이 있었다.

〈군단 명부에 편성된 키리시탄 영주들〉

1군단 = 小西行長, 小西与七郎=兄弟, 宗義智, 松浦鎮信, 松浦久信=父子, 有馬請信, 大村喜前, 五島純玄, 天草久種, 細川興元, 三箇頼連(만쇼), 內藤忠俊. 寺沢広高陶工, 伊達政宗(14명 전원)

2군단 = 加藤清正=불교(3명 전무)

전국시대의 우력한 영주

3군단 = 黑田長政, 大友義統(2명 전원)

4군단 = 伊東祐兵(1명)

5군단 = 福島正則, 蜂須賀家政(2명)

6군단 = 小早川隆景, 小早川秀包兄弟, 筑紫広門(茂成) (3명)

7군단 = 毛利輝元(1명 전무)

8군단 = 宇喜多秀家(1명 전원)

9군단 = 豊臣秀勝, 細川忠興(2명 전원)

총 40명 중 25명이 키리시탄 장군이었다(해군 제외).

이들 중에는 끝까지 순교 각오로 신앙을 지킨 이가 있었고 중간에 핍박이 심하므로 배교한 이들도 있다.

## * 고니시 유키나가(小西行長)

"고니시 유키나가"(小西行長)는 "산가"(三箇)의 영주 "시라이 노리히데"(白井範秀)의 아들로 태어나 "사가이"(境)에 있는 "고니시 류사"(小西隆佐)라는 상인의 차남으로 입양되었다. "시라이 노리히데"(白井範秀)는 "산세스", 고니시 류사"(小西隆佐)는 "요아김"이라는 세례명으로 "빌레라"신부에게서 일찍 세례를 받고 키리시탄이 되었다.

친구인 "히비야 료게이"(日比屋了珪)의 가옥은 "사카이"(境)의 최초의 교회가 되었다. "고니시"(小西) 가와 "히비야"(日比屋) 가의 자녀는 어려서부터 모두 신자들이었다. "고니시 유키나가"(小西行長)는 어려서부터 신자로 자라났고, 1583년 8월 27일에 "아우구스치노"라는 세례명으로 세례를 받았다는 것을 "후로이스" 신부의 서신에서 찾아볼 수 있었다.

"유키나가"(行長)는 처음에는 "히젠"(備前)의 "우기다"(宇喜多) 가의 가신으로 있다가, 1577년부터 "히데요시"(秀吉)를 섬기기 시작한 후 평생을 섬겼다. 그는 한때 해군 사령관으로 "세도나이카이"(瀬戸内海)의 항해와 해적정벌에 종사하고 "히데요시"(秀吉)의 "큐슈"(九州)정벌에도 해군 사령관으로 종사하였다. 조선정벌에는 "가토 키요마사"(加藤清正)와 더불어 선봉장군으로 종사하고 아울러 명나라와의 강화조약을 체결하는데도 힘을 썼다. "유키나가"(行長)의 신앙의 최대의 위기는 1587년의 "히데요시"(秀吉)의 금교령이 내려졌을 때라 하겠다. 해군 총사령관이었던 "유키나가"(行長)도 외면적인 압력을 받은 것은 사실이다.

추방당하는 선교사들 중 "오르간티노" 신부와 "다카야마 우곤"(高

山友近)을 위하여 "쇼도시마"(小豆島)에 피난처를 제공하며, 또 피난 오는 키리시탄들을 위하여 식량을 비축하는 등 여러 면으로 심혈을 기울였다. 존경하는 "다카야마 우곤"(高山友近)과 친구 "구로다 요시타가"(黑田孝高)와 더불어 힘을 합하여 신부들과 신도들을 보호하여 "오사카"(大阪)에 한센병 환자 병원을 건설하며 불쌍한 병자들을 도우며 고아들을 위하여 매년 백만 석의 쌀을 기부하는 등 전도에 힘썼다.

"히데요시"(秀吉)가 세상을 떠난 후에는, 자기 령에서 열렬히 전도를 개시하였다. 그 결과 "죠가마지우도"(城下町宇土)와 "디이고 고니시 미마사가"(小西美作)의 "죠가마야즈시로"(城下町八代)와 "죠루쥬 유기야헤이지"(結城弥平次)와 "죠가마지야베"(城下町矢部)에 세 교회의 건설과, "예수회"의 "레지덴시아"가 세워지고, 또 "아마쿠사"(天草) 제도에서도 전도를 열심히 하여 1599년에 "고니시 유키나가"(小西行長)의 영내에는 5만 명이 넘는 키리시탄이 생겨 부흥하였다.

또 세 곳에 "예수회"의 전도 본부를 마련하였다.

1) "우지죠"(宇土城)에는 "페드로 라몬"과 "아루혼손 곤잘레스" 신부
2) "야베"(矢部)의 "아이토데라죠"(愛藤寺城)에는 "고루디로" 신부
3) "야지로"(千代)에는 "바에사" 신부와 "이루만", "나가우라"(中浦), "쥬리안"과 "이여"(伊予), "시구수도"가 주재하였다.

그리하여 "고니시"(小西)와 선교사들은 큰 꿈에 부풀어 있었으나, "세키가하라"(關ケ原) 전에서 "고니시"(小西)가 "도쿠가와 이에야스"(德川家康)에게 패함으로 이 꿈은 사라졌다. 그는 포로가 되어 잡혀와 자결할 것을 명하였으나 그는 키리시탄으로서 자결을 거절하였다. 그 당시의 무사로서는 자결하는 것이 명예로운 죽음이었으므로 거절한 것은

매우 힘든 결단이었다. 친우인 "그로다 요시타가"(黑田孝高)가 다가와 [무엇 부탁할 일은 없는가?]라고 물으니 [고백하고 싶으니 신부님을 불러다주오.]라고 부탁하였다. 그러나 "도쿠가와"(德川)는 무정하게도 허락하지 않았다. 그는 전장에 나가기 전에 이미 고백하였고 죽음의 각오는 이미하고 있었으니 별걱정은 하지 않아도 되었다.

[어느 신자가 와서 신부님을 모시고 오려고 하였으나 불가능합니다.]라고 하고 그는 [고맙소. 나는 혼자서 죄를 통회하고 하나님의 긍휼을 힘입고 있습니다. 여러분, 잘 부탁합니다.]라고 웃으면서 대답하고 언제나 몸에 지니고 다니던 로자리오(십자가 목걸이)와 예수님과 마리아상을 손에 들고 꿇어 엎드려 기도 드릴 때 관원이 와서 칼로 목을 침으로 생애를 마쳤다.

가족들을 살펴보면 동생인 "루이스 요시지로오"(与七郎)는 조선에서 전사하고, 또한 동생 "요한 하야도"(隼人)는 "우즈"(宇土) 성을 지키다가 "도쿠가와"(德川)에게 처형되었고, 더욱 슬픈 것은 12살 난 아들은 "모리데루모도"(毛利輝元)에게 맡겼으나 "데루모도"(輝元)는 "도쿠가와"(德川)의 신망을 얻기 위하여 그 아들을 살해했다. 누이동생 "마리아"는 대마도 영주 "소요시도시"(宗義智)와 결혼하였으나, 이혼당하고 아이와 함께 "나가사키"(長崎)에 보내어 그곳에서 기도생활을 하다가 1605년에 세상을 떠났다. 또 그의 형인 "죠세이"(如淸)는 키리시탄으로 모범적이었다.

日本의 歷史 = (日本教育研究院) = 166-167 (성장, 출세, 야강)
日本의 歷史 (安田原久) = 204-205 (야망)
日本キリスト教宣教史(中村敏) = 70-71 (성장, 출세)
日本キリスト教史 (小野井隆史) = 2-5 (직명)
德川初期キリシタン史研究(五野井) = 238-260 (직명)
日本基督教史 (比屋根) = 115 (영주들)
日本キリスト教宣教史(中村敏) = 78-84 (영주들)
日本の教會の歷史(結城了悟) = 46-47 (키리시탄 세력 우려)
日本キリシタン殉教史(片岡弥吉) = 48-49 (추방령)
日本キリスト教史(海老沢有道) = 75-81 (추방령)
日本基督教史(比屋根安定) = 115-117 (추방령)
日本キリスト教史(五野井隆史) = 148-153 (추방령)
日本キリスト教史(五野井隆史) = 157 (미녀사냥) : 181-184 (훼리페호)
フロイス日本史 = 2부 53장 (미녀사냥)
日本의 歷史 (日本史教育研究會) = 172 (미녀사냥)
日本キリシタン殉教史(片岡弥吉) = 63-64 (훼리페호)
日本キリシタン物語(田中 將) = 92-93 (침략설)
日本キリシタン殉教史(片岡弥吉) 75-77 (십자가 순)
日本基督教史(比屋根安定) 174-180 (성인이력)
日本キリスト教史(海老沢) 82-85 (성인)
日本キリシタン物語(田中 將) 95-99 (성인)
日本キリシタン物語(片岡弥吉) 95-105 (성인)
日本キリスト教 宣教史(中村 敏) = 72-73, 77
文祿. 慶長の役 (中野 等) 표1 = 32-33 : 표9 = 122-124
日本キリシタン物語(片岡弥吉) = 48-50 (小西)
キリシタン史考(H. チ-スリク) = 105-112 (小西)
キリシタンのなった大名(結城了悟) = 245-251 (小西)

## 3. 토쿠가와 이에야스(德川家康, 1542-1616)

"히데요시"(秀吉)의 금교령과 26성인의 순교로 키리시탄이 타격을 받은 것은 사실이나 역으로 "텐쇼 넨간"(天正年間, 1573-1591)에서 "분로구"(文祿), "게이쪼"(慶長)에 이르러서는 일본 키리시탄이 최고조에 달한 시기로 "히데요시"(秀吉)와 "이에야스"(家康)의 탄압이 계속되는 계기가 되었다. "히데요시"(秀吉)의 금교 당시의 일본 신도가 20만 인에서 "이에야스"(家康)의 금교까지 30년간에 75만 인으로 늘었다고 한다. 당시의 일본 총인구가 1,500만에서 2,000만이라면 상당한 비율이라 하겠다.

日本キリシタン物語 (田中 将) = 100 (통계)
日本カトリック教会史(ヨハネス. ラウレス) = 112 (통계)

### 1) 초대 "토쿠가와 이에야스"(德川家康, 1542-1616)

#### (1) 토쿠가와 이에야스(德川家康)

토쿠가와 이에야스

도쿠가와 이에야스"(德川家康)는 "이마카와"(今川) 씨와 "오다"(織田) 씨의 양 세력 사이에 끼어 있는 "미카와쿠니오카자키"(三河國岡崎) 성주로 약소 영주인 "마쓰다이라히로타다"(松平広忠)의 아들로 태어났다. 어린 시절의 이름은 "다게지요"

(竹千代)였다. 6살 때 "이마카와"(今川)의 인질로 보내지는 도중에 "미카와다 하라"(三河田原)성주인 "토다 야스미쯔"(戸田康光)에게 강탈당하여 정적인 "오다 노부히데"(織田信秀)에게 팔려갔다.

2년 후에 인질교환으로 "슨뿌"(駿府)의 "요시모도"(義元)에게 보내졌다. 19세까지는 부자유한 인질의 몸으로 지냈으나, "오케하자마"(桶狹間)의 전쟁에서 "요시모토"(義元)가 패하고 전사한 후에 본국인 "오카자키"(岡崎) 성으로 돌아와 자립을 하게 되고, 다음 해에는 "노부나가"(信長)와 화해하고 "히가시미가와"(東三河)에서 "토오토오미"(遠江) 방면으로 판도를 확장하게 되었다.

거성을 "오카자키"(岡崎)에서 "하마마츠"(浜松)로 옮기고 얼마 후 숙적인 "다게다"(竹田) 군과 "미가다 게 하라"(三方ケ原) 전투에서 대패하였으나, 3년 후에 다시 "나가시노"(長篠) 전투에서 "노부나가"(信長)의 총포대의 후원을 받아 "다게다군"(武田軍)을 격파하였다. "이에야스"(家康)는 "고마키"(小牧)와 "나가구데"(長久手)의 전투 후에 "히데요시"(秀吉)와 정치적인 타협으로 "도요토미"(豊臣) 정권의 중진으로 지위를 확립하게 되었다. 또 거성을 "슨뿌"(駿府)로 옮기고 "순가"(駿河), "토오토오미"(遠江), "가이"(甲斐), "시나노"(信濃). "미카와"(三河)의 5개국의 넓은 영토를 통치하기에 이르렀다.

그러나 "오다와라"(小田原)의 "호구죠"(北条) 씨의 패망 후 "히데요시"(秀吉)는 "이에야스"(家康)를 약화시키기 위하여 "호구죠"(北条) 씨의 구영토인 "이즈"(伊豆), "사가미"(相模), "무사시"(武蔵), "고오즈게"(上野), "가즈사"(上總), "시모우사"(下總)의 6개국으로 전봉하도록 명하였다. "이에야스"(家康)는 그 후 "에도"(江戸) 성을 븐거지로 삼고, 관동의 지반을 견고히 하는데 전념하였다. 그 결과 "히데요시"(秀吉)의 약화 계획하고는 반대로, "도요토미"(豊臣) 정권하에서 최대의 영주로 성장하였다. 그리하여 "도요토미"(豊臣)가 병사한 후 정권을 잡고 "세이이다이쇼군"(征夷大將軍)에 취임하고 1603년에 "에도"(江戸) 막부를 개설하고 장군직은 세습하도록 하여 대를 이어갔다.

日本の 歷史(日本史 教育硏究會) = 175-176 (德川)

(2) 관동(關東)입국과 키리시탄들

"도쿠가와 이에야스"(德川家康)가 관동 "에도"(江戸)에 막부를 설치하기 위한 건설사업에는 많은 키리시탄이 동원된 것을 찾아볼 수가 있다. 즉 당시의 "에도"(江戸)는 습지와 갈대밭으로 "에도"(江戸) 성하의 거리 수는 세로 12죠(町), 가로 3.4죠(町)로 민가는 뜨문뜨문 편재해 있었으나 그마저도 전화로 인하여 정확하지 않다고 하였다. 이와 같이 "에도"(江戸) 성의 거리는 좁기 때문에 가신단 8천 명과 더불어 들어가 살기 위한 주택 마련이 어려웠다.

따라서 언덕을 헐어서 그 흙으로 강과 습지를 매립하는 작업을 시작하였다. 그 작업을 위한 노동력은 패한 "오다와라 호쿠죠"(小田原北条) 씨 휘하의 "사가미"(相模), "무사시"(武藏)의 가신들과 "지바"(千葉) 씨와 "하라"(原) 씨 등 "보소"(房總)의 무사단의 무사들이 이 공사에 동원되었다.

"도쿠가와 이에야스"(德川家康)는 관동입국과 더불어 각처의 세력 있는 사찰의 소유를 몰수하였으나 새로이 전답을 개발하면 그 새토지는 사유화하므로 개발을 촉진하였다. 따라서 지금까지 사찰과 영주에게 소속되었던 무사들도 검과 창 대신 삽과 곡괭이를 들고 새 전답 개발에 나설 수밖에 없게 되었다. 이곳에는 "도요토미 히데요시"(豊臣秀吉)의 2차에 걸친 "파테렌추방령"(伴天連追放令)으로 위험한 "니시쿠니"(西國)에서 "에도"(江戶)개발에 이주한 키리시탄들이 많이 있었다. 또 "스미다가와"(隅田川)와 "에도가와"(江戸川)를 직결하는 "오나기가와"(小名木川)의 정비에는 많은 서국의 기술자들을 불러들였다. 토지간척과 하천개발 기술은 서국이 발전하여 있었기 때문이다. 즉 "오사카"(大阪)의 "셋츠"(攝津), "히라가다"(枚方)의 "후가가와하지로에몽"(深川八郎右衛門) 등이 이주하여 와서 공사를 마무리하였다. 이들이 떠나온 지역은 원래 그리스도교가 보급된 지역으로 키리시탄 영주인 "다카야마 우곤"(高山右近)과 "산기 요리데르"(三箇賴照)의 영내에 있었다. 그뿐 아니라 그리스도교 보급지역이었던 "요도가와"(淀川)지류인 "간자키가와"(神崎川)에서 어업을 하던 "츠구다지마"(佃島)의 주민들도 대거 이주하여 왔다.

### (3) 초기 키리시탄 영주들과 두 교회 설립

키리시탄에 대한 기본자세는 기본적으로는 "히데요시"(秀吉)의 그리스도교 정책을 이어받은 것으로 여겨진다. "히데요시"(秀吉)의 26성인 박해가 있었다고는 하나 전체적으로 선교는 묵인되어 있어서 1600년경에는 약 60만 명의 키리시탄 인구가 있었다고 하니, 당시의 전국인구가 2,500만이라고 하니 실제 인구비는 2.4%나 되었다고 한다.

"도쿠가와 이에야스"(德川家康)는 초창기 1598년에는 선교사들을 알현하고 또 무역의 중재도 부탁하기도 하였고 1599년에는 무역의 중재로 나섰던 "헤로니모 데 헤수스 가스도로"(Jeronimo. de. Jesus) 신부에게 키리시탄 포교의 대상을 일반 서민에게 제한하여 허락하였고, 또 "에도"(江戸)에 키리시탄 교회를 건설하게도 하였다.

그 첫 번째 교회가 1599년에 세워진 "로사리오의 성당"이다. 수도사관과 부속병원도 갖추었다. 이어서 1602년에는 "에도"(江戸)에 "프란치스코"선교사들에게 수도원, 치료소, 전도사 양성소 등을 건설하도록 허락하는 등 박해를 시작하지는 않았다. 초기 이런 정책을 취한 것은 당시의 "도쿠가와"(徳川) 막부로서는 강력한 키리시탄 영주들의 반대에 대한 위협이 있었기 때문이었다. 당시의 유력한 키리시탄 영주들에는 "아리마 하루노부"(有馬春信)와 "오무라 요시아기"(大村喜前)와 같은 위대한 키리시탄이 많았으므로 만일 그들에게 박해를 가한다고 해도 죽음을 각오하는 그들은 배교하지 않을 만큼 강하였기 때문이다. 또한, 무역확대 정책으로 인하여도 이와 같이 묵인되어 오기도 하였다. 그러나 이것도 일시적이고 "이에야스"(家康)가 막부 지배가 확립됨에 따라 오래 계속되지 못하고, 단호하게 금하고 계속해서 전국적으로 확대 강화하였다.

그리고 1603년에는 "이에야스"(家康)가 "에도"(江戸)에 막부를 개설하였고, 동시에 "프란치스코"회의 "데이에고 베르메이오" 신부의 알현을 받았고, 또 "도미니코"회의 "아르혼소 데 메나" 신부의 알현도 이루어졌다. 다음 해에도 "도미니코"회의 "후완 데 안헤 루스" 신부도 알현하여 일본선교에 대한 허락을 요구받기도 하였다.

1615년에는 장군직을 아들인 "도쿠가와 히데타다"(秀忠)에게 양도

하고, "슨뿌"(駿府)에 이주함으로 "에도"(江戶)와 "슨뿌"(駿府)에서의 2중 정치가 시작되었다. 따라서 "이에야스"(家康)가 사망하는 1616년까지는 부자가 함께 정책을 시행하였다.

### (4) 박해의 동기 "오카모토 다이하치"(岡本大八) 사건

이 사건은 "도쿠가와 이에야스"(德川家康)의 금교령과 박해의 동기가 되었다. 그리스도교에 대한 "이에야스"(家康)의 금교 박해는 히데요시(秀吉)의 1587년의 "파테렌 쯔이호 레이"(伴天連追放令)의 효력을 시인하고 계승하고 있었으나, 보다 강력하고 철저하게 실행한 것을 의미한다.

"오카모토 다이하치"(岡本大八) 사건을 계기로 시행된 1612년 3월의 금교령은 점차 강화되고 다음 1614년 1월의 전국적인 금교령으로 발전하고 다시 1615년의 대박해로 확대되었다. 이 사건은 "시마바라"(島原)의 키리시탄 영주 "아리마 하루노부"(有馬晴信)가 잃어버린 영토를 회복하기 위하여 "도쿠가와"(德川)의 가신인 "혼다 마사스미"(本多正純)의 수족 같은 신하인 "오카모토"(岡本大八)가 예부터 잘 아는 키리시탄으로 신의가 두터워 부탁을 하면 잘 들어줄 것으로 여겨졌다. "오카모토"(岡本)는 "아리마 하루노부"(有馬晴信)에게 "이에야스"(家康)가 "데우스" 사건으로 공로가 있어서 은공으로 수여할 것이라고 하여 그 운동비 명목으로 수천 "구루세도"의 금을 속여 받고 구 영토회복에 관한 거짓 사령서(宛行狀)를 건냈다. 그러나 사령서를 받은 지 오래되어도 아무 소식이 없으므로 "아리마 하루노부"(有馬晴信)가 "혼다 다사스미"(本多正純)에게 직접 문의하는 과정에서 뇌물부정 사건이 표면화되었다.

둘다 키리시탄이었으므로 "오카모토 다이하치"(岡本大八)는 화형을 당하고, "아리마 하루노부"(有馬 晴信)는 유배를 당한 사건이다. 이 사건을 계기로 인하여 "도쿠가와"(德川) 가신 중에도 키리시탄이 있다는 것을 알고 단속을 강화하였다. 여기에 가신 중에서 키리시탄 700명이 적발되어 추방되었고 또 10인조를 조직하여 서로 감시하게 하였다. 안방의 시녀 중에서도 키리시탄 세 여인(루시아, 구라라, 쥴리아)이 적발되어 유배되었다. 뿐만 아니라 이후 키리시탄 금령이 공포되고 대박해가 시작되는 비극의 근원이 되었다.

예나 지금이나 마찬가지다. 한 사람의 키리시탄의 생활이 사회나 국가에 얼마나 큰 영향을 미치는가를 짐작할 수가 있다. 이 사건으로 키리시탄의 탄압이 전국적으로 이루어져 수많은 순교자의 희생을 낳았다. "도쿠가와"(德川) 막부가 키리시탄을 단속하기 시작할 때까지는 이렇다 할 새로운 키리시탄 금령이 없었고, 다만 "도요토미 히데요시"(豊臣秀吉)가 발한 "파테렌 쯔이호 레이"(伴天連 追放令)의 적용에 불과하였다. 이에 따라 모든 선교사는 "나가사키"(長崎)에 집합하여 외국에 추방되기를 기다리도록 하였다.

### (5) "쟈슈몬긴미"(邪宗門吟味)["슈몽도리시마리기소구"(宗門 取締規則)] 제15개조

"센소"(禪僧), "곤치인수덴"(金地院崇傳)이 기초한 "파테렌 쯔이호 레이"(伴天連追放令)가 발하기 약 6개월 전인 1613년 5월에 전국의 사찰에 다음과 같은 "슈몽도리시마리기소구"(宗門取締規則) 제15개조를

발하였다. 그중에서 예를 들면

① 키리시탄의 법은 죽음도, 화형도, 수장도 돌아보지 않고 다만 피흘려 죽음으로 성불이 된다는 것으로 천하의 법도를 엄하게 하여 이로 인하여 죽음을 경히 여기는 자는 단속할 것이며

② 키리시탄들은 매일 5푼을 주면서 천하를 키리시탄으로 만들기 위하며 신국을 방해하는 사교로서 이들은 석가의 법을 경히 여겨 시주하는 것을 금하여 불법의 발전을 방해하니 단속할 것이며

③ 선조대대로 종교에 바로 서서 불교의 여러 종파를 흔들림 없이 잘 신봉하였을지라도 그 자손이 어느 종파의 권함을 받아 나라가 금하는 키리시탄 종교에 가담하고 있는지 알 수 없기 때문에 소속된 사찰에서는 항상 감시하여 단속할 것이며

④ 조상의 불사를 현재의 소속된 사찰에서가 아니라 다른 사찰에 의뢰한다는 것은 강하게 금할 것이며

⑤ 보행할 수 있음에도 조상의 불사를 거행하는 사찰에 참예하지 않거나 그 행사를 소홀히 하는 자가 있다면 그 가정의 불단의 제물을 살펴서 단속할 것이며

⑥ 그 가정에 사자가 생겼을 때 지정된 사찰에서 장사를 거행하도록 하여야 한다. 등 이러한 규칙에서 명료한 것은 첫째로 가족의 장례식은 지정된 사찰에 맡겨 거행하며 그 관계는 대대로 계승할 것이며 또한 지정된 사찰의 지도를 받아 가정의 불단을 설치할 것이다.

### (6) "파테렌" 추방령(伴天連 追放令)

이 조치의 원인은 1614년 당시 막부의 외교담당자인 "센소"(禪僧) "곤치인수덴"(金地院崇傳)에게 키리시탄을 배척하는 금교령(禁教令)을 쓰게하였다. 그 문서는 법령은 아니었으나 단속하는 윤리적, 사상적 기준으로 삼았다.

"곤치인수덴"(金地院崇傳)이 작성한 [伴天連 追放令]

伴天連宗門御制禁奉書 이 금령은 1차로 1612년에 직할령에 내리고 이어서 1614년에는 전국에 공포하였다.

#### 금령의 내용

고래로 일본은 신국이며 불교국으로 인의를 존중하는 나라이다. 그러나 반데렌국으로부터 전하여 오는 키리시탄의 교훈은 신 · 불신앙과 인륜을 파괴하며 일본의 정치와 법률에 반하는 침략적인 사종교(邪宗教)이다. 그리고 키리시탄이 그 신앙으로 인한 형벌을 받는 것을 도리어 기뻐하고 있는 그들의 모습은 이 교훈이 사법(邪法)이 틀림없다는 것을 나타내고 있다.

막부는 이것이야말로 "신데키 부쯔데키"[神敵佛敵](기독교는 신도와 불교의 적)로, 즉시 금지하지 않으면 반드시 일본의 재앙이 된다고 비난하고 있다. 이 금령의 공포를 받고 "다카야마우곤"(高山右近) 등은 필리핀의 마닐라에 추방되었다. 이 금령으로 인한 "도쿠가와"(德川) 막부는 고대 로마제국의 기독교 박해보다 더하면 더했지 결코 덜하지 않는 철저한 탄압이 시작된 것이다. 여기서 주의하여야 할 것은 이 박해는 결코 "히데요시"(秀吉)나 "이에야스"(家康)라는 특정 개인의 정책에서라기보다는 키리시탄의 교훈과 일본의 봉건 윤리에는 원래 상용할 수없는 것을 많이 지니고 있었다.

① 먼저 그리스도교는 유일신 앞에서의 만인 평등 사상은 군신, 부자지간의 충효의 윤리를 부정하는 것으로 여겨졌다. 성서에 의하면 사람은 모두 예수 그리스도 앞에서 남녀 인종 계급의 차별이 없고, 형제자매라고 한다. 그러나 봉건사회를 유지하여 온 것은 엄한 신분제도에 있었다. 그러나 성서에도 모든 인류는 위에 있는 사람에게 복종하라(로마서 13장 1절)에 있고 주인에게도 복종하라고 하였다. 그러나 "다카야마유곤"(高山友近)의 예를 보면 데우스(하나님)에 대한 충성은 주군에 대한 충성에 우선하며 기본적으로 봉건적인 주종관계와는 서로 다른 것이다.

② 다음으로는 일본 윤리에서 용납되지 않는 것으로 자살을 금하는 것이다. 그리스도교의 교훈에 의하면 자살은 하나님에게서 주어진 생명을 스스로 부정하는 것이며, 신에 대한 큰 죄가 된다고 하였다. 그러나 일본의 무사들은 할복으로 인한 죽음을 미화하고 있으며, 가치 있는 죽음을 요구하는 것이다. 이런 점에서 상호 정면 충돌하고 있는 것이다.

③ 그리스도교는 결혼문제에 있어서도 일부일처제이다. 그러나 당시의 일본의 지배계급에서는 가문을 계승하기 위하여 일부다처제가 공공연히 인정되어 권력층에서는 후실을 두었다. 또 전쟁시에는 자기의 모친과 딸을 인질로 하여 적에게 흥정하는 것도 일상다반사였다. 이런 점에서 기독교의 윤리와 부딪쳤다. 또한, 선교사들에 의하여 제작된 교리서 [고지리나, 키티시탄]에는 일

부일처의 동의로 결혼한 것은 하나님으로부터 주어진 것으로, 자손의 양육과 구령이라는 신성한 목적을 견지하는 것으로 일체의 부정은 영혼을 영원히 더럽히는 것으로 교육되어 있었다.

④ 그러나 최대의 문제점은 권력자 간에 있는 일본의 "신코쿠시소"(神國思想)이다. "노부나가"(信長), "히데요시"(秀吉), "이에야스"(家康)를 비롯하여 역대의 권력자들이 통일정권을 수립하고 유지하고자 하는 과정으로 신국사상을 명확히 하고, 자기의 권위유지의 수단으로 삼아갔다. 그들은 일본의 지배를 계속하기 위하여는 정권뿐 아니라 교권, 즉 종교적 권위도 자기의 손안에 잡을 필요성을 알고 있었다. 그런 중에서 모두는 자기를 신격화하기를 꾀하였다. "노부나가"(信長)도, "히데요시"(秀吉)도, "이에야스"(家康)도 모두 그러하였었다. 말년의 "이에야스"(家康)에게도 자기를 신격화하는 경향이 나타났다. 그는 죽음이 가까워져 오자 1616년 4월 자기 사후의 사체를 "히사노야마"(久能山)에 받들고, "칸핫슈"(關八州)의 수호신이 되도록 "닛코묘"(日光廟)를 건립하여 거기에 모시도록 측근들에게 명하였다. 다시금 "요시다신도"(吉田神道)의 주체인 "요시다가"(吉田家)에게 사후 "신"(神)이 되는 법식을 문의하였다고 한다. 그런 중에서 그런 "신코쿠시소"(神國思想)는 전적으로 받아들일 수 없는 키리시탄의 금제라는 사상통제를 단행함으로 자기의 권위를 유지하도록 계획하였다.

⑤ "산킨고다이"(參勤交代, 인질정치)는 "도쿠가와"(德川) 막부의 정권유지를 위하여 "이에야스"(家康)의 아들 "히데타다"(秀忠)

는 "부가쇼호도"(武家諸法度)를 공포하여 모든 영주를 복속시킴으로 장군의 권위를 높였다. 또 손자인 "이에미츠"(家光)는 영주들 통제를 더욱 강화하기 위하여 "부가쇼호도"(武家諸法度)를 개정하여 "산긴고다이"(參勤交代)를 제도화하였다. 인질정치(人質政治)제도로 전국시대 이래 영주 간의 계약으로 인질을 보내는 풍습이 있어, "히데요시"(秀吉)도 모든 영주들의 처자들을 "오사카"(大阪)에 머물도록 하였다. 여기에 "이에야스"(家康)에게 충신으로 의심을 받게 된 "마에다 도시이에"(前田利家)가 충성의 표시의 예로 모친 "호슌인"(芳春院)을 "에도"(江戶)에 보냈고 "호소카와 타다오기"(細川忠興)도 자기의 아들 "호소카와 타다도시"(細川忠利)를 증인으로 보냈으며 "나베시마 가즈시게"(鍋島勝茂)도 그 아들 "타다시게"(忠茂)를 보냈고, "다데 마사무네"(伊達政宗)도 그 아들 "히데무네"(秀宗)를 자발적으로 보냈다. "산긴고다이"(參勤交代)제도는 이러한 풍습을 제도화한 것으로 영주들의 처자를 "에도"(江戶)에 보내어 머물게 하였다. "도자마"(外樣) 영주들은 4월에, "후다이"(譜代) 영주들은 2월에 각각 1년 격차로 "산긴고다이"(參勤交代)하도록 하였다. 따라서 영주들은 1년 간격으로 처자 또는 신하들과 함께 "에도"(江戶)에서 살도록 하였다.

이 제도는 영주들을 통제하기 위한 제도로서 영주들을 다음과 같이 구분하여 배치하도록 하였다.

① "후다이"(譜代) 영주란 "도쿠가와"(德川) 가의 가신인 영주들로 "에도"(江戶)와 요소에 배치하였다.

② "도자마"(外樣) 영주란 "세기게하라전"(關原戰) 이후 "도쿠가와"(德川) 가에 신종한 영주들로 변방에 배치하고, 그 주변에는 막부직활자나 "후다이"(譜代) 영주를 두어 감시하도록 하였다. "산긴고다이"(參勤交代) 시에는 수백 명의 대대적인 영주행렬을 하도록 하였다. 이와 같이 정권유지를 위하여 인질극을 벌인 것을 볼 수 있다.

③ "신반"(親藩)이란 "도쿠가와"(德川) 가의 친척으로 "에도"(江戶)와 "오사카"(大阪) 등 요소주변에는 "후다이"(譜代)연주들과 함께 배치하여 수비를 강화하였다.

이러한 일본의 신국사상을 배경으로 하는 지배계급의 종교통제의 논리는 "도쿠가와"(德川) 시대에서 끝난 것은 아니었다. "메이지"(明治) 이후 1945년까지 일본은 천황을 "아라히도카미"(現人神)로 받드는 신국으로 삼고, 이런 신국사상과 배치되는 기독교와 기타 종교를 탄압하게 된 것이다. 그 사교를 배제하기 위해서는 참수(斬首)로 또는 화형을 권하고 있다. 즉 키리시탄은 국가의 적으로 [검과 불(劍火)]로 근절하여야 한다고 하였다.

그러나 3대 장군 "이에미쓰"(家光)는 [검(劍)으로는 사상에 대한 전쟁은 되지 않는다.]라는 것을 알고 사상적인 압력으로 개종하게 하는 것으로 변경하였다. 이 정책은 28년간 계속된 3대 장군 "이에미쓰"(家光) 시대에 완성되었다.

## *조선의 다니엘 "쥴리아 오다아"(Ota. Julia)

쥴리아 오다아

"도쿠가와 이에야스"(德川家康)는 장군직을 아들인 "히데타다"(秀忠)에게 물려주고 "슨뿌"(駿府)에 거처를 정하고, "오카모토 다이하치"(岡本大八) 사건으로 키리시탄 금제를 행하고 있었다. 이때에 가신들 중에 키리시탄이 상당수가 있다는 소문에 10인조를 조직하여 검색하여 내실에서 섬기는 3인의 여인 신자를 발견하였다. 그 3인은 "루시아", "구라라", "쥴리아"였다. 특히 [쥴리아는 미인으로 천품이 온화하여 젊은 여인임에도 그녀는 마치 가시 돋친 장미처럼 순결하게 내실에 있으면서도 품위를 잘 지켰다.]라고 칭찬을 하였다. 저명한 "쥴리아 오다아"(선교사들은 "Ota. Julia"라고 기록함)는 키리시탄 영주인 "고니시 유키나가"(小西 行長)가 임진왜란에 조선에 원정 갔을 때 인질로 잡아왔다. 귀족의 딸로서 네 살 때 인질로 잡혀 일본으로 건너와서 "고니시 유키나가"(小西行長)의 저택에서 자라나 "유키나가"(行長)의 부인("쥬스다"라는 세례명)의 보살핌을 받으며 자랐고, "쥬스다" 부인의 인도로 1596년 5월에 당시 "큐슈"(九州)의 "아마구사"(天 草) 섬의 "시키"(志岐)에 있던 예수회 수도원 원장 "모레스" 신부로부터 세례를 받고 키리시탄이 되었다. 그녀는 그 가정에서 신앙이 자라나 신앙심이 돈독한 신자가 되었다.

그러나 그 후 1600년에 벌어진 "세기게하라"(關게原) 전에서 "고니시 유키나가"(小西行長)가 "도쿠가와 이에야스"(德川家康)에게 패하고 반역자로 처형됨으로 "쥴리아"의 신분은 "도쿠가와"(德川) 가문에 예속되어 "도쿠가와"(德川)가 거하는 "슨뿌"(駿府)로 옮겨와 "도쿠가와"(德川) 가에서 시중들게 되었다.

그녀의 신앙심은 여전하여 그 열의가 대단하므로 수녀들보다 덜하지 않은 신자였다. 그녀는 주간에는 안방에서 시중드는데 바빴고, 또 이교도 중에 있었기 때문에 주로 야간에 영적인 독서와 기도에 주력하였고, 누구에게도 알리지 않은 비밀 예배처를 가지고 있었다. 또 때로는 친지를 찾는다는 구실로 허가를 받아 외출하여 교회를 찾아 고해성사를 하며 성체를 받기도 하였다. 이런 환경에서도 신앙을 지키는 그녀는 영혼의 구원을 위하여 육신의 생명도 아끼지 않는 신앙이었다고 "로도리게스" 신부는 보고하고 있다(1605년도 일본연보에서).

장군댁에 있는 여성으로 "쥴리아"라고 불리는 여성은 신앙심이 돈독하여 자비심도 모범적이었다. 가난한 자들을 찾아가 많은 사람에게 식량을 나누어 주었고, 또 기회있는 대로 교회를 찾아가 예배에 참석하기도 하였다. 특히 박해가 임박한 것을 알고는 교회에 와서 고해성사와 예배를 드리며 유언장과 필요한 준비를 하고 소지품을 가난한 자들에게 나누어 주었다.

"도쿠가와"(德川)는 그녀의 미모와 재능에 사로잡혀 후실로 삼고자 하였으나 "쥴리아"는 그리스도교의 교리에 어긋난다고 이것을 거절하였다. 또한 미모의 "쥴리아"를 개종할 것을 강요하였으나 별 효과는 없었다("무니요스" 신부의 보고. 1607년 보고에서).

"도쿠가와"(德川)는 키리시탄 금령을 내려· 우선 "슨뿌"(駿府) 성내에서 신하 무사 14명을 추방하고 그들의 재산을 몰수하였고, 박해는 집안에 있는 시녀들에게도 미쳤다. 그중에 몇 명의 키리시탄이 있었다. 특히 돈독한 신앙을 소지한 여인 셋이 검거되었다. 즉 "쥴리아"와 "루시아"와 "구라라"였다.

장군은 이 여인들에게 신앙을 버리도록 명하고 감방에 가두었다. 그러나 이들은 어떠한 고문을 당한다고 해도 굽히지 않고 강하게 대답할 뿐이었다. 3인 중 특히 "쥴리아"는 "조선"(朝鮮) 출신으로 판단력과 사료 분별력이 뛰어나므로 많은 사람에게 존경을 받았다. 장군은 분개하여 "루시아"와 "구라라"는 상관없으나 "쥴리아"만은 자기의 명에 불복하는 것을 결코 용서할 수 없다고 분노하였다. 그녀의 지금 태도는 배은망덕한 년이라고 하였다. 즉 [지금까지 받은 은택이 얼마나 많은지를 알았을 터이다. "조선"(朝鮮)에서 전쟁 중에 포로되어 온 외국인으로 일본 천하의 지배자인 장군의 궁정의 시녀로까지 승진하였는데 그것도 보통이 아니라 가장 신임을 받고 어디에든지 동반할 수 있는 자리까지 선택을 받았는데 이런 배은망덕은 당연히 크게 벌을 받아야 할 것이다.]라고 하여 두 사람은 제하여 놓고 "쥴리아"에게는 다시 키리시탄을 버리도록 수단과 방법을 가리지 않고 강요하도록 부하에게 명하였다. 여인들도 찾아가 큰 은혜를 입은 네가 그러면 안 된다고 여러 가지로 권하나 "쥴리아"는 사려 깊게 겸손히 대답하기를 [장군으로부터 많은 은혜를 받은 것은 사실이며 이에 합당하게 섬겨야 하나 그 이상으로 하나님을 더 섬겨야 합니다. 즉 저는 하나님으로부터 특별한 은총을 받았습니다. "조선"(朝鮮)의 이교국에서 태어난 자를 그곳으로 이끌어 내어 "고니시 유키나가"(小西行長)의 덕으로 일본에 건너와 거기서 하나님에 관하여 또 유일한 구속의 거룩한 하나님의 교훈을 받게 되었습니다. 따라서 지금 지상의 장군을 기쁘게 하기 위하여 하늘의 하나님을 슬프게 할 수는 없습니다.]라고 하였다.

이에 여인들은 "쥴리아"에게 [그렇다면 마음속으로 섬기고 외면으로라도 배교한다고 하면 만족할 것이다.]라고 하였다. 그러나 "쥴리아"는 그런 것은 결코 할 수 없다고 단호히 거절하였다. 여인들은 분개하며 실망하여 가진 모욕적인 말로 비난하였다. 외인이라든가, 야만인이라든가, 배신자라든가, 가문도 없는 천한 여인으로 교양도 없는 자라고 비난하였다. 그러나 끝까지 잘 참고 견뎠다.

여기에 여인들은 그를 죽이려고 흉계를 꾸몄다. 그가 자주 외출하는 것을 알고 그것은 불륜의 증거라고 소문을 퍼트렸다. 이것을 들은 장군은 부하에게 조사하도록 하였다. 결국, 그것은 교회에 고해와 미사를 위한 것임을 알고 그것은 여인들의 모함인 것을 알게 되었다. 원래 "쥴리아"는 덕이 있는 분으로 알려져서 불신자들도 그것을 믿지 않았다. 그는 도리어 가난한 자들을 구제하고 귀족들에게도 키리시탄의 교리를 들을 수 있도록 힘을 다하였다. 그리고 자신은 교리에 어긋나지 않도록 최선을 다하여 지키도록 하여 신앙을 키워나갔다.

장군은 여인들의 말대로 사형에 처할 것은 아니라고 판단하여 1612년에 그녀를 "오오시마"(大島)에 유배하기로 하였다. 이 소식에 그녀는 기쁜 얼굴로 듣고 하나님의 특별하신 은총으로 여겼다. 그리고 모든 것을 버리고 다만 신앙생활에 필요한 용구들만을 소지하도록 허락되어 그것만을 챙겨서 떠났다.

선착장까지는 약 5㎞거리였는데 거기까지는 호위군을 동반하여 가마에 태워 보냈다. 그가 가는 길은 돌작길로 험하였다. 여기에 "쥴리아"는 가마에서 내려 맨발로 걷기 시작하였다. 그는 배를 타기까지 동행하는 한 사람의 키리시탄에게 이것은 예수님께서 골고다의 길을 걸어가실 때 십자가를 어깨에 메고 가마에 탄 것도 아니고, 신발을 제대로 신은 것도 아니고, 맨발로 걸어가시면서 피를 흘렸으니, 그 길을 연상하며 자기도 고행의 길을 걷기 위함이라고 하였다. 그 길에서 피흘리기까지 고생하는 것을 본 호위군들은 그녀를 다시 가마에 태웠다. 그들은 장군이 다시 그녀를 불러들인다는 것을 들었기 때문에 그대에 자기들이 벌 받을 것을 두려워하였기 때문이었다.

승선하기 직전에 "순찰" 신부에게 다음과 같이 한 통의 편지를 썼다.

> 이 수일간에 일어난 사건을 통하여 주님은 나에게 특별한 자비를 베풀어 주셨습니다. 저는 어느 섬에 유배되니, 이 얼마나 헤아릴 수 없는 하나님의 섭리입니까! 아직 제대로 봉사한 것도 없는데 이렇게 큰 은총을 받으니 저는 이것을 귀중히 여기며, 이후 어떠한 고생이나 환란이 닥쳐와도 잘 참고 견딜 각오를 하고 있습니다. 따라서 신부님, 부디 저를 위해 심려하지 마시기 바랍니다. 다만 원하옵나니, 신부님의 미사와 기도 중에 하나님이 저를 버리지 않고, 은혜를 받도록 기도하여 주시기를 부탁드립니다. 제가 지금 유배되는 섬에는 인편이 있다고 하오니 부디 편지를 부탁드립니다. 곧 승선할 시간이 되었으니 더 길게 쓸 수는 없습니다. -3월 26일-

승선하기 전에 동행한 키리시탄 형제들에게 눈물을 흘리면서 다음과 같이 작별인사의 말을 하였다. 자기가 유배당하면서 가장 괴로웠던 일은 고해도 제대로 못하고 미사도 제대로 드리지 못하고 또 순교로 인하여 자신의 생명을 바칠 기회를 놓친 것이라 하였다. 그러나 신부께서 지시를 받은 한 사람의 키리시탄은 [신앙을 위하여 유배당하는 것도 일종의 순교이며 거기서 죽는다면 참된 순교자가 된다고 하였다. 그리고 그 증명으로 교회는 검으로 피를 흘림이 없이 추방 중에 죽은 많은 순교자의 축일을 축하하고 있다.]라고 말하였다. 이 말을 들은 그녀는 매우 기뻐하면서 이 키리시탄을 통하여 이 기쁜 교시를 내려주신 신부에게 바로 편지를 드려야겠다고 하며 모든 이들과 작별을 고하였다.

"오오시마"(大島)에 도착하였다. 거기에서 많은 사람이 감화를 받아 모여들어 키리시탄이 되므로 이것을 두려워하여 1개월 후에 다시 '니이시마'(新島)로 보내졌다. 거기에서는 미리 유배되어 온 동료 여인 "루시아"와 "구라라"와 반갑게 상봉하였다. 로마 예수회 기록소에 의하면(1614년 Sebastian. Vieila의 1613년 보고서) 다음과 같다.

> 우리의 주님은 그녀를 더욱 큰 공덕을 쌓게 하기 위하여 15일만을 머물게 하고, 더 먼 "코츠시마"(神津島)라는 인기없는 작은 섬으로 보내졌다. 그 섬에는 불과 작은 집 열 채 정도가 있는 작은 섬으로, 인간생활에 필요한 것이 결여된 섬이라고 하겠다. 그러나 참된 키리시탄에게는 궁정에서 생활할 때보다 자기들은 더 풍족하다고 느꼈다. 이웃과의 교제는 소홀해졌지만 더욱 열심으로 우리의 주님과 교제할 수 있게 되기 때문이다. 그녀는 사도들, 순교자들, 거룩한 동정녀들의 전기가 기록된 책과 한 개의 모래시계, 하나의 작은 종, 미사에 필요한 초 두 자루를 부탁하고, 또 키리시탄들과 예수회의 생활상과 현하의 박해상을 알려달라

고 부탁하였다. 그리고 자기가 제일 괴롭게 생각한 것은 고해성사와 미사에 참여하지 못하는 안타까움이라고 하였다. 그리고 매일의 묵상 가운데서 자기가 추방되어 온 이 섬이 바로 갈보리 산으로 여기며 거기서 언젠가는 예수님의 발아래 엎드려 생애를 마칠 것이라고 생각하면서 묵상에 잠기곤 하였다. 미사를 드리고 있는 듯 상상하면서 우리 주님의 수난장면을 연상하며 큰 위로와 영적인 유익을 얻곤 하였다. 그 섬에 머물면서도 교회와의 연락을 취하였다고 하였다. 그러나 그녀는 1616년에 "도쿠가와이에야스"(德川家康)가 사망한 후 어느 때엔가 유배생활하던 "코-츠시마"(神津島)에서 벗어나 본토로 귀환하여 "나가사키"(長崎)에서 어린이들의 신앙생활을 돕는 하나님 사업에 헌신하다가 수차례에 걸쳐 "나가사키 부교"(長崎奉行)에 연행당하는 고초를 겪었으며, 그 후 다시 "오오사카"(大阪)로 옮겨 "모랄레스" 신부의 도움을 받으며 활동하다가 본토에서 돌아갔음이 밝혀졌다.

우리는 "쥴리아"의 이러한 천주신앙을 일본 땅에서 전교활동에 종사하면서 그녀와 신앙적 관계를 가졌던 "예수회", "도미니코회", "프란치스코회" 그리고 "아우구스타회"의 여러 선직자들의 친필서한이나 공식보고서를 통해 확인할 수 있다.

추의: 종내 일각에서 의문이 제기되어 오면서도 "쥴리아"가 "코츠시마"(神津島)에서 순교한 성녀에 비견되면서 또는 "코츠시마"(神津島)에서 오랫동안 유배생활 끝에 그 섬에서 성종했다고 믿고 그 묘탑으로 순례행렬을 하며 묘전에서 그녀를 현창하는 기구를 올려 왔었고 "오오

시마"(大島)에서의 "오다네 다이묘신"(오다네, 大明神)은 "쥴리아 오다아"를 수호신으로 모신 사당이 있었다. "오다네"란 "오다 아네"(姉, 오다 누님)를 모셨다는 것이다.

하지만 "쥴리아"의 일생의 베일이 걷힌 지금 "쥴리아"를 "코츠시마"(神津島)에서의 순교자나 그 섬에서 종생한 성녀로 현창하며 "쥴리아" 제를 지낼 수가 없게 되었다. 그러나 분명한 것은 조선왕국에서 생을 받은 조선의 처녀인 그녀가 적지 일본 땅에서 그리스도의 신앙을 받아들였으며 연약한 여인의 몸이면서도 일본 땅에서 참 그리스도인으로 형극의 환경 속에서도 자기를 낮추고 고난을 이겨내며 오로지 하나님의 사랑과 진리를 이웃 나라에서 증거한 조선인 키리시탄 증거자임에는 틀림이 없다.

참으로 다니엘과 같이 이국땅에서 "도쿠가와"(德川)의 후실이 되었으면 한없는 부귀영화를 누릴 수 있었음에도 이것도 마다하고 신앙의 절개를 잘 지킴으로 신앙의 모본이 된 한국여인으로 자랑할만한 여장부다(일본 기록에 남아 있는 여인이다). "도쿠가와"(德川) 가 금교령을 공포한 것은 "도요토미"(豊臣)의 가신들이 반란을 꾀하기 위해 오는 것을 우려함에서였다. "슨뿌성"(駿府城)의 불신 화재의 원인도 "도요토미"(豊臣)의 가신들의 소행으로 의심하였다.

江戸の歴史は隠れキリシタンによって作られた(古川愛哲) = 86-90 (전설)
日本キリスト教 宣教史(中村敏) = 86 (통계)
日本カトリック教会史(ヨハネス. ラウレス) = 134 (유화이유)
日本キリスト教史(海老沢) = 88-92 (무역과 유화)
日本の 歴史(辻)= 家康のキリスト観 = 269-273 (그리스도관)
江戸初期キリシタン史研究(五野井隆史) = 8-10 (무역과 유화)
日本キリスト教史(小野井隆史) = 195-197 (무역과 유화)
徳川初期 キリシタン史研究(五野井隆史) = 119 (岡本 금교령)
日本基督教史(比屋根安定) = 210-212 (금령15개조)
日本人の家と宗教(竹田聴洲) = 120-121 (금령15개조)
日本キリスト教史(五野井隆史) = 198-207 (岡本금교령)
日本の教會の歴史(結城了梧) = 84-85 (금교령)
キリシタン史考(H. チースリク) = 267-269 (배교정책)
日本 キリシタン物語(田中 將) = 122 (배교정책)
日本カトリック教会史(ヨハネス-ラウレス) = 150 (배교정책)
日本史(河合敦) = 194 (參勤交代)
日本キリシタン殉教史(片岡弥吉) = 130 : 235-241 (쥴리아)
日本基督教史(比屋根安定) = 205 (쥴리아)
遥かなる高麗 =(J. G ルカズデメライナ) = 270-271 (쥴리아)
キリシタン殉教史蹟의 旅(荒木誠三) = 209-210 (묘비)

# 일본 그리스도교회사

## 전편 일본가톨릭사(키리시탄사)

# 제 6 장

# 토쿠가와막부(德川幕府)의 금교정책

## 2대 토쿠가와 히데타다(德川 秀忠)

## 1. "시마바라"(島原), "아마쿠사"(天草) 지방의 난

위정자들의 무력과 고문으로 키리시탄을 타압하는 중압감 속에서 "시마바라"(島原)의 난이 일어난 것은 1637년 가을이었다. 이 난은 탄압에 반항하는 종교전쟁이 아니고 도리어 영주의 압정에 대한 농민들의 봉기라는 것이 현재 정설로 되어있다. 전국적인 탄압의 폭풍 속에서도 키리시탄들은 한 번도 무력으로 반항한 적이 없었다.

"시마바라"(島原), "아마쿠사"(天草) 지방의 가난한 농민들과 낭인들의 공동전선의 봉기를 기회로 키리시탄 탄압은 더욱 강화되었다. "시마바라"(島原) 농민 반란은 "마쓰쿠라 시게마사"(松倉重政)가 "시마바라죠"(島原城)를 건축하기 위하여 7년간의 농민들에게 과중한 부담을 지우는 가혹한 농민수탈에 기인하였다. 더욱 막부의 "에도"(江戶)성 수리공사 때 장군의 명으로 각 영주에게 할당된 부담액 4만 석을 훨씬 초과하는 10만 석을 자진 신청하여 충성을 다했으므로 영민의 부담은 더욱 힘겨워질 수밖에 없었다.

원래 "시마바라"(島原), "아마쿠사"(天草) 지방은 산지가 많고 땅이 메말라 매우 가난한 지방이었다. 또한, 1633년부터 일본 전국을 휩쓴 흉년으로 농민의 생활은 더욱 피폐하게 되었다. 설상가상으로 "시마바라"(島原) 영내에서는 3년간 흉작이 계속되어 영내 전역이 굶주림에 허덕이게 되었고 보리농사도 불가능할 정도의 심한 기아상황에 몰리게 되었다.

이러한 상황에서 중세를 과하는데 쌀과 보리의 조세 외에 사자(死者)의 매장에 혈전(穴錢), 출산에는 두전(頭錢)을 과하고 다시 호전(炉錢), 창전(窓錢), 붕전(棚錢) 등 가진 모든 것에 과세하고 만일 납부하지 못하면 처와 딸들을 인질로 잡고 때로는 여인을 얼어붙은 못에 던져넣기도 하고, 또는 수족을 뒤로 묶고 "미노"(짚으로 만든 우비)에 불을 지펴 뜨거워 날뛰는 것을 보며 "미노춤"이라고 이름을 붙이는 등 인간으로서는 할 수 없는 짓을 하였다. 더욱 상대가 키리시탄인 경우는 그 잔학성은 극에 달하였다. 따라서 영민들의 분노가 극에 달하게 된 것은 당연한 것이었다.

여기에 불을 붙인 것은 주로 "아마구사"(天草) 영내의 낭인으로 살고 있는 "고니시유키나가"(小西行長)의 유신들이었다. "오야노마즈우에몬"(大矢野松右衛門), "센다바센사에몬"(千束善左衛門), "에기다신효에"(益田 甚兵衛) 등은 "고니시"(小西)가 몰락한 후 검을 삽으로 바꾸어 농민으로 살고 있었으나 농민들의 동요에 편승하여 반란을 일으키려고 하였다. "시마바라"(島原) "아리마"(有馬) 령의 농민들이 무기를 들고 영주인 "데라사와가다다가"(寺澤堅高)와 "마즈구라가즈이도"(松倉勝家)에게 반기를 들고 일어났다.

농민들은 먼저 봉기하여 "다이캉"(代官)을 살해하고, 다음날 진압하러 오는 세력을 타파함으로 순식간에 "시마바라"(島原), "아마구사"(天草)에 퍼져 나갔다. 여세를 몰아 "도미오가죠"(富岡城)와 "혼도죠"(本渡城)을 공격하였으나 실패하여 많은 손해를 보고 "아리마"(有馬)로 건너갔다. 그들의 지도자는 "제로니모 마스다도기사다"(益田時貞)로 "고니시유키나가"(小西行長)의 가신 "마스다진베에요시즈구"(益田甚兵衛好次)의 아들이었다. 당시 18세로 "아마구사시로"(天草四郎)라고도 불리웠다. 배후에는 수명의 낭인들이 있었다.

"아리마"(有馬)에서는 "오바다"(小浜)와 "후가에"(深江)의 주민이 "쇼오야"(庄屋)의 지시로 집합하여 "후가에"(深江)에 있는 미곡창고를 탈취하고 "모리다게성"(森岳城)을 침공하였으나 탈취하지는 못하고 점차 남으로 후퇴하여 "아마구사"(天草)의 반기군과 더불어 남 "아리마"(有馬)의 "하라죠"(原城)에 들어가 진을 쳤다. 모여든 농민은 3만 7천명이었다. "이다구라시게마사"(板倉重昌)의 지휘하에 많은 영주의 군대가 "하라성"(原城)을 공격하였으나 "이다구라"(板倉)를 비롯하여 많은 전사자를 내고 후퇴할 수밖에 없었다.

그후에 "마즈다이라노부쯔나"(松平信繼)가 12만의 박부군을 거느리고 "하라성"(原城)을 포위하고 일시적이나마 오란다(和蘭) 선박에서 포격을 하기도 하였다. 그러나 농민들은 수개월 동안 잘 견디었다. 마침내 무기도 떨어지고 식량도 다하여 1638년 4월 14일의 총공격으로 일만 7천 명의 남자들은 모두 전사하고 남아있던 2만 명의 여자들과 아이들이 신앙을 버리지 않으므로 모두 살해당하였다. 연합군 측도 8천 명의 희생자를 내고 끝이 났다. 농민 봉기로 시작된 이 전쟁은 대순교의 장으로 마쳤다. 희생된 지도자들의 목은 "나가사키"(長崎)로 운반되어 "니시사가"(西坂)의 首塚(머리무덤)에 장사되었다.

"아리마"(有馬)의 농민들은 봉기를 일으킴과 동시에 키리시탄으로서의 자부심을 가지기 시작하였다. 그들이 싸우는 것은 인간으로서의 권리, 가족과 재산을 위한 것이었으나 공적으로는 막부와 대결함으로 다시 한 번 그 신앙의 자유를 선언하게 된 것이다.

"하라성"(原城)의 조용한 밤에 "곤프라리아"(Confraria, 信心會) 활동으로 다져온 키리시탄의 신앙심은 그들로 찬송가를 부르게 되고 찬송가 소리는 바닷바람을 타고 막부군의 진중에까지 들려짐으로 성도들의 신앙의 신비함이 그들을 공포의 도가니로 몰아넣었다. 결과적으로 "막부"(幕府)는 이 봉기를 구실로 포르투갈인들을 고두 추방하고 나라의 모든 항구는 폐쇄되었다. 막부의 권위는 현저히 강화되고 키리시탄의 근절을 위한 탄압이 본격화되었다.

新井 白石とシドテイ(垣花秀武) = 304－309 (島原)
日本キリスト教史(五野井隆史) = 218–223 (島原)
日本の教会の歴史(結城了悟) = 106–107 (島原)
日本キリシタン物語(田中 将)= 131–136 (島原)

## 2. 금교정책

### 1) 슈몽아라다메(宗門改)

국민에게 매년 정기적으로 각자의 소속된 종교를 "단나데라"(檀那寺)에 제출하고 절 장부에 기재하도록 하여 호적을 대신함과 동시에 기독교인이 되는 것을 방지하였다.

### 2) 테라우케 제도(寺請制度)

이것은 불교를 통하여 키리시탄을 근절하고자 하는 제도이다. 즉 "국민총불교도제"(國民總佛教徒制)로서 국민 전체를 어느 한 절에 반드시 "단가"(檀家, 절에 시주하는 집)가 되게 하여 매년 "슈몬징벤쪼"(宗門人別張)라는 장부를 작성하여 불교신도라는 것을 제출하는 제도로 주민 대장과 같은 역할을 하였다. 여기에는 불교신도임의 계출을 의무화하는 제도이며 또 "단나데라"(檀那寺, 시주하는 절)로 하여금 키리시탄이 아니라는 증명을 하게 하는 제도이다. 이 증명은 일종의 신분증 역할을 하여 출생, 결혼, 사망, 여행 등 기타 필요서류로 역원에게 제출하도록 하였다. 이 제도는 막부가 사찰을 통하여 강력하게 국민생활을 통제하며, 키리시탄의 입신을 방지하는 데 있었다. 이와 같이 불교는 어용종교로서 소위 장식(裝飾) 불교가 되어 장례식에서 그 절의 승려가 와서 독경을 하고 그 감시 하에 입관하도록 하였다. 따라서 장례식도 불교식으로 되어 현대까지 이르고 있다. 이 제도로 사찰은 신도 수가 자연히 늘어나게 되므로 뜻밖에 호황을 맞아 경제적으로 부요하여짐으로 전도의 필요성을 느끼지 않게 되었다.

### 3) 후미에(踏繪)

이 제도는 처음 "나가사키"(長崎)를 비롯하여 큐슈(九州) 각지에서 키리시탄을 검색하기 위하여 신앙의 대상인 그리스도와 마리아상의 성화를 발로 밟도록 하는 모독행위로 신앙의 유무를 찾아내는 제도로서 키리시탄을 찾아내는 방법으로도 사용되었다. 이 제도는 배교한 선교사 "훼레이라"(일본명 澤野忠庵)가 발명하였다고들 한다. 시작은 신앙을 버린 배교자라는 증거로 시작된 것으로 최초의 기록은 1632년 "운젠"(雲仙) 지옥이라는 순교시라고 한다. 그 후 습관화하여 매년 정월에 행하며 무사, 승려, 신주를 제외하고 전 주민에게 강요하였다.

"나가사키"(長崎)에서는 매년 정월에 시작하여 차례로 날짜를 정하고 각 동리의 직원과 "구미가시라"(組頭, 보좌역)이 "후미에"(踏繪)상자를 메고 집집마다 다니면서 관리공무원(奉行) 앞에서 한 사람도 남김없이 행한다. 만일 그들의 명에 응하여 그리스도상과 마리아상 그림을 밟으면 그들은 배교자로 여겨지며 반대로 거부하던 처벌을 받아 순교당하였다.

이것이 끝나면 각 동리의 "후미에장"(踏繪帳)을 작성하여 관가에 보고하여야 한다. 이 제도는 "나가사키"(長崎) 이외의 지방에서드 행하였다. "나가사키"(長崎) 관가에서 "후미에"(踏繪)를 빌려다가 행하였다. 큐슈(九州)에서는 원칙적으로 "시마바라"(島原), "히라도"(平戶), "오무라"(大村), "쿠루메"(久留米), "오이다"(大分), "다게다"(竹田), "히다"(日

성화 밟기

田), "노베오카"(延岡) 등 10개소에서 행하였다.

성화 밟기는 처음에는 종이에 그린 것을 사용하였으나 후에는 목판이나 청동의 성화상을 사용하였다. 어떤 이는 키리시탄의 신앙대상인 그리스도상이나 마리아상을 밟고 나서 배교자로 집으로 돌아가 다시 회개의 기도를 외치며 하나님의 용서를 구하는 자들도 있었다고 한다. 또 어떤 이는 성화를 밟되 더럽히지 않게 하기 위하여 사전에 발을 깨끗이 씻고 가기도 하고, 어떤 이는 성화의 변두리를 밟기도 하였다고 한다. 이 제도는 마침내 외국인에게까지 행하여졌다고 한다. 이것은 일종의 정신적인 고문이다.

#### 4) 고닌구미렌자세이(五人組連座制)

1626년에 오인조 제도(五人組制度)가 시행되었다. 부락 내에서의 제도로서 키리시탄 금제를 위한 상호감시 제도로 이용되었다. 즉 가택 5호를 단위로 한 지역적으로 범죄인을 적발하여 이웃을 보호하기 위하여 만들어진 것이었으나, 실은 "에도"(江戸) 막부의 전국적 박해령과 함께 키리시탄을 적발하기 위한 조직으로 제도화하여 연대책임을 지웠다. 5인제라고는 하지만 7호, 8호, 10호 등으로 연좌하는 것으로 계속되었다. 그 조직원 중에서 키리시탄이 발각되면 고발된 키리시탄과 그 가족에게만 죄를 묻지만 외부의 고발로 인하였을 때에는 5인조 모두에게 그 죄를 묻게 되는 연좌제로 처벌을 받게 된다. 또 몰락한 무사들의 단속과 공세 납입에도 적용하고 농민들을 통제하는 데도 적용되었다.

### 5) 키리시탄 루이조쿠아라다메(類族改)

키리시탄이 발견되면 그 가문의 5대까지를 키리시탄으로 간주하여 엄한 감시하에 두는 제도로서 일정한 기간 안에 키리시탄이 발견되지 않으면 감시에서 풀어주는 제도이다.

### 6) 루이조쿠가이쪼(類族改帳, 키리시탄 족보)

남자 7세, 여자 4세까지의 신도나 순교자 또는 전향한 신도의 친족이 키리시탄이 되지 않도록 감시하는 제도이다. 즉 연좌제로서 매개인에 대하여 5대까지 대장을 작성하여 전향한 성도, 본인과의 관계, 연령, 주소, 직업, 시주하는 절, 연조, 생사에 관하여 기록하게 하였다. 그리고 그 친족의 사망, 출산, 결혼, 양자결연, 출가, 개명, 이혼, 개종 등의 모든 것을 기록하도록 함을 의무화하여 감시하는 제도이다. 일정기간 키리시탄이 발견되지 않으면 감시를 해제하는 철저한 제도이다.

### 7) 슈몬아라타메야쿠쇼(宗門改役所) 설치

키리시탄 금제를 더 철저히 단속하기 위하여 단속청과 집행관을 세워서 단속하게 하였다. 초대 "슈몽호교"(宗門奉行)는 집행관으로 "오메부죠가미지구고 모리 마사시게"(大目付井上筑後 守政重)를 임명하였다. 그는 키리시탄이면서도 단속에 매우 힘을 기울이는 권세가 당당하였다. 또 1만 석 이상의 영주들에게는 전임 키리시탄 단속청을 설치하도록 의무화하였다.

1640년 6월 12일에 "도쿠가와 이에미쯔"(德川家光)가 "슈몬카이야쿠쇼"(宗門改易所)를 설치(設置)하고, 초대 "슈믄카이야쿠"(宗門改易)

에 "오메쯔기이가미 찌쿠바모리마사시게"(大目付井上筑後守政重)를 임명하였다.

### 8) 미즈고구 호소세이(密告褒賞制)

"도쿠가와"(德川) 막부는 키리시탄과 그 관계자를 적발하기 위하여 밀고를 장려하고 이를 위하여 다액의 상금을 걸었다. 전국 방방곡곡에서 신분이 이상한 자를 발견하면 곧 신고하도록 하는 제도이다. "소닝 호쇼세이"(訴人褒賞制)와 5인조(五人組)와 연좌제(連坐制)로 키리시탄을 발견하여 밀고하면 포상금을 주는 제도로 5호(戸)를 단위로 지역적인 이웃을 조직화하여 이웃 안에서 연대책임과 상호부조를 목적으로 하여 조직하였다. 이 제도는 밀고제와 연관을 지어 이웃 안에서 키리시탄 적발의 연대책임을 의무화하였다. 즉 5인조 안에서 적발하면 나머지 4가정에는 벌이 가하여지지 않지만 다른 이웃에게 적발되면 5호 전체가 처벌을 받게 되는 제도이다.

현상금의 효과는 컸다. 그 보상금은 다음과 같다.

| | 파테루(Padre, 1급 선교사) | 이루만(Irmao, 2급 선교사) | 신도 |
|---|---|---|---|
| 1633년 | 은 100장 | 은 50장 | 은 30장 |
| 1638년 | 은 200장 | 은 100장 | 은 50장 |
| 1639년 | 황금 10장 | 황금 5장 | 황금 3장 |
| 1654년 | 은 300장 | 은 200장 | |
| 1674년 | 은 500장 | 은 300장 | |

이 외에 평신도에 대한 포상금령도 첨가되어 있었다. 당시의 은 500장이란 현재의 금액으로 환산하면 일화 약 430만 엔에 해당된다. 현상금이 너무 컸기 때문에 가난한 형제가 동생을 키리시탄이라고 허

위로 신고하여 현상금을 받았으나 감옥에 들어간 동생에게서 "키리시탄"으로서의 표징이 하나도 없었으므로 발각되었으나 형을 생각하는 의리를 높이 보아 금을 주어 석방하였다는 일화도 있다. 이 제도는 철저한 키리시탄 금제로서 1618년에 시작하여 1873년에 철거될 때까지 계속되었다. 이후로는 키리시탄이라는 일본문자가 변하기 시작하였다. 즉 吉利支丹, 切支丹, 鬼理支丹, 鬼理志端, 나아가서는 切死丹, 鬼利死丹으로 변하여 갔다.

### 9) 고로비 쇼모쯔(轉向 書物)

배교한 자 즉 전향한 자들이 다시 키리시탄으로 돌아가지 않겠다고하는 일본의 신에게 서약하는 문서다. 즉 이 서약를 어겼을 때에는 일본의 대소 여러 신(神祇, 八幡 菩薩, 梵天, 帝釈天, 四天王)의 벌을 받아도 된다는 서약과 또 "데우스", "그리스도", "마리아", "안젤"(天使), "페아토"(聖人) 등의 신들의 저주도 받는다는 서약서로 전국적으로 시행 되었다.

### 10) 쇄국완성(鎖國完成)

1639년 이후는 화란, 중국, 한국을 제외한 일체의 외교관계를 단절하였다. 이것은 이전부터 시행하여온 키리시탄 금지와 무역통제를 위한 철저한 제도로서 여기에 쇄국체제를 완성하는데 이르렀다. 그 구체적인 내용은 (1) 모든 일본인의 출입국 금지 (2) 그리스도교의 금지 (3) 무역의 감시 철저의 3개 항목을 기둥으로 하는 것이다. 이것은 또한 키리시탄들의 공급원을 근절함도 목표한 것이었다. 이후 314년간 화란과의 약간의 거례를 제외한 모든 거래를 중지함으로 일본은 구미의 모든 문명에서 고립상태가 되었다.

### 11) 데지마(出島) 격리수용소 설치

키리시탄을 단속하기 위하여 "데지마"(出島)를 건설하여 "나가사키"(長崎)에 살고 있던 포르투갈인과 스페인인들이 일본인과 결혼하여 그 가정에 숨어서 "미사"드리는 것을 방지하기 위하여 "데지마"(出島)를 건설하고, 그곳 "나가사키"(長崎)와 "히라도"(平戸)에 살고 있던 모든 서양인들을 그곳을 격리수용하는 곳으로 하였다. 또 그곳에는 혼혈 어린아이들도 수용하였다가 그해 가을에 287명의 어린이를 어머니의 고국 일본에 남겨두고 마카오로 출항하는 4척의 포르투갈 선편으로 강제로 외국으로 추방하는 일도 있었다.

### 12) 에도(江戸) 키리시탄 야시키(切支丹屋敷)

"에도"(江戸)의 "고히나다"(小日向)에 "키리시탄 야시키"(切支丹屋敷)라는 것을 짓고 전국에서 체포된 키리시탄들을 중앙으로 모아서 이곳에 감금하여 배교하거나 순교하기를 기다리는 가택연금 제도이다. 이와같이 키리시탄 단속을 철저히 하였다 그리고 발각된 수많은 키리시탄들은 심한 고문으로 순교를 당하였다. 숨은 키리시탄 또는 도피한 키리시탄이 생겨나게 되었다.

"난반세이시"(南蠻誓詞)는 배교서약서로서 키리시탄을 배교하고 회심하여 다시 키리시탄으로 돌아가면 모든 신의 저주를 받을 뿐만 아니라, 불치의 병도 받는다는 내용의 서약서인 "키쇼몬"(起請文)이다. 즉 일본 국내의 대소신뿐 아니라 더 나아나가서는 인도의 신과 그리스도교의 "데우스", "산타 마리아", "안죠"(天 使)들, "페아토"(聖人)들을 걸고 다시는 키리시탄으로 돌아가지 않겠다는 것을 서약하는 "난반세이시"(南蠻 誓詞)다. 이 제도는 1635년부터 전국적으로 시해되어 막부말까지 계속되었다.

日本の教会の歴史(結城了悟) = 90−99 (秀忠의 政策)
日本キリシタン物語(田中 將) = 114−120 (제도)
キリシタン殉教史蹟の旅(荒木誠三) = 64 (寺島)
日本キリスト教史(海老沢有道) = 96 (고문)
日本キリスト教史(五野井隆史) = 231−243 (정책) : 215−218 (쇄국, 보상금)
ペテロ岐部カスイ(五野井) = 246−249 (보상금)
キリシタン史考(H. チ-スリク) = 267−282 (고문, 처벌)
日本の歴史(江戸開府)(辻達也) = 407−408 (檀家)
日本キリスト教宣教史(中村敏) = 91−94 (제도)
日本基督教史(比屋根安定) = 202−217 (出島, 처형)
東北のキリシタン殉教地をゆく(高木一雄) = 385−389 (역대 장군 정책)

## 3. 고문 및 처형 방법(拷問 處刑 方法)

3대 장군 "이에미쯔"(家光)가 취한 그리스도교의 근절을 위한 제도이다. [순교자를 만들 것이 아니라 배교자를 만들라.]고 지시하였다. 처형의 종류에는 추방, 참수(斬首), 십자가형(十字架刑), 화형(火刑), 소인(燒印), 수책(水責), 빙수(氷水), 대나무톱, 산기(算木), 수족절단(手足切斷), 아나 쯔리(穴吊) 등이다. 순교자들의 고백은 [하나님의 교훈에 어긋나지 않는 한 영주와 막부의 명령에 순종하지만, 신앙만은 버릴 수 없다.], 또는 [인간에 순종하는 것 보다는 하나님에게 순종할 것이다.] 라고 함으로 십자가 앞의 예수님의 고백을 연상케 한다. "이에미쯔"(家光)는 성도들이 순교를 두려워하지 않고 도리어 영광으로 여기므로 죽이는 것으로는 근절할 수 없다고 생각하고 심한 고문과 처벌로 배교를 조장하는 데 주력하였다. 따라서 고문과 처형은 단시간에 죽이는 것보다는 될 수 있는 대로 오랜 고통을 심하게 주어 전향, 배교하게 하기를 바랐다. 즉 순교자를 만들 것이 아니라 배교자를 만들어야 한다고 지시하였다.

#### 1) 참수(斬首)형

초창기에는 일반적으로 무사들을 시켜 목을 치는 형을 많이 사용하였으나, 이것은 빨리 처형됨으로 순교자들은 속히 "데우스" 앞으로 간다고 하여 도리어 기쁘하므로 후에는 더 고통스러운 방법을 사용하게 되었다. 피가 많이 흐르므로 주로 강변에서 집행하였다. 또 참수한 시신의 머리를 경고의 목적으로 사람이 많이 다니는 곳에 전시하기도 하였다. 이것을 효수(梟首)라고 하였다. 또 시체를 가져가지 못하도록 무사들이 칼시험으로 난도질하여 불에 태워 바다에 버리기도 하였다.

#### 2) 화형(火刑)

##### (1) 일반화형

일반 화형은 주로 십자가나 기둥에 매달아 불을 피워 불 속에 넣어서 단시간에 태워죽이는 형이다.

(2) 히아부리(火아부리, 불로 굽는 형)

일반 화형으로는 빨리 죽는 것을 두려워하지 않고 기뻐하므로 새로운 방법으로 불을 생선 굽듯 하는 방식인 "히아부리"를 택하게 되었다. 몸을 기둥에 묶어놓고 물을 뿌린 장작에 거리를 두고 불을 붙여서 기둥에서 거리를 두었다가 가까이하였다가 하며 연기와 불로 장기간 고통을 주어 배교하도록 하는 방식이다. 굴하지 않으면 장시간 고통을 당하고 죽이는 형이다.

(3) 이마에 화인 切, 支, 丹(키리시탄을 뜻함)

쇠로 만든 소인을 붉게 달구어 키리시탄들의 이마에 切, 支, 丹 화인을 하는 것이다.

### 3) 신체 상해

(1) 산기고문(算木拷問)

먼저 기둥에 묶어놓고 소나무 5본을 삼각형으로 깎아 바닥에 깔고 그 위에 무릎꿇어 앉게 하고 무릎 위에 모래자루(한 장의 무게 12관)를 배교한다고 굴복할 때까지 얹어 놓는다. 정강이가 패이고 뼈가 부러지는 고문이다.

(2) 대나무 톱 또는 톱으로 자르는 형

기둥에 묶어놓고 칼로 상처를 내고 나서 그 칼자국에 대나무 톱질을 하여 죽이거나 또는 톱으로 목을 자르는 고문이다.

(3) 수족을 자르거나 귀나 코를 베는 고문

주로 추방하기 전에 코나 입, 귀, 입술을 베고 손가락과 발가락을 잘라내어 걸을 수도 없어 기어 다니면서 빌어먹게 된다.

(4) 빙판 고문

얼음이 언 호수에 던져 기절하게 하고 끌어올려 뜨거운 물을 다시 붓는 등을 반복하여 죽이는 것이다.

(5) 포승형

사람을 포대에 넣어 때려 죽이거나 또는 포대에 머리만 내어놓고 꽁꽁 묶어서 곡식부대 쌓듯이 쌓아놓고 "굴러라 굴러라(고로게 고로게, 転げ 転げ, 전향해라! 전향해라!의 뜻)"를 강요하는 것이다. 처음에는 [산타 마리아]를 외치며 [데우스(하나님)의 구원으로 천국으로 들어가는 도다. 속히 죽여달라.]고 하다가도 밑에 깔린 이는 배도 고프고 무게를

견디기 어려워 마침내 [참기 어려우니 굴러야(개종) 하지 않는가!(もう転ぼう(改宗)では ないか)]라고 하면 차례로 참기가 어려워 견디다 못해 [굴러라, 굴러라] 외치면서 개종하는 자들이 나타난다. 그러면 지키던 관원들이 개종증서를 교부하여 고향으로 돌려보내는 고문이다. 그러나 굴하지 않는 신자들에게는 화형에 처한다고 위협을 하지만 끝까지 굴하지 않는 신자들은 그 자리에서 순교하던가 먼 지방으로 유배당했다.

(6) 미즈세메(水責)

물고문으로 바다에서 거꾸로 매달아 밀물이 들어올 때 목과 어깨까지 차게 하여 숨을 쉴 수 없는 고통을 주고 썰물에는 얼굴이 퉁퉁 부어오르게 하여 약 8일이면 숨을 거두게 된다. 때로는 중간에 끌어내어 이마에 화인을 찍고 바다에 던져 죽이는 것이다.

(7) 온천 고문

"운젠지고쿠"(雲仙地獄)으로 "운젠"(雲仙)은 화산으로 인한 온천지대로 지금도 곳곳에서 이글이글 끓는 유황 온천물이 나오고 있다. 이 고문을 고안하여 시도한 이는 "다께나까우네메노쇼"(竹中榮女正)와 "마츠쿠라시게마사"(松倉重政) 두 사람으로 최초의 희생자로 "시마바라반도"(島原半島)의 키리시탄 중심인물 "파울로 으찌보리산우어몬"(內堀 作右衛門)이었다. 그는 "이구나시오" 신심회의 회장으로 온후한 인물로 외국 신부를 숨겨주었다고 세 번이나 체포되어 재산은 몰수당하고, 세 자녀는 눈앞에서 살해당하고, 양손은 절단당하여 추방되었으나 그는 더욱 신앙을 버리지 않으므로 네 번째로 체포되어 "운젠지옥"(雲仙地獄)으로 끌려갔다. 등을 째고 거기에 온천의 끓는 뜨거운 물을 붓는 지옥의 고문이 시작되어 피부가 벗겨지고 배교할 것을 강요당하였으나 그는 끝까지 영혼을 죽일 수는 없다고 굳게 다짐하면서 숨을 거두어 순교하였다. 1629년 이후로는 지옥고문은 더욱 심하여져 열탕을 부으면 바로 피부는 벗겨지고 기절한다. 기절하면 찬물을 붓는 등 고문을 계속하여 배교하도록 하여 듣지 않으면 죽게 하는 고문이다. 이 해에도 부인 27명을 포함한 64명이 희생되었다. 다시 1631년에는 세 분의 신부들과 많은 이가 고문을 당하였다.

"푸란시스코 데 헤스스" 신부의 기록에 의하면 7인을 한 사람씩 일행들과 따로 끓어 솟아오르는 못으로 데리고 가서 탕을 내려다 보게 하면서 그리스도의 교훈을 버리도록 설득을 한다. 하지만 그들은 모두 하나님의 은혜가 풍성하므로 더욱 힘을 얻어 용기를 가지고 [자신들을 설득하지 말고 고문을 시작하시오.]라고 대답하였다. 이들의 이런 의연한 대답을 듣고 이들의 의복을 벗기고 양손과 발을 묶고 네 사람이 억제하면서 큰 물바가지로 끓는 탕물을 퍼서 끼얹는다. 더욱 고통을 주기 위하여 밑에 구멍을 뚫어서 고통이 오래가도록 했다. 모든 사람이 한 사람도 동요없이 잘 견디었으나 어린 소녀 마리아는 기절하여 넘어지고 말았다. 그러나 자기는 끝까지 신앙을 버리지 않았다고 말하고 "갈바리오" 신부는 성화를 억지로 밟으라는 강요에 그것을 밟을 바에는 차라리 내 발을 잘라버리겠다고 하였다. 따라서 막부는 고문방법에 변화를 가져왔다. 죽이는 것보다는 고통을 주어 배교하도록 하는 방식을 택하기로 하였다.

(8) 슨뿌(駿府), 쿠치노쯔(口の津) 고문

"슨뿌"(駿府) 관원이 창안한 고문방식이다. 두 손과 두 발을 뒤로 함께 묶고 나무에 매달아 활등이 된 등에 무거운 돌을 올려놓아 고통을 배가하는 형벌이다. 또 팽이 돌리듯 돌리고 반대로 돌리고 하여 계속하면 코와 입에서 피가 흘러내린다. 기절하면 내려놓고 물을 끼얹어 정신을 차리면 다시 매어다는 식으로 계속 배교하도록 하는 고문이다(일명 학춤고문이라고도 함).

(9) 아나츠리(穴吊)

거꾸로 구덩이에 매달기이다. 깊이 2m와 직경 1m 정도의 구덩이를 파고 장대에 거꾸로 매어 달아 구덩이 속으로 달아매는 것이다. 그것도 빨리 죽지 않고 배교하게 하기 위하여, 입구에 목재를 가로질러놓고 포대에 곡식을 넣어서 묶듯이 머리만 내어놓고 묶어서 피가 머리에 충혈되어 속히 죽는 것을 막기 위하여 관자에 작은 상처를 내어 피가 한 방울 한 방울씩 떨어지게 하고, 내장이 뒤집히지 않도록 밧줄로 결박하고 둥그런 구멍이 뚫린 판자를 두 장으로 가르고 허리춤에 채워서 그것이 구덩이 뚜껑 역할을 하게 한다. 지하 구덩이에 머리를 틀어박아 빛을 보지 못하게 하여 공포감을 주며 또는 오물을 넣어 배교하도록 재촉하며 또는 밖에서 큰 소리를 내어 정신이 어지럽게 하여 종교를 버린다고 할 때까지 방치한다. 때로는 자기의 의사에 반하여 배교를 말할 때도 있었을 것이라고 한다. 끝까지 굴하지 않으면 그대로 순교의 자리에 들어가게 된다.

이 고문의 효과는 1633년 "나가사키 니시사가"(長崎 西板)에서 나타났다. "예수회"의 관구장 대리였던 "크리스토판 훼레이라"(Cristvao Ferreira, 1571–1649) 신부가 항복하고 그리스도교를 버리고 일본인 처를 얻어 "사와노 쥬앙"(沢野忠庵)이라는 일본인 이름을 가지고 키리시탄 박해에 협력하도록 하였다.

日本の教会の歴史(結城了悟) = 100–105 (박해법)
日本キリシタン物語(田中 將) = 122–143 (박해법)
日本キリスト教総覧総覧(宮崎賢太郎) = 25–27 (박해법)
キリシタン史考(H. チ-スリク) = 267–271 (배교자 주장)
日本キリスト教史(五野井隆史) = 229–243 (박해법)
日本キリシタン殉教史(片岡弥吉) = 308–309 (신부배교) 336–347 (잔학 고문)
日本の歴史(江戸開府, 辻達也) = 273 (転げ 転げ) = (사진)

## * 조선(朝鮮)인 순교자 "이사벨라"

"운젠"(雲仙)은 옛날 "온센"(溫泉)이라고 쓰고 "이데유"라고 읽었다. 옛날 사람들은 산의 아름다움보다는 "네쯔유지고구"(熱湯地獄)에 더 신경을 썼다. "운젠지고쿠"(雲仙地獄)에서 키리시탄을 괴롭히는 고문이 시작된 것은 "시마바라"(島原)영주인 "마쓰쿠라 시게마사"(松倉重政)다. 유명한 "시마바라"(島原)의 난이 일어난 것은 농민들에게 중한 세금을 부과하는 등의 악정으로 일어난 것이다.

이후 1627년 2월 28일에 "운젠지고쿠"(雲仙地獄)의 열탕에 처음으로 피부를 태우는 고문이 시작되었다. "바우로 우찌보리사우에몬"(바우로 内堀作右衛門)은 돈독한 키리시탄으로 신앙을 지키기 위하여 배교한 영주 "아리마나오즈미"(有馬直純)와 연을 끊고 따라가지 않고 머물렀다. 그는 덕이 높고 주민에게 존경을 받는 지도자였다. 이날도 다른 키리시탄 15명과 함께 체포되어왔다. 이때까지 세 차례나 체포되어 고문을 받았고 재산은 몰수당하고 손가락과 발가락은 절단당하고 또 세 자녀는 고문 후에 바다에 던져 죽임을 당하는 잔인한 고통을 잘 감내하였다.

"운젠지고쿠"(雲仙地獄)에 도착하였을 때 [우리 모두 주를 찬양하세]라는 찬송가를 모두가 합창하였다. 몸은 벌거벗기고 목에는 밧줄로 매고 끓는 열탕에 넣었다가 끌어내기를 거듭하는 고문이었다. 그리고는 끓는 유황탕에 던져버린다. 최후에 던지운 자는 "바우로 우찌보리사우에몬"(바우로 内堀作右衛門)이였다. 그는 [거룩하신 하나님을 찬양할지어다.]라는 기도를 올리면서 순교 당하였다.

그 후에도 계속 순교의 행렬이 이어 졌는데 그때마다 찬미하면서 "운젠"(雲仙)의 지옥고문을 당하며 순교의 길을 갔다. 1629년에는 "시마바라"(島原)뿐 아니라 멀리 "나가사키"(長崎) 감옥에 있는 키리시탄들을 배에 실어 "운젠"(雲仙)으로 끌고 왔다. 최초의 희생자는 64명이며, 그중에 27명은 여인들이었다. 다섯 반으로 나누어 "운젠'(雲仙)으로 이송하였다. 제1반은 8월 3일에 지옥에 도착하여 벌거벗겨 두 팔은 두 줄로 따로 묶고 양발은 함께 묶어 목에는 큰 돌을 매달고 등에는 유황의 끓는 열탕을 끼얹는다. 피부는 익어 너덜거리고 그 고통은 참으로 견디기 어려운 것이었다. 밤낮을 계속하니 일부는 항복하고 배교하는 이들도 나왔다.

여기에 세례명이 "이사벨라"라는 조선(朝鮮)인 부인은 2시간을 분화구 옆의 바위 위에 세워졌다. 다음날 수족을 결박한 맨몸에 열탕이 퍼부어졌다. 이때 집행관이 [키리시탄을 버리라. 그렇지 않으면 10년이나 20년 이 고문이 계속될 것이다.]라고 하니 "이사벨라" 부인은 답하기를 [10년, 20년이 문제가 아니라 100년이라도 나는 살아 있는 한 이 고문을 참고 견딜 것이다.]라고 하였다.

고문 13일째 되는 날 먹지도, 마시지도, 재우지도 않은 고통 속에서 상처투성이의 몸이라 이제는 서지도 못하고 걷지도 못하는 상태로 기절하고 말았다. 이를 기회로 관원은 자기들 마음대로 억지로 지문을 받아 배교한 것으로 하여 증서를 주어 "나가사키"(長崎)로 데려갔다. 그러나 깨어난 부인은 나는 결코 배교하지 않았다고 하여 끝까지 신앙을 버리지 않고 지켜나갔다.

日本キリシタン殉教史(片岡弥吉) = 303 (조선 이사벨라)

# 제 7 장
# 순교사례 및 순교자

각 지방(口津, 天草, 長崎, 平戸, 生月, 雲仙, 京都, 江戸, 東北)의 대표적인 순교사례를 기록하고자 한다.

## 1. "아리마"(有馬) 지방

### 1) "쿠치노쯔"(国の津)

"쿠치노쯔"(国の津)의 대순교는 1614년 11월 22일과 23일에 걸쳐 박해가 시작되어 "마미야겐자에몬"(間宮權左衛門)의 지휘로 처형이 집행되었다. 먼저 옛 교회터에 주민을 불러 모았다. 심한 고문을 알면서도 듣지 않는 "토마스 아라기나가우에몬"(荒木長右衛門)을 비롯하여

70명이 출두하였다.

각종 고문을 열거하면서 배교할 것을 강요하고 듣지 않는 자들은 양손과 양팔을 뒤로 묶어 매달고 등에 돌을 올려놓고 [키리시탄을 배교해라! 배교해라!]라고 강요하는 잔악한 고문이다. 듣지 않으면 지상에 내려놓고 양손가락과 양발가락을 절단하고 어떤 이는 코를 자른다. 또는 장딴지의 근육을 잘린 자, 다리를 절단 당한 자 등 그 잔악상은 보는 이들로 전율을 느끼게 한다. 순교자들이 이러한 고통 속에서도 굴하지 않는 것은 하나님의 특별한 도움이 있기 때문에, 그들은 하나님의 증인으로의 순교자가 되어지는 것이다.

"쿠치노쯔"(国の津)교회는 해안에서 긴 돌계단을 올라가야 했다. 돌계단 밑에도 작은 광장이 있어 이곳에서도 고문이 행하여졌다. "마미야겐자에몬"(間宮權左衛門)은 돌계단 위의 교회터에 자리잡고 있었다. 몽둥이 찜질을 하고 손과 발을 자른 후에는 그 돌계단 밑으로 밀쳐 떨어뜨리며 그들이 돌에 부딪히면서 굴러 떨어지면, 밑에서는 붉게 달은 화인으로 이마에 십자가의 인을 지지되 그 인이 식을 때까지 계속 지진다. 순교자들에게는 주님의 증인으로 인침을 받은(요한계시록) 증거가 남게 되는 것이다.

이날에 순교 당한 자는 22인이었다. 그 순교자 가운데는 두 사람의 조선(朝鮮)인 "페드로"와 "미켈"이 있었다. 그 두 사람은 "도요토미히데요시"(豊臣秀吉)가 조선(朝鮮)을 침공할 때 포로로 잡혀와 팔렸으나 "페드로"는 "쿠치노쯔"(国の津)에서 "미켈"은 "나가사키"(長崎)에서 키리시탄이 되어 해방이 되고 세례를 받았다. "미켈"은 고국에 돌아갈 기회가 있었으나 신앙을 지키기 위하여 일본을 떠나지 않았고 두 사람은 오늘 신앙을 지키고 순교하였다. 실은 육체적으로는 노예였지만 정신적으로나마 장군의 종을 마다하고 하나님께 대한 신앙을 택하여 순교한 것이다.

日本キリシタン殉教史(片岡弥吉) = 168-170 (口津 잔인한 고문)

## 2. "오무라(大村)"의 박해

네 신부의 순교는 "오무라스미타다"(大村純忠)의 아들 "오무라 요시아기"(大村喜前)의 영향으로 손해를 본 원인이 신부 "로도리게스"(Joao. Rodrigues)의 책략에 의한 것으로 오해하고 분개하여 교회를 떠나고 영내에 있는 모든 선교사를 추방하도록 명을 내렸다. 1616년에 "요시아기"(喜前)가 죽은 후 장남인 "스미요리"(純頼)가 대를 이어 영주가 되었다. 1617년 장군 "히데타다"(秀忠)가 "스미요리"(純頼)에게 [그대의 영내에는 선교사들이 숨어 있다는데?]라고 힐문을 당하니 신앙을 버리고 장군의 명에 따라 키리시탄 박해를 시작하게 되었다.

1617년 4월 8일에 "프란시스코"회의 신부 "페드로 데 라슨푸숀"(Pedro) 신부가 체포되어 투옥되었다. 또 4월 29일에는 "예수회"의 "요안 바브치스타 마샤도"(J. B. Machado) 신부도 체포되어 같은 감옥에 투옥되었다. 이때 간수의 부인 "막달레나" 신자를 통하여 외부와 연락을 취할 수가 있었다.

"마샤도" 신부가 "나가사키"(長崎)의 상사에게 보낸 편지의 내용은 다음과 같다.

체포된 몸인 저는 성경 말씀의 깊은 뜻 즉 그 말씀에 인간들에게 주어진 정신적 힘이 대단함을 깨닫게 되었습니다. 세계를 지배하는 어떠한 권력도 작은 버러지에 불과하다는 것을 알게 되었습니다.

이때 형을 집행하던 "도모나가지로효에"(朝長次郎兵衛)는 원래 배교자였으나 부친의 권유로 간수 부인 "마그다레나"의 힘을 빌려 5월 15일 성령강림주일에 감옥 안에서 미사를 드리도록 허락하였다. 뿐만 아니라 옥중에 수감 중인 "마샤도" 신부와 "페드로" 신부는 간수의 눈을 피하여 밖에서 데리고 온 유아들에게 각각 유아세례를 베풀었다.

5월 21일에 신부들의 처분에 대하여 막부로부터 "스미요리"(純頼)에게 내려진 것은 사형하라는 것이었다. 22일에 삼위일체 하나님께 드린 미사가 마지막이 되었다. 오후 4시경에 하는 수 없이 "도모나가지로효에"(朝長次郎兵衛)는 신부들에게 이 소식을 전하였다. 이 소식을 들은 신부들은 감사하면서 [데우스] 찬송을 불렀다.

그날 두 신부는 이웃 언덕에 끌려나가 참수되어 한 무덤에 장사되어 순교의 길로 갔다. 그리고 스페인 상인으로 위장하여 숨어지내던 두 신부 도미니고회의 "나와레도"(Navarete) 신부와 "에르난도" 신부는 순교를 각오하고 공공장소에서 설교를 시작하였다. 여기에는 3천여 명이 모여 그 설교를 들었다. 그들 중에는 많은 배교자도 있었다. 다음날에는 30여 명이 회개하고 다시 돌아와 신앙을 되찾는 효과가 있었다.

그 배교자 중에는 후에 순교자가 된 형집행관이었던 "도모나가 지로효에"(朝長次郎兵衛)도 있었다. 그리고 다음 주일에는 옥외 무수한 키리시탄 앞에서 미사를 드리고 "나가요"(長子)로 가서 4일간을 머무는 동안 많은 키리시탄들이 식음을 폐하고 모여들어 말씀을 경청하였다.

두 신부는 순교가 가까운 것을 알고 "오무라 스미요리"(大村 純頼)에게 회개하고 돌아오라는 권면의 편지를 썼다. 결국, 관원들에게 체포되어 포박당하여 끌려갔다. 이때에 신부들은 "스미요리"(純頼)에게 권하는 편지를 전하였다. 많은 신도가 알고 따라오므로 여기에는 "스미타다"(純忠)의 미망인 "막달레나"와 딸 "마리나"의 모습도 보였다. 민심을 염려하여 처형장을 정하지 못하고 여러 섬으로 돌아다녔다. 결국 "타카시마"(鷹島)에서 참수 당하였다. 이때 "나와레나" 신부는 한 손에 십자가를 또 한 손에는 촛불을 들었고 "에르난도" 신부와 또 다른 순교자 "레오 타나카"(田中)는 촛불을 들었다. 차례로 순교의 길로 갔다.

앞서 순교한 두 신부 "페드로 데 라슨푸숀" 신부와 "요안 바브치스타 마샤도" 신부의 시체도 끌고와서 두 신부를 한 관에, 나중의 두 신부도 한 관에 입관하여 큰 바위를 매어 달아 바다에 던져 수장하였다(프란시스코 모랄레스의 1627년 11월 29일 보고서[福者프란시스코, 모랄레스, OP서간보고서]).

日本キリシタン 殉教史(片岡弥吉) = 179-181(大村의 4신부 순교)

## 3. "리노 도모나가 지로효에"(ラノ 朝長次郎 兵衛)의 순교

"리노 도모나가 지로효에"(ラノ 朝長次郎 兵衛)는 일시적으로 배교하여 "페드로", "만샤도" 두 신부를 처형하는 집행관이었으나 "에트난도", "나우레도" 두 신부의 설교를 듣고 회개하고 돌이켰다. 그는 [자기가 처형한 두 신부의 기도로 인하여 신앙을 되찾았다.]라고 하였다. "타카시마"(鷹島) 순교사건 후 7월 7일에 "프란시스코"회의 "아보리나리오" 신부가, 23일에는 "도미니고"회의 "도마스 즈마라가" 신부가 체포되어 "스즈다"(鈴田)감옥에 들어왔다. 영주인 "오무라 스미요리"(大村純頼)는 장군 "히데타다"(秀忠)에게 보고차 "교토"(京都)에 가고 뒷일은 "리노 도모나가 지로효에"(ラノ 朝長次郎 兵衛)에게 맡겼다. 그의 돌이킨 것을 알지 못하였다.

"지로효에"(次郎兵衛)는 옥에 있는 신부들에게 미사를 드리도록 편의를 봐주고 신도들이 야반에 신부를 찾아와 만나서 고백하도록 하였다. 또 자기의 관할지인 "쿠모우라"(雲浦)에는 한 분의 신부를 숨겨 두고 있었다. 그 신부의 이름은 "도미니고"회의 "르에다" 신부였다. 이 사실을 안 가신들과 승려들은 영주가 출타 중이어서 기다리다가 10월 하순에 귀국함으로 이 사실을 알렸다. "스미요리"(純頼)는 "지로효에"(次郎兵衛)를 불러 [사실이냐?]라고 문책하자 [사실입니다.]라고 답하였다. 3일 후인 11월 4일에 다시 불러 세 사람의 가신이 둘러선 자리에서 다음의 6개조의 심문을 하였다.

1. "쿠모우라"(雲浦)에 신부를 숨겼다는 것은 사실이냐?

2. 배교한 가신들을 돌이킨 것은 사실이냐?

3. 불승들이 행하는 행사에 불참한 것은 사실이냐?

4. 키리시탄이 아니면 참된 인간이 되지 못한다는 것은 사실이냐?

5. 순교자들의 시체를 바다에서 인양함에 다른 이들과 함께 하였는가? 또 신부들에게 큰 애정을 표하였는가?

6. 많은 사람이 옥에 가서 키리시탄이 되는 것을 허하였는가? 라는 것이었다.

"지로효에"(次郎兵衛)는 [모든 것이 사실입니다.]라고 대답하였다. 그리고 자기가 회개하고 키리시탄으로 돌아온 사실을 알리었다. "스미요리"(純頼)는 화를 내고 신하인 "히라구라"(平蔵)에게 [참수하라.]라는 말을 남기고 나가 버렸다. 이에 "히라구라"(平蔵)는 "지로효에"(次郎兵衛)의 목을 쳤다. 이에 "지로효에"(次郎兵衛)는 아무 저항을 하지않고 [예수, 마리아]의 이름을 경건하게 외치면서 순교 당하였다.

"지로효에"(次郎兵衛)의 본명은 "스미다가"(純興)로, 처는 "오무라손자에몬"(大村孫左衛門)의 딸이었다. "분로구"(文禄)의 조선출병에는 13세의 어린나이에 출정하여 전과를 세워 200석을 급여받고 그 후에 53석을 더하여 253석으로 고급 무사(武士)였다. 형제 중에는 "예수회"의 신부도 있었다.

日本キリシタン殉教史(片岡弥吉) = 181-182 (朝長). (大村藩新選系譜 巻5)

## * 조선(朝鮮)인 "안토니오", "마리아" 부부와 두 아이의 순교

"나가사키"(長崎)에도 박해가 시작되어 1622년에 "스피노라"(C. Spinola) 신부를 비롯하여 55인 중 조선(朝鮮)인 "안토니오"와 부인 "마리아"와 두 아들을 포함한 25인은 화형을, 나머지 30인은 참수로 순교하는 대참사가 일어났다. "스피노라"(C. Spinola)신부는 1602년에 일본에 상륙하여 일본어를 어느 정도 할 수 있어서 "아리마"(有馬)의 "세미나리요"에서 가르치며, 학생들을 위한 성 마리아회를 조직하는 등 다방면에서 활약하였다. 특히 수학의 기하학 등 서양과학서를 전하는 업적과 또 일본에서의 월식을 관측하고 "나가사키"(長崎)의 경도를 측정하는 등의 업적을 남겼다. 일본 정치상태는 이상할 만한 업적을 남긴 "스피노라"가 순교 당하여야 하는 것이다.

1614년의 막부의 키리시탄 대책이 엄중하여져서 전국의 교회시설은 파괴되고 선교사들과 키리시탄의 중심인물들은 마카오와 마닐라로 추방당하였다. 이때 42명의 신부와 "세미나리요" 학생의 3분의 2는 잠복하여 박해하에 있는 신도들을 지도하였다.

"스피노라" 신부도 숨어서 남게 되었다. 포르투갈인들은 "나가사키"(長崎)에 집을 가지고 있었기 때문에 "도밍고스 졸슈" 신부를 숨겨줄 수가 있었다. 선교사들을 숨겨준 것이 발각되면 사형, 재산몰수를 당할 것을 알면서도 용감한 신도들은 다투어 숨겨주었다. 4년 동안 신도들을 돌보는 중에 신도에게서 불평하는 소리가 들렸다. [교인들 보고는 순교를 권하면서 자기들은 숨어 있으니 말이 되는가!]라는 뒷이야기를 들은 신부는 병인으로서 [나로서는 하루라도 속히 하나님 나라로 가고 싶지만, 여러분을 위하여서는 하루라도 더 살아남아야 한다.]라고 하였다. 그러나 몸으로 산 제사를 드리는 것이 더욱 존귀하다는 것을 보여주어야 할 때가 이른 것을 미처 깨닫지 못하고 있었다.

1618년 12월 13일에 숨어 있던 "도민고스"의 집에서 체포당하여 화염 속에서 순교 당하였다. 이때에 함께 순교 당한 이들은 55명인데 그 중에 25인은 화형을, 나머지 30인은 참수형을 당하였다.

화형조에는 "스피노라" 신부를 비롯하여, 조선(朝鮮)인 "안토니오"와 부인 "마리아"와 두 아들(막내와, 3살 "페드로"), "마리아 무라야마(村山)", "이사벨라", "아포로니아", "이구나치아", "마리아", 미망인 "가다리나", "도미니가", 바우로 나가이시(永石)의 부인 "데쿠라", 안토니오 산고(三箇)의 부인 "막달레나", 바우로 다나가(田中)의 부인 "마리아", "쿠라라 다나가"(田中), "이구나시오" 등이었다.

참수조에도 어린아이들이 있었다. 다미아노 다다(多田)의 아들 "미타엘" 5세, 나가이시(永石) 의 아들 "페드로" 7세, 구레멘도의 아들 "안도니오" 3세 등이 있었다.

전 동경대 학장이었던 "야나이하라 타다오(矢內原忠雄)"는 "나가사키"(長崎)를 방문하여 이곳을 찾았을 때 안내원이 [이곳에서 순교한 600여 명의 키리시탄 중에는 1세, 2세의 유아도 있었다.]라고 하는 소리를 듣고 탄식하기를 [기분이 좋지 않았다.] [왜 그러시는지요?] [일본인들은 왜 이런 어린아이들까지 죽여야만 했는가?]라고 탄식하였다고 한다.

(Leon. Pages) 저 일본기리시도교사

(日本キリシタン殉教史(片岡弥吉) = 185–190 (55인과 조선인 순교)

## 4. 교토(京都) "데구라" 부인과 아이들의 순교

"교토"(京都)의 "시죠호리가와 니시"(四条堀川西)의 "시죠이와가미미나미"(四条岩上南) 일대에는 "프란치스코"회의 성 마리아 교회와 성 안나 병원, 성요셉 병원과 스페인 사절관이 있었고 그리고 "호리가와도오리"(堀川通)를 끼고 동편으로 "시죠오오미야"(四条大宮)와 "시조호리가와"(四条堀川) 남쪽의 "사다케마치"(佐竹町)에는 키리시탄들이 많이 모여산다는 **"다이우스죠**(丁, "다이우스"는 "데우스"로 하나님을 뜻하며 丁은 町으로의 거리로서 무사들의 주거지를 말한다.)라는 거리가 있었다. 이 거리에는 한 가구를 제외하고는 모두 키리시탄이 살고 있었다.

그러므로 후대에 이곳을 일본의 "로스안제루스"(Los Angeles)라고도 불리었다. 그 거리 이름의 유래는 "교토"(京都)의 관원 "마에다 겐이호인"(前田玄以法印)의 일족으로 열렬한 키리시탄인 "케이유호인"(慶友法印)이 살고 있었기 때문이라고 한다. "케이유"(慶友)는 키리시탄이라는 이유만으로 "도요토미히데요시"(豊臣秀吉)에게 봉록과 재산과 벼슬을 몰수당하여 가족과 더불어 셋방살이를 하면서 이곳 "교토"(京都)에 살며 신앙을 지키고 있었다. 언제부터인가 키리시탄 무사들과 장인들이 모여들기 시작하여 한 거리를 이루었다.

1619년 장군 "히데타다"(秀忠)가 엄한 키리시탄 금령을 내렸다. "교토 쇼시다이"(京都所司代, 경도 경비와 정무를 담당하는 관직)인 "이다구라가즈시게"(板倉勝重)는 원래 키리시탄과는 호의적이었으나, 장군의 엄명을 거절할 수 없어 박해의 손길을 폈다.

먼저 손을 댄 곳이 "다이우스쵸"였다. 관원들은 집집마다 찾아가 문을 부수고 들어가 성화가 걸려있는 집 사람은 무조건 체포하고 성화가 발견되지 않은 집에서는 [키리시탄이냐, 아니냐?]라고 심문하여 체포하였다. 남녀노소, 유아들까지도 가리지 않고 중심인물인 "죠안 하시모도 다효에"(橋本太兵衛) 일가를 비롯하여 36인을 체포하였다. 여기에는 "하시모토"(橋本)의 부인 "데구라"와 6인의 자녀가 포함되었다.

체포 당시 장남인 "미켈"은 출타 중이어서 면하였다. "죠안 하시모토"(橋本)는 조상의 대를 이은 키리시탄으로 "오다 히데노부"(織田秀信, 織田信長의 손자)의 충신 무사로 존경받는 분이었다. 소년시절부터 포르투갈어를 배워서 문서를 잘 읽을 수 있었으나 사회에 진출하지 않고 겸손히 신앙만을 지키는 생활을 하였다. 박해 중에도 신부들을 집안에 숨겨주고 신도들을 집안으로 모아 미사를 드리는 등 발각되는 공포도 무릅쓰고 신앙에 전념하였다. 그는 신앙 하나만을 위하여 집도 뺏기고 셋방살이를 하면서도 이렇게 신앙을 지켜나갔다.

어느 날 하인이 횡령하고 발각이 두려운 나머지 관원에게 밀고함으로 일가족이 체포되었다. 부인 "데구라" 와 6명의 자녀와 함께 투옥되었다. 7인의 자녀 중 장남은 생존하였으나 순교당한 가족 장녀가 13살, 막내는 임신 중이어서 "데구라"의 뱃속에 있었다.

10월 17일에 순교 당할 52인을 11대의 큰 짐차에 나누어 태워 "교토"(京都)의 거리를 끌고 다녔다. [이자들은 키리시탄이므로 장군의 명령에 화형에 처할 자들이다.]라는 뜻의 사형이유를 적은 팻말을 들려 행진시켰다. 많은 시민은 [키리시탄이면 왜 죽어야 하나! 키리시탄들은 모두 좋은 사람들이며 무슨 나쁜 짓을 한 것도 아닌데, 왜 사형에 처해야 하는가?]라고 하는 등 아쉬워하였다. 그것은 다만 키리시탄들은 오직 한 분이신 하나님을 최고의 신으로 믿고 숭배하기 때문이다.

장군은 백성을 다스리기 위하여 국민 모두가 불교도가 되도록 명령을 내렸다. 그러나 키리시탄들은 하나님 외에 다른 어떤 신들을 섬기지 않으며 하나님만이 참된 신이므로 하나님을 배신하면 안 되는 것으로 여겼다. 죽임을 당하여도 하나님을 거역할 수 없었기 때문이었다. 그것은 훌륭한 일이다. 생명을 버리고 하나님이 참된 신임을 증거한 것이기 때문이다.

52인이 처형당한 곳은 "가모가와"(加茂川) 근처로 대불전 맞은 편이었다. "데구라"는 고운 옷으로 단장하고 나왔다. 과연 "하시모토"(橋本)의 마님답다고들 칭찬하였다. 그러나 십자가에 결박당한 모습에서는 모두 눈물을 흘리고 말았다. 세 사람을 한 십자가에 결박하였다. 오른편에는 12살 난 아들 "도마스", 좌편에는 8살 난 "프란시스코"를 그리고 13살의 "가다리나"와 6살의 "페드로"는 옆의 다른 십자가에 결박하였다. 그리고 "데구라"에게는 복중에 아이도 있었다.

보통이라면 여섯 아이를 죽이며 자신도 죽는 슬픔은 미칠 것간 같았을 것이다. 그러나 "데구라"의 얼굴에는 광채가 나며 하나님을 버리는 것보다 아이들과 함께 순교 당하는 것이 낫다고 생각하고 있었다. 죽으면 천국에 갈 것이기 때문이며 아무리 고통스러워도 하나님이 도우실 것이라고 믿었다. 이것이 옳았다는 것은 하나님의 도우심으로 인간의 힘으로는 도저히 견딜 수 없는 인내를 가지고 고통을 잘 참고 아름다운 최후를 마친 것을 보아 알 수 있었다.

발밑에서 불길이 타올라 오기 시작하였다. 그 뜨거운 열기와 숨 막히는 연기 속에서도 아이들의 머리와 얼굴을 쓰다듬어 주며 눈물을 닦아 주었다. [어머니, 내 눈이 안 보입니다.]라고 장녀가 말할 때 [예수님과 마리아님에게 부탁하려무나.]라고 격려하였다. "데구라"는 숨을 거둘 때까지 3살짜리 "루시아"를 꼭 껴안고 있었다. 후에 시체를 거둘 때 "루시아"의 시체는 어머니의 시체에 꼭 붙어있어서 떼어낼 수가 없었다고 한다.

탄압 제도는 1632년 "이에미쯔"(家光)가 3대 장군으로 "히데타다"(秀忠)로부터 이어받아 30년간 다스리는 동안 막부의 여러 제도가 완비되고 쇄국제도를 확립하여 키리시탄 단속도 철저하게 조직화하였다.

(1619년 예수회 연보에 기록됨)
日本キリシタン殉教史(片岡弥吉) = 227-234
(다이우스町와 데구라와 아이들 순교)
日本キリシタン物語(片岡弥吉) = 137-141 (데구라)

# 제 8 장
# 금교시대(禁敎時代)의 발자취

## 박해 후의 선교지 확대(동북지방과 북해도까지)

금교령으로 인하여 키리시탄들은 박해를 피하여 받아주는 영주들이 있는 곳이나 안전한 지역을 찾아 사방으로 흩어졌다. 특히 북방지방에는 단속이 완만한 광산지대가 있어서 당시에는 안전한 피난처였다. 따라서 초창기에는 서일본지역이 선교지역이었으나 금교령이 내려진 후에는 전국이 선교지로 확장된 것이다.

# 1. 북해도와 동북지방의 선교와 순교

동북지방보다 더욱 먼 거리에 있는 북해도에도 금교령으로 인하여 신부들이 은밀히 왕래하게 되었다. 금교령으로 유배된 곳은 가장 북방인 "츠가루"(津輕, 靑森県)였으나 이곳에서도 박해가 심하므로 북허도의 "마츠마에"(松前)까지 피하게 되었다.

"에도"(江戶)의 "도쿠가와 이에야스"(德川家康)의 막부에도 시초에는 가신 중에 키리시탄들이 있어서 신도들의 조직인 신심회(信心會, Confraria)가 조직되어 시중에는 키리시탄 절(교회) 외에 치료원도 세워져 있었다. 여기에 선교사들도 왕래하게 되어 성도들의 수는 700명에 이르렀다.

1611년에 [耶蘇는 夷狄의 邪法]이라고 하며 그리스도교를 경원하며, 마침내 [南蠻 記利支丹之 法天下可停止之旨]를 언명하면서 가신 중에서 18명과 시녀 3인을 추방하였다. 계속하여 [伴天 連門徒 御制禁也] 전 5개조를 전국에 공포하여 금제를 강화하였다.

1613년에는 "에도"(江戶) 안에서 키리시탄 박멸을 시작하여 등록된 신자 3,700명 중에서 순차적으로 1,500명을 체포하여 감옥에 가두었다. 나머지 많은 신도는 "오우"지방(奧羽地方)의 금은(金銀) 광산 지대로 도피하였다.

그 당시의 광산지대는 막부에서 "교산레이 53죠노고도"(御山例 53條之事)로 일종의 치외법권 지대여서 키리시탄들에게는 안전지대였다. 그리고 전국적으로 키리시탄 추방령이 발효되면서 멀리는 마카오, 마닐라로 유배되었고 국내에서는 멀다고 하는 "츠가루코쿠니"(津輕國)에 유배되었다. 뿐만 아니라 박해를 피하여 도피하여 오는 신도들이 모여 들어서 "오우"(奧羽)지방의 금은 광산지대는 번성하였고 그곳에서는 신심회(信心會)를 조직하게 되고 선교사들의 왕래도 빈번하게 이루어졌다.

[오우지방(奧羽地方)의 금, 은 광산 일람표]

"혹카이도"(北海道), "오오사와"(大沢) 금광, "마즈마에"(松前)군 외 2곳
"이와데"(岩手)군, "마루모리"(丸森) 금광 외 10곳
"아끼다"(秋田)군, "다이가즈"(大葛) 금광 외 5곳, "사가모도사와"(板本沢) 은광 외 9곳
기타 "센다이"(仙台), "아이즈"(会津), "요네자와"(米沢) 등지
금광 13곳, 은광 7곳

東北のキリシタン殉教地をゆく(高木一雄) = 29-58 (선교사들), 59-65 (金銀山 일남)
日本キリスト教100年史(海老沢 亮) = 15-16 (광산으로 도피)
ペトロ岐部カスイ(五野井隆史) = 243-272 (東北순교, 禁教令資料)

### 1) 북해도 "마쓰마에" 반도(松前半島)의 선교와 순교

1618년과 1621년 두 차례 "안제리스"(Girolamo. de. Angelis) 신부는 "에조"(蝦夷)의 "마쓰마에"(松前)의 광산에 유배된 신도들을 방문하였다. 그리고 "가르바리요"(Valentin. de. Carvalio) 신부도 "에조"(蝦夷)의 "마쓰마에"(松前)에 건너가서 "산타마리아" 축일에 최초의 미사를 올렸다. 이때에 많은 키리시탄이 모여왔다. 이들의 대부분은 거의가 "안제리스" 신부에게서 세례를 받은 신도들이었다.

그 당시의 "마쓰마에"(松前) 금광에는 1619년에는 5만 명, 1620년에는 3만 명의 광부들이 있었는데 그중에는 키리시탄들이 많았다고 한다. 이들은 내지에서의 박해를 피하여 건너온 자들로 숨어서 신앙을 지키며 "센다 가오카"(千軒岳)에 교회당도 세우고 [마리다 觀音寺]라고 불렀다. 불교적인 호칭으로 키리시탄이라는 것을 숨기기 위함이었다. 그러나 이것도 잠깐이었다. 영주는 광부들이 키리시탄이라는 것을 모르고 있었으나 어느 날 승려 하나가 영주에게 당신의 금광에는 숨은 키리시탄들이 많이 일하고 있다는 것을 고자질하였다. 영주는 놀라서 조사하여 보니 사실이라는 것을 알고 박해하기 시작하였다. 1639년에는 300명의 군인을 동원하여 교회에 모인 106인을 모조리 목을 쳐 순교의 피를 흘리게 되었다. 그해에 "구마가야다게"(駒가岳)의 화산폭발로 700여 명이 죽고 따라서 "센다가오가"(千軒岳)의 금광도 붕괴되어 폐광이 되어 많은 숨은 키리시탄의 순교를 남기고 모든 사람은 흩어지고 말았다.

(キリシタン殉教史跡の旅(荒木誠三) = 232-235 (松前)
日本キリシタン物語(田中 將)= 117 = 120 (松前)
東北のキリシタン殉教地をゆく(高木一雄) = 68-78 (松前)

### 2) 동북 "센다이"(仙台)의 선교와 순교

이 지방에 그리스도교가 전파된 것은 "루이스 소로테" 신부가 1611년에 스페인국 답례사(答禮使) "비스가이노"가 태평양 연안 측량에 "이바니에스" 신부와 수반하여 10월 4일에 "센다이"(仙台)에 들어가 11월 5일까지 머무는 동안, "센다이"(仙台) 성 종마루 준공식에 영주 "다데마사무네"(伊達正宗)로 부터 초대를 받아 대담을 나누는 데서 전도되어 "센다이"(仙台)에서의 포교의 자유가 허락되고 두 곳에 교회를 세우게 되었다. 11월 27일에 "에도"(江戸)에 돌아온 그는 1613년에 "에도"(江戸)에서의 키리시탄 추방운동이 시작될 때 체포되어 투옥되었으나 "센다이"(仙台) 영주인 "다데마사무네"(伊達正宗)의 호의로 석방되어 "다데마사무네"(伊達正宗)의 유럽파견사절이 로마로 출발하는데 동행할 목적으로 다시 "센다이"(仙台)에 돌아왔다.

1613년 10월에 남유럽으로 떠난 후에 "안제리스" 신부가 1615년에 "소로데" 신부의 뒤를 이어 포교를 시작하였다. 그는 1614년에 관서지방에서 유배된 많은 키리시탄들이 관내의 "오로시"(下嵐江) 은광과 "다마야마"(玉山) 금광과 "유끼사와"(雪沢) 금광에 있는 것을 알고 그들을 위로하기 위하여 "쯔가루"(津軽)로 가는 길에 "센다이"(仙台)에 들린 것으로 그곳에서 "다데마사무네"(伊達正宗)의 키리시탄 가신 "고토요한"(後藤壽庵)도 만났다.

1617년에는 "가루바리요" 신부가 와서 선교하여 시내에 두 곳 교회의 200명의 신도를 심방하고 이어 "쯔가루"(津軽)의 "타가오가"(高岡)를 비롯하여 여러 지역에 흩어져 있는 숨은 키리시탄들을 위문하였다. 이 관내에는 숨은 교회가 17곳이 세워졌고 신도수는 750명에 이르렀다. 그곳의 지도자로서는 "고토요한"(後藤壽庵)과 "이마사와다다효에"(今沢忠兵衛) 등 10여 명의 지도자들이 있었다. 그러나 키리시탄에 호의적이던 "다데마사무네"(伊達正宗)도 막부의 강력한 금제에 항의할 수 없어 1620년에 "센다이"(仙台)에도 박해의 바람이 불어왔다.

다음의 3개조의 키리시탄 금제를 공포함으로 박해가 시작되었다.

1. 키리시탄은 국법으로 금한 것으로 신자들은 키리시탄을 버리고 전종하여 국법을 지킬 것.
2. 키리시탄 신자들을 발견, 고발하는 자에게는 보상을 한다.
3. 키리시탄 교사의 기교를 명한다. 만일 명령에 불복하면 영내에서 추방한다.

이후 각지의 유력한 신도들이 차례로 살해되는 순교를 당하였고 "안제리아" 신부와 "가루베스" 신부도 체포되어 "에도"(江戶)에 보내져 그곳에서 순교 당하였다.

廣瀬川 수장

"가르바리오"신부는 피난장소인 "센후구"(仙北) 지방의 "오로시"(下嵐江) 은광의 "마지야스 야효에"(次兵衛)의 집에서 체포되었고, 주변의 금, 은광에서 60명도 체포되어 "센다이"(仙台)로 끌려가 감옥에 투옥되었다. 그 후 차례로 처형되었다. 어떤 이들은 잠수로 또는 화형으로 처형되었다. "가루바리오" 신부 일행은 감옥에서 끌어내어 "센다이"(仙台) 시내에 흐르는 "히로세가와" 다리 밑에 나무 기주를 두르고 물웅덩이를 파고  추운 겨울날에 벌거벗겨 웅덩이에 앉도록 하여 얼어 죽게 하였다. "가르바리오" 신부는 다른 신도들을 격려하면서 [예수, 마리아]를 연호하면서 일본에 와서 15년 만에 46세로 순교의 제물이 되었다. 계속해서 영내의 각 지방에서 수많은 신도가 순교를 당하였다.

### 3) "쯔가루"(津軽)의 선교와 순교

"쯔가루" 포교는 1595년 영주인 "쯔가루이신"(津軽爲信)이 에도(江戸)에서 "오루간티노" 신부의 활동에 감동을 받아 교리공부를 하여 세례 받을 준비를 하였으나 과정이 끝나기 전에 급한 일로 쯔가루(津軽)에 돌아왔다. 그는 자기의 이루지 못한 뜻을 이루기 위하여 11살인 3남 "노부가즈"(信枚)에게 키리시탄의 학습을 받도록 부탁하여 1596년에 세례(죠안)를 받게 하였다. 이 아들이 "쯔가루"(津軽)에 돌아갈 때 종교교육의 완성과 부친에게 학습하기 위하여 맹인 전도사를 데리고 돌아가는 데서 선교는 시작되었다. 장남 "노부다게"(信建)도 머지않아 병으로 세상을 떠날 것을 예감하고 33세에 세례를 받기를 갈망하였다. 세례를 받고난 후에는 매우 기뻐하였고 부하들에게도 세례받을 것을 권하였다. 그는 돌아갈 때에 선교사를 모시고 가기를 원했다. 그리고 오사카(大坂)에서 본 교회당과 같은 교회를 세우기를 약속하며 설계도까지 가지고 돌아갔으나 이루지 못하고 세상을 떠나고 말았다.

실제로 본격적인 선교는 1614년이래 오사카(大坂)에서 유배된 키리시탄 71명과 그 가족 200여 명이 오는데서 였다. 그중에는 전도사인 의사 "마지야스 큐안"(休庵)도 있었다. 거기에 교토(京都)에서 유배된 4인의 무사 "우기다큐캉"(宇喜多休閑), "시나가와우쿄"(品川右京), "시바야마켄효에"(芝山權兵衛), "오꾸무라소도기"(奥村外記)와 200여 명이 도착하여 신앙생활을 계속 할 수 있었다.

그러나 이곳에도 박해의 폭풍이 일어났다. 처음으로 의사인 "마지야스"와 그 가족을 비롯하여 많은 신도가 체포되어 참수로 처형되고 그 외에는 에도(江戸)로 송환되어 그곳에서 순교 당하였다.

### 4) "요네자와"(米沢)와 "아이츠"(会津)의 선교와 순교

이 지역에 그리스도교가 전파된 것은 "가모우우지사도"(蒲生氏郷)가 영주가 된 후라고 하겠다. "가모우우지사도(蒲生氏郷)"는 유명한 영주 "타카야마우곤(高山右近)"의 감화를 받아 키리시탄이 되어 1585년에 세례(레오)를 받았다.

그는 당시의 특출한 이름 있는 무사요, 가인이었으므로 "오다노부나가"(織田信長)의 사위로서 "도요토미히데요시"(豊臣秀吉)의 유력한 가신이기도 하였다. 그는 유명한 키리시탄 영주인 "타카야마 우곤"(高山右近)의 친구로서 처음에는 교리에 대한 설교를 좋아하지 않았으나 이웃의 권유로 점점 교리의 깊이를 깨닫게 되고 세례를 받은 후부터는 열심이 대단하였다. 전장에서의 군기에 십자가상을 붙이고 나가 싸웠고 금교령이 내려진 후에도 신앙을 버리지 않았다. 선교사들과의 대화에서는 "아이츠"(会津)에 돌아간 후의 선교정책과 계획을 세웠으나 병세가 악화되어 친구인 "타카야마 우곤"(高山右近)의 간호와 신앙의 격려 속에 1595년 2월 7일에 생을 마쳤다.

그는 부하들에게 여러 신과 불교의 석가는 무능하며 유일하신 "데우스"(하나님)만이 존재하며 인간의 영혼은 불멸한다는 등 여러 가지로 교리를 들려주면서 전도하여 가신 중에는 많은 키리시탄들이 있었다. 그중에는 "가모우사도나리"(蒲生郷成), "고스메 하야시 슈게이"(林主計)등이 있었다. 그 외에도 선교사들의 유배되어 온 신도들과 광산에 피난와서 숨어 있는 키리시탄들의 격려와 선교를 위한 잦은 왕래를 찾아 볼 수 있다.

1617년에 "마테오 아다미"(Adami. Joao. Matteus.) 신부, 1620년의 "디이고 크루스 데 파로마레스" 신부, 1626년에는 "후란시스코 데 데레로" 신부와 "베르나르도 데 산 호세 오소리오" 신부가 열심히 순회 전도한 흔적이 남아 있다. 특히 "아이츠"(会津) 지방에는 유명한 금광 "이시가모리"(石ケ森) 금광, "도구라사와"(戸倉沢) 금광, "카루이 자와"(軽井沢) 은광, "구로사와"(黑沢)와 "마이쇼모리구라"(米猩森倉) 금광 등 많은 광산이 있어서 그곳에는 금교령으로 피난 온 많은 키리시탄들이 숨어 있었다. 따라서 1625년에는 그곳에서 한번에 360명이 세례를 받았다고 한다. 또 1627년에 영주가 된 "가도요시아키"(加藤嘉明)의 가신 중에도 많은 키리시탄들이 있었다. 그중에는 "토마스 마쓰야마지로 우에몬"(松山次郎右衛門), "안데레 니이다다 우에몬"(新田多 右衛門), "오가베오로우에몬"(岡部五郎右衛門) 등이 있었다.

그러나 그곳에서도 안전한 곳은 못 되었다. 1627년부터 본격적인 박해가 시작되어 많은 신도가 순교 당하였다. 그 한 예를 들면 1632년 2월 8일에 체포된 42명 중 어린이 16명은 참수로 그 외 어른 26명은 화형으로 처형되었다. 일부는 체포되어 "에도"(江戸)로 압송하여져서 그곳에서 순교 당하기도 하였다. 기타 "야마가다"(山形), "난부"(南部), "구보다"(久保田), "신쇼"(新庄), "시라이와"(白岩), "쇼나이"(庄内), "니혼마츠"(二本松), "시라가와"(白河藩) 등에도 선교되었고 순교의 바람도 불어와서 많은 키리시탄들이 순교 당하였다.

## 2. "오우"지방(奧羽地方)에 유배되고 도피한 무사들

### 1) 유배된 무사들

"오우"지방(奧羽地方)은 옛날부터 유배지로서 많은 권력자가 유배되었다. 정권이 바뀌면 사면 되기도 하였다. 그중에는 물론 키리시탄 무사들도 있었다. 에도시대(江戶時代)에 들어와서는 키리시탄인 연고로 유배되는 무사들이 많아졌다. 즉 1612년 "한덴렌 몬도교서이킹야"(伴天連門徒御制禁也)에 의하여 전국적으로 키리시탄 금교령이 포교되어 있었다. 여기에 1614년 2월 17일에는 "타카키우곤"(高木右近) 일가 8명과 "나이도타다도시"(內藤 忠俊) 일가 9명은 멀리 마닐라로 유배되었다. 그 와 4인의 무사들은 그 가족들과 "교토"(京都), "오사카"(大阪)에서 체포된 키리시탄 무사 71인과 그 가족 합하여 200여 명은 "쯔가루쿠니"(津輕国)로 유배되어갔다.

### 2) 도피한(潛伏) 무사들

이러한 키리시탄 탄압정책을 완비하고 철저한 단속을 시행하므로 일본 안에는 한 사람의 선교사도 없어지고 키리시탄의 종적은 사라져 버렸다. 따라서 탄압에 지지 않고 표면적으로는 불교도와 신도의 "우지꼬"(氏子)로 위장하여 잠복해 250년간 7대에 걸쳐 키리시탄의 신앙을 지켜나가는 신도들이 있었다. 즉 "손자에몽"(孫左衛門)은 부락의 촌노들을 설득하여 비밀조직으로 본인이 직접 최고 책임자인 "죠가다"(帳方)가 되어 대를 이어나가다가 7대손 "요시구라"(吉藏)가 발각되어 순교하기까지 250년간 계속되었다. 이와 같이 키리시탄들은 "곤프라리아"(Confraria, 신도조직의 변형)를 조직하여 관원의 눈을 피하여 살아남아있었다. 그들은 "나가사키"(長崎), "히라도시마"(平戸島), "이끼쯔기시마"(生月島), "고토" 지방(5島地方), "소토메" 지방(外海地方), "아마쿠사"(天草), "쿠루데"(久留米), "아끼쯔끼"(秋月) 등 "큐슈"(九州)의 각지에 잠복하였다.

東北のキリシタン殉教地をゆく(高木一雄) = 161–174 (仙台선교, 금령3개조), 179–180 (순교)
キリシタン殉教史跡の旅(荒木誠三) = 213–216 (순교)
日本キリシタン殉教史(片岡弥吉) = 253–265 (순교)
東北のキリシタン殉教地をゆく(高木一雄) = 79–84–95 (포교 순교)
: 18–28 (会津, 蒲生) = 262–285 (蒲生, 전도, 순교)
キリシタンになった大名(結城了悟) = 375 – 379 (3 부자)
東北のキリシタン殉教地をゆく(高木一雄)
キリシタン殉教史跡の旅(荒木誠三) = 225 – 231 (米沢 会津)
キリシタンになった大名(結城了悟) = 195–201 (会津, 蒲生)
高山右近史話(H. チースリク) = 158 – 164 (蒲生 信長사위로 東北이쥬)
東北のキリシタン殉教地をゆく(高木一雄) = 324–338 (동북지방)
東北のキリシタン殉教地を行く(高木一雄) = 60–62 (금령과 도피)
: 339–382 (도피한 무사들)

# 제 9 장
# 잠복(潛伏) 키리시탄

## 1. "센부구"(潛伏) 키리시탄과 "카쿠레"(隱蔽) 키리시탄의 뜻

[잠복 키리시탄]이란 "도쿠가와"(德川) 막부시대에 약 250년 동안 그리스도교 금지기간 중 갖은 박해와 감시를 피하여 그리스도교의 신앙을 지킨 이들을 말한다.

시대를 구분해 보면 1549년부터 1644년까지 약 100년간을 [키리시탄시대]라 하겠고, 그 후 1860년의 "오무라"(大浦) 천주교당에서 키리시탄이 발견, 또는 1873년 "명치"(明治) 정부의 키리시탄 금령의 철폐까지를 [잠복시대]라고 불리고 있다. 따라서 1644년부터 1873년의 키리시탄임을 숨기고 불교도임을 강요 당한 [잠복시대]의 신도들을 [잠복 키리시탄]이라 부르고 또 1873년 이후 신앙의 자유가 기본적으로 보장된 후에 가톨릭으로 돌아온 이들을 [부활 키리시탄]이라고 부르고 돌아오지 않고 여전히 신사와 사찰과의 관계를 현재까지 계속 유지하는 이들을 [가꾸레(숨은) 키리시탄]이라고 구분된다. 즉 이들은 살아남기 위하여 불교도임을 받아 들일 수 밖에 없었던 "에도"(江戸) 막부시대의 신도로서 그 필요성이 없어졌음에도 불구하고 계속 신도와 사찰과의 관계를 유지하는 이들을 말한다.

(カクレキリシタン(宮崎賢太郎) = 18-26 (정의)

## 2. 잠복 키리시탄의 조직과 분포

기본적인 조직은 지방에 따라 차이가 있으나 대체로 다음과 같은 세 역할로 분리된다.

1) 하나님을 섬기며 행사를 집행하는 역할

2) 세례를 베푸는 역할

3) 행사의 보좌역할, 성도와의 연락역할, 회계역할의 3역할로 조직되었다.

[본부 조직]

"고토" 지방(5島地方), "소토메" 지방(外海地方)에는

1) "죠가다"(帳方) : 조직의 최고책임자

2) "미즈가다"(水方) : 지방조직의 책임자

3) "기끼야꾸"(聞役, 取次役)라고 하였고

"이키쯔키 시마"(生月島)에서는 [본부 조직으로]

1) "오야지"(オヤジ)역 : 최고책임자 역할

2) "오지"(オジ)역 : 세례를 베풀며, 그의 집(쯔모도, ツモト)은 본부교회의 역할

3) "야꾸쭈"(役中)역 : 지부장 역할을 하였다.

[지부 조직]

"고꾸미"(小組, Companhia)는 여러 집의 성도로 구성된다. "고꾸미"(小組)의 책임자는 윤번제로 선출하며 본부행사에 나갈 때는 "야꾸쥬"(役中)라 불리우며 회계역할과 행사진행의 보좌역할을 한다. 말단의 일반 신도집단은 총칭하여 "가끼우찌"(桓內)라고 하였다.

## 3. 잠복 키리시탄들의 신앙

### 1) 기본적인 교리서

**(1) 도찌리이나 키리시탄(ドチリ ドチリ キリシタン) 기독교 교리서**

(포르투갈 선교사가 일본어 음을 로마문자로 기록한 문답식 교리서)

기본적인 교리서는 "도찌리이나 키리시탄"(ドチリ ドチリ キリシタン)으로 예전, 신론, 인간의 죄와 구원론의 교리와 주기도문, 사도신경, 십

계명, 기적 등의 해석으로 키리시탄의 교리의 기본을 알 수 있는 교리서이다. 사제지간의 문답식으로 기록하여 쉽게 이해할 수 있도록 되어 있다. 한 예를 소개하면 다음과 같다.

[제일 "도찌리이나"]

스승 : 키리시탄의 교훈이 참된 것이라면 키리시탄이 되는 자는 그 교훈을 청종하는 것이 가장 요긴하다. 그 교훈을 들을 것이냐?

제자 : 교리를 청종하여, 도리의 빛을 받아 키리시탄이 되는 것입니다.

스승 : 분별할 것은 무엇인가?

제자 : 분별할 것은 많습니다.

스승 : 그 뜻을 모두 말하기는 어렵고, 다만 그것을 분별하는데 제일 긴요한 제목을 말해보시오.

제자 : 무에서 천지를 창조하신 유일하신 하나님, 즉 우리를 금세와 내세에 인도하실 주님이시라. 이 분을 섬기며 받들지 않고서는 내세에 구원을 얻을 수가 없고 또 내세로 가는 길은 오직 키리시탄의 법에 한함이라. 이와 같이 키리시탄이 되지 않고서는 내세의 구원을 얻을 수가 없음을 분별함이라.

이와 같이 신론, 인간론 예전 등을 교훈한 교리서이다.

(2) 묘데이몬도(妙貞問答)

"묘데이몬도"(妙貞問答)는 신도, 유교, 불교를 논하여 키리시탄의 기본교리를 설파함으로, 키리시탄의 일본 전통사상에 대응하는 문헌으로, 여기에는 예전과 신조, 기도문을 제외한 기독교적 신관과 인간론을 설파하여 강력한 유일신의 존재와 인간의 영성을 밝히고 있는 문헌이다.

日本キリスト教總覽(宮崎賢太郎) = 48-50 (조직 = 본부. 지부)
カクレキリシタン(宮崎賢太郎) = 66-85 (조직 生月)
日本キリスト教史(鶇沼裕子) = 20 (기본교리) = 89-92 (도지리이나)
: 92-96 (묘정문답)
日本キリスト教史(海老沢有道) = 59-60 (로마문자로)
広辞苑 = 1737 (로마문자로)

### 2) 기도생활(오라쇼, オラショ)

#### (1) 기도(オラショ)의 종류

"오라쇼" 노래

[산주완님의 노래(サンジュワン様の歌)]
ん- 前わな前わ泉水やな-あ、後はな高き岩なるやあ-なあ-あ。
前もな後も潮であかするやな-あ、
ん - 此の春わな此の春わなあ-、 桜な花かや散るじゃるやなああ-
また来る春わなつぼむ開くる、 花であるぞやなあ-。

이 노래는 17세기경의 것으로 "나카에시마"(中江島)에서 순교한 3인의 "주완님"을 노래한 것이다. 최초의 3행은 "나카에시마"(中江島)의 정경을 노래한 것으로 깎아세운 듯한 절벽에서 참수되어 유해는 부대에 넣어 물살이 빠른 해협에 던져졌다. 순교자의 목이 피보라 치며 떨어지는 모습은 신도들에게는 아름답게 떨어지는 벚꽃을 연상케 한 것이리라. 지금 키리시탄은 벚꽃과 같이 지지만 오는 봄에는 반드시 순교자의 피로 인하여 신앙의 봉오리가 아름답게 피어오르리라는 희망을 노래한 것이리라.

현재에는 이 노래가 축하의 노래로 즐거울 때에 불려지고있다. 또 이 노래는 "산주완"님이라 불리우는 "나카에시마"(中江島)에서 채취하는 성수를 단속하는 "오지"님이 동석하지 않으면 노래할 수 없다는 것이다.

[단지구님의 노래(ダンジク様の歌)]

ん-参ろうやな参ろうやな、バライゾの寺にぞ参ろうやなあ-あ。

バライゾの寺とわ申するやなあ-あ、広いな寺とわ 申するやなあ-あ。

広いなせばいは我が胸にあるぞやなあ-あ。

ん-柴田山 柴田山 今はな涙の先なるやかなあ-。

先わな助かる道であるぞやあ-あ。

이 노래는 순교자를 칭송하면서 자기들도 그와 같은 강한 신앙을 가지고 "파라이조"의 사찰에 가고 싶다는 것을 노래함이다. "파라이조"란 천국을 뜻하며 거기에는 하나님과 순교한 선조들이 기다리고 있는 곳이리라. "파라이조"는 넓은 사찰이나 "파라이조"로 통하는 문이 넓든 좁든지 간에 자신의 가슴, 즉 신앙의 강함에 달려 있으며 지금은 박해가 심하여 눈물이 앞서는 슬픈 세상이나 "산주완"님과 같은 신앙을 소유하면 미래에 구원 얻을 길이 열리리라는 것을 노래함이다.

순교자들을 칭송하며 또 일방으로는 남아 있는 신도들의 신앙을 분발하게 함이다.

"단지구"님 3인의 사당은 "이키쯔키시마"(生月島)의 남단에 있으며, "지고구"의 "이시효에"(石 兵衛)와 처 "마리아"와 그 아들 "요한"의 3인을 모신 사당이다. 박해를 피하기 위하여 3인이 대나무밭에 숨어 있다가 아들 "요한"이 우는 바람에 배편으로 탐색하러 온 관원에게 체포되어 처형된 순교자다.

"록칸"(ロッカン)

가장 짧은 "오라쇼"를 하나로 모은 것을 "오랏쇼"라고 한다.「6卷」,「6貫」,「六款」이라는 한자가 기록되어 있다. "록칸"은 전부 암송하여도 5분 정도로 최소한 "록칸"만을 암송하고 있으면 충분하다고 한다. "즈모도"(지도자의 가정집회) 행사에서 "히도도오리"(一通り)의 "오라쇼"를 암송할 수 없을 때는 "록칸"으로 대신하면 된다. 즉 중간에 "기리아메마리아"의 "오라쇼"를 "히도도오리"(一通り)의 "오라쇼"를 마칠 때까지 계속 반복하여 암송을 계속하면 되는 것이다.

"히도도오리"(一通り)

一通 또는 一座의 "오라쇼"라고 하는 것으로 정식 행사에서 사용되는 "오라쇼"로 가정집회에서는 통상적으로 사용되어 왔다. 전부를 암송하는 데는 빠르게 암송하여도 40분 정도가 걸린다. 또 일부 지역에서는 끝부분에 멜로디를 첨가하여 부르는 "노래오라쇼"로 단순히 "오랏샤"라고 한다.

"오싯쟈구"(お七百, 長座)

"록칸"(ロッカン)과 "히도도오리"(一通り)는 "오라쇼"의 기본형이지만 그 외에 "오싯쟈구"(お七百) 또는 "나가자"(長座)라는 형식으로 "록칸"(ロッカン)을 암송하면서 중간에 "기리아메마리아"를 700번을 거듭 암송하는 것이다. 도중에 400번을 암송한 후에는 잠시 휴식으로 차를 마시는 시간을 가지고 다시 남은 300번의 암송을 계속하는 것이다. 주로 일주기(一週忌) 이상의 제사와 가정에 불행한 일이 계속될 때에 사용된다. 일부에서는 "오센벤"(1000번)이라는 것도 있어 "기리아메마리아"(가랏사)를 1000번 암송하는 것이다. 이것은 주로 군에 출정하는 때와 임종 시에 행하여진 듯하다. 이와 같이 지역에 따라 약간의 차이는 있으나 여러 가지의 "오랏쇼"가 있었다는 것을 알 수가 있다. 당시에는 숨어서 행하여진 것으로 문서화되지 못하고 구전에 의한 것이므로 통일되지 못하고 차이가 나는 것은 당연하다고 하겠다.

(2) "카미요세"(神寄)

신을 불러오는 오라쇼(Oratio)란 라틴어에 유래한 것으로 키리시탄들이 계승하여 내려온 기도를 뜻한다. 지하의 교인들은 이 뜻을 제대로 알지 못하면서 암송하는 것으로 기도하였다. 그러므로 입속에서 암송하는 것이므로 이것을 "몬쟈 몬쟈"(モンジャモンジャ), 질문자 또는 "모노모노"(モノモノ)라고도 하였다. "오라쇼"라는 기도는 230년 동안 지하 교인들에게 구전되어 내려왔다.

(3) 라틴어의 한자화(漢字化)

그 당시에는 문서로 전해진 것이 없었으므로 조상에게서 전해온 것을 자기네들 나름대로 라틴어를 한자의 음을 일본어 음으로 문자화한 것을 볼 수가 있다.

그 예로 "데우스"는 하나님(Deus)을 한자화한 음으로 [出臼]

히이료오 = (그리스도) = [肥料],

산타 마리아 = [三多間利屋],

안젤 = (천사) = [庵所],

아니마 = (霊魂) = [兄魔, 有魔, 有馬],

쿠로스 = (십자가) = [黑須],

파우티스마 = (세례) = [場移り島],

에우카리스챠 = (聖体) = [八日の七夜]

등으로 어느 정도 음으로는 유사하지만, 뜻으로는 상상할 수 없는 것이었다. 그 당시는 그 뜻을 이해하기보다는 될 수 있는 대로 빨리 유창하게 암송하는 것이 지하교인들에게는 필요한 것이었다. 따라서 라틴어의 오라쇼(기도)는 주술적인 주문에 가까웠다.

カクレキリシタン(宮崎賢太郎) = 55-57 (노래기도) : 88-90 (기도 종류) : 90-92 (神寄) : 92-97 (전승, 창작 : 한자화)

日本キリスト教総覧(宮崎賢太郎) = 50-51 (기도 = 몬자몬자)

キリシタン殉教史跡の旅(荒木誠三) = 74-79 (기도)

オラッショ紀行 (皆川達夫 監修)

### 3) 전승의례와 창작의례

지하 키리시탄의 행사를 크게 나누어보면 그리스도교에 유래하는 전승의례와, 지하시대에 만들어진 창작의례로 구분할 수 있다.

(1) 전승의례

세례, 장례, 크리스마스 이브, 크리스마스, 부활절, 종려주일, '오마에사마 상게이"(御前樣 參詣) 원단(元旦)에 (御前樣, 최고신) 참배, 임원들과 신도들이 모두 모여서 신년인사하는 행사이다.

꽃주일 "욘주니지메 사마"(四十日目樣)는 그리스드 승천일 등이 있으나 이때에는 본래 행사의 뜻은 거의 이해하지 못하고 전부터 내려오는 행사의 형태만이 유지되는 상태였다. "도오가메사마"(十日目樣)는 성령강림주일이다.

(2) 창작의례

행사의 목적에 의해서 정해졌다. 지역에 따라 차이가 있으나 이키쯔키(生月) 지방의 연중행사를 예를 들면 다음과 같다.

[농경 행사]

① 보리 기도(麥祈禱)

② 밭 기도(田祈禱) : 모심기를 마치고 풍작을 기원하는 행사다.

③ "하쯔다사마"(初田樣) : 지하교인들의 역원들과 신사의 신주가 참가하여 매년 4월 12일에 행하여지는 풍작기원 행사다.

④ "가제도메간다데"(風止願立) : 태풍계절이 가까워져 올 때 태풍

으로 인한 작물과 인가에 피해가 없도록 하고, 금년 한해도 오곡백과가 풍성하도록 기원하는 행사다.

⑤ "가제도메간죠쥬"(風止願成就) : 10월에 쌀 수확이 끝난 다음 6-7월에 행한 "가제도메간다데"(風止願立)로 인하여 무사히 수확한 것에 대한 소원성취를 행하는 행사다.

⑥ "단지구 사마노 오이와이"("단지구"분의 祝賀) : 해안에서 순교한 3인을 모시는 "단지구"순교자들을 모시는 행사로 매년 1월 16일에 행하는 것으로 대풍어를 기원하는 것이다.

[현세유익 행사]

① "모찌 나라시"(餅고루기) : "오마에사마 상게이"(御前様 参詣)할 때에 가지고 가는 떡으로, "3 쥬완사마"(쥬완様), "쥬완"이라는 세례명을 가진 순교자 3인이 "나카에노시마"(中江島)에서 순교하였으므로 그 섬에서 받아오는 물을 성수로 사용하였다. 그러므로 이 성수로 정화한 후에는 함부로 소홀히하지 못한다. 오래 두어도 변질되지 않는다고 하며 각종 행사에 사용하였고 감기약으로도 사용하였다.

② "이타다기"(いただき, 도메고), "오후다사마"(御札様) 모시키 : 가톨릭의 로사리오의 현의(玄義)에 유래된 것으로 "마리아"와 "그리스도"의 생애에서의 희(喜), 애(愛), 락(樂)의 각 5장면을 합하여 15장면을 묵상하면서 "로사리오"의 기도문을 암송하는 것이다. 이 15장면의 뜻을 세로 6cm, 옆 4cm, 두께 7mm정도의 목각에 묵서한 것이다. 여기에 "아사고젠사마"(朝御前様)가

한 장을 더하여 16장면이 한 조가 된다. 이것을 조합장의 집에 보관하였다가, 매월 첫째 주일에 모여서 그것으로 운세를 점치는 가톨릭의 신심용구로 삼았다.

③ "오시오기리"(潮切) : 항해 안전 기원행사다.

[선조 및 사자 공양 행사]

① "오도가바라이"(お科抜い) : 사자공양. 조상을 맞아 공양하는 행사다.

② "지비리아 사마"(오盆) : 키리시탄 사자를 공양하는 행사다.

③ "오마부리 기리"(半紙切, 종이 십자가) : 이것은 금속 십자가 대용으로 고안된 것으로 반지를 세로, 가로 약 3cm, 4cm 크기의 십자가형으로 절단하여 만들어 악령을 물리치는데 필수품으로 삼았다. 정월에 각 가정에 배부하여 현관, 소 외양간에 부쳐서 악령을 방지하며 또는 장례식에서 사자의 귀에 넣어 악령 물리치는 것으로 사용했다.

[조직유지 행사]

"롯가쇼요리"(6個所寄), "노다치"(野立) : 지역 안의 6개소의 전 역원들이 회집하는 행사로, 연 1회 신의 거소를 정하여 일제히 야외(野外)에서 행하여 유행병의 침투를 예방하는 행사이며 또 총회를 열어 집단 전체에 관한 사항을 협의한다.

["하라이" 행사(払 行事 拔除)]

① "야바라이"(家拔) : 개인 집의 악령을 물리치는 것으로 정월에 관내의 가가호호의 악령을 물리치고 일 년간 가내의 안전과 무병장수를 기원하는 행사이다.

"노다치"와 "야바라이"

② "노다치"(野立, 축사의 악령 물리침) : 이것은 소를 외양간에서 들로 몰아내므로 악령이 소를 해하지 못하게 하는 것으로 들의 정한 장소에서 행한다.

③ "도요나카사마"(土用中様) : 건강기원, 전염병 예방 등으로 구분된다.

창작의례는 필요에 따라 만들어진 것으로 순수한 가톨릭의 의례만은 아닌 것이다.

日本キリスト教総覧(宮崎賢太郎) = 50-51 (기도, 몬자 몬자) : 51-52 (의례) : 52-55 (신앙대상) : 56-59 (용어)
カクレキリシタン(宮崎賢太郎) = 103-126 (연중행사)

### 4) 숨은 키리시탄의 신 관념

(1) 조상에 의한 가톨릭에서 유래한 그리스도, 데우스, 마리아, 산 파울로, 산 페트로 등으로 "오라쇼"(기도문)에 나오는 신들의 이름이다. 실제로 어떤 신인지는 알지 못하고 그 이름만이 전승되어 온 것으로 심지어는 "마리아"를 안산(安産) 신이라고 지도하는 이도 있었다.

(2) 350년 동안 절과 신사에 모시던 신들에게 말려들어 간 것은 사실로서 즉 불교도였다. 그럼에도 자기 집에는 전해 오는 숨어 있는 신이 있었다. 그러므로 숨어 있는 신은 본체고 불교 외 신도는 의무였다고 하겠다. 따라서 여러 신을 섬기며 조상 때부터 내려오는 숨은 키리시탄의 신도 합하여 섬기는 것이 자연스러운 실정이었다.

(3) 일반적으로 조상을 중요시하는 풍습에서 특히 키리시탄의 신앙의 유래로 순교자들인 조상들을 섬기는 것이었다. 즉 그들은 순교자의 영을 후하게 모심으로 자손들에게 축복이 돌아오는 것으로 알고 기도하였다. 그 외에 무연 사자의 영을 개인적으로 모시고 축복이 임하기를 기원하기도 하였다.

(4) 숨은 키리시탄들이 신앙의 대상으로 가장 중요한 것은 "고젠사마"(御前樣, 最高神), "산쥬완사마"(순교자 이름), "오덴베샤"(苦行鞭), "오마부리"(종이 십자가), "오레이사마"(御禮樣)는 가톨릭의 "로사리오"가 있는데, 이것들은 본래 종교용구에 불과하지만, 그들은 신들과 같이 모시고 결코 물건으로 여기지 않았다. 그들은 신불(神佛)도 귀중히 여기지만 조상들도 귀중히 여겼다. 특히 순교한 조상을 모신 사당을 중히여겼다. 키리시탄에 유래하는 신은 "오라쇼"(기도문)에서 부르짖고 일상의 신앙생활에서는 살아 있지 않은 추상적인 신은 신이 아니라 하고 손으로 만져지고, 눈으로 볼 수 있는 "고젠사마"(御前樣), "산쥬완사마", "오덴베샤", "오마부리", "오레이사마"(御禮樣)라고 하는 것이다. 본래 도구였으나 그중에 영입이라는 의식을 통하여 신성을 띠고 살아

있는 신으로 변신한 것이다.

### 5) 마리아(觀音)

간농(觀音)은 신앙의 대상으로 모신 것이다. 도쿠가와(德川) 막부 시대에는 모든 주민은 한 사람도 빠짐없이 불교의 신도가 되어야 하기 때문에 은밀히 신앙을 지키기 위하여는 불교 신도로 위장하여야 하기 때문에 "고야스간농"(子安觀音)이란 불상이 성모 "마리아"상과 흡사하므로 잠복 키리시탄들이 가정의 불단에 모시고 성모 "마리아"를 연상하면서 기도한 것이다. 이것은 로마 박해시대의 "카다콤베"에서 그리스도상을 장식하는 것이 위험하므로 물고기형으로 그리스도를, 비둘기를 성령의 상징으로 삼은 것과 다를 바 없다고 하겠다.

カクレキリシ(宮崎賢太郎) = 127-140 (신 관념, 신앙도구)
日本キリスト教宣教史(中村 敏) = 95-102 (생활, 도구)
日本キリスト教史(海老沢 有道) = 116-126 (재 포교)
カクレキリシタン物語(片岡弥吉) = 167-171 (마리아 觀音)

## * 잠입 선교사 "루비노"(Joao. A. Rubino) 신부와 동행한 조선인 "도마스"

관구장이었던 "훼레이라"(Christovao. Ferreira, 沢野忠庵) 신부가 고문을 견디지 못하여 배교한 소식을 들은 이탈리아 신부인 "루비노"(Joao. A. Rubino)는 분개하여 그를 회개시켜 돌아오게 하기 위하여 일본에 입국할 것을 계획하고 10명씩의 선교단 두 그룹을 편성하였다.

제1그룹은 1642년에 "루비노"(Joao. A. Rubino) 신부를 중심으로 한 그룹으로, 폴란드 출신 "아르베루도 메친스키"와 나포리 출신의 "가베체"와 가스테리아 출신의 "모랄레스"와 "나가사키"(長崎) 출신의 포르투갈계 일본인 "프란시스코 마루게스" 등 5명의 신부와 캄보디아의 일본인 교회를 섬기던 전도사 조선인 "도마스"와 마카오의 포르투갈인 "바고아루 고레아"와 "소오사"와 마닐라에서 사찰 일을 보던 카나리아 출신의 "죠안 데 샤비우스"와 고친시나 출신의 사찰 4명으로 구성되었다.

8월 11일에 "사쯔마"(薩摩)의 해안에 배를 대고 "시모 고시키 시마"(下甑島)의 동굴에 숨어 있다가 3일 후에 체포당했다. 중국인 복장으로 변장하고 있었으나 바로 발각되어 "나가사키"(長崎)로 호송되어 투옥되었다. 그들은 "훼레이라"(Ferreira)의 회개를 권하는 것이었으나 이루어지지 못한다고 하여도 저들은 배교의 죗값을 자기들의 피로 갚기 위하여 왔다고 하였다.

투옥된 다음날, 취조를 받았는데 통역으로 온 자가 바로 배교자 "훼레이라"였다. "루비노"는 키리시탄의 교리로 관원을 설득하고 "훼레이라"를 향하여 회개하고 돌아오라고 간청하였다. 그것은 그에게 괴로운 것이었을 것이다. 따라서 그는 취조장에서 떠나버리고 말았다. 관원은 [장군의 금령을 알지 못하는가?]라고 힐문하였다. "루비노"는 답하기를 [알고 있습니다. 그러나 무엇보다도 우리는 하나님의 법도에 따라야 할 것이며, 그리스도의 피로 죄 사유하심을 받은 이런 자들의 영혼을(배교자들) 구원하기 위하여 자기의 생명을 희생하기 위하여 힘쓰지 않으면 안됩니다.]라고 하였다. 수일 후에 일동은 고문을 받았다. 물고문을 7개월 동안 격일로 계속되었기에 105회를 받았다. 그리고 그들은 붉게 달군 쇠로 몸을 지짐을 받았다. 숨이 끊어질 것 같으면 순간 약을 먹여 살리고 다시 계속하곤 하였다.

드디어 1643년 3월 16일 지금보다 더 심한 물고문을 행하고 나서 다음날은 "거꾸로 구덩이에 매어 달기"의 선고를 받았다. 순교자들은 모두 기뻐하며 감사하였다. 관원들은 이해를 못 하였다. 뒤로 결박당한 순교자들은 머리의 반쪽을 깎고 붉은 물을 들였다. 이것은 모욕의 방편이었다. 또 설교를 못하도록 입을 철판으로 봉하고, 처형의 이유를 쓴 간판에는 [금하는 키리시탄의 설교를 하였기 때문]이라고 썼다. 이와 같이하여 시내를 돌게 했다. 그리고 형장으로 가니, 매어달 구덩이에는 오물이 미리 뿌려져 있었다. 거꾸로 매어 달린 고통도 고통이려니와 오물로 인해 신경이 자극되는 것이 더욱 고통스러웠다.

제일 먼저 순교 당한 조선인 "도마스"는 3월 21일에, "루비노" 신부는 22일에, 폴란드인 "메친스키"는 3일 후에 순교 당했다. 그리고 만 9일을 견딘 3인은 3월 25일에 참수당하였다. 시체는 소각하여 재로 바다에 뿌려졌다.

제2그룹은 1643년 6월 27일에 "페드로 마르게스"(Pedro. Marques)

를 장으로 "치구젠"(筑前)의 "가지메"(梶目) 섬에 상륙하였으나 바로 체포되었다. 일행은 "마루게스" 신부 외에 "아론조 아로요"와 "프란시스코 갓소라"와 "주셋베 캬라"의 4인 신부와 일본인 수도사 "비에이라" 전도사 4인으로 합이 10인이었다. 목적은 제1그룹과 같이 "훼레이라"(Ferreira)의 회개를 권하는 것이었으나 이루어지지 못한다고 하여도 저들은 배교의 죗값을 자기들의 피로 갚기 위하여 온 것이었다.

머리를 반달형으로(月代) 깎고 일본인 모양을 하려 하였으나 눈길이와 코가 높아 보통이 아니었다. 따라서 관원에게 고발되어 체포하러 오자 배에 돛을 달고 도망하려 하였으나 뒤쫓아오는 관원에게 체포되어 "나가사키"(長崎)로 그곳에서 다시 "에도"(江戸)로 송치되었다. 이때 호송은 배교한 "훼레이라"(沢野忠庵)였다.

"덴바쪼"(伝馬町)의 감옥에 투옥되었다가 "이노우에 마사시게"(井上政重)의 교묘한 유혹에 모두 배교자가 되었다. 그들은 일본인 처를 얻어 "마루게스"는 15년간을, "비에이라"는 38년간을, "캬라"는 42년간을 키리시탄 가옥에서 살았다. 그러나 돌이킨 "아론조 아로요"는 감옥에 수용되어 그곳에서 세상을 마쳤다.

제1그룹은 전원 순교하였으나 제2그룹은 반대로 전원 배교하였다고 기록되어 있다.

日本 キリシタン殉教史(片岡弥吉) = 308-309 (루비노), (長崎實錄大成, 崎陽雜記)
日本キリスト教史(五野井隆史) = 228-231 (루비노)
日本キリスト教史(海老沢有道) = 99 (루비노)

## * 최후의 잠입 선교사 “시돗치”(Giovanni. Battista. Sidotti) 신부

심한 박해로 많은 신도는 죽임을 당하고, 신부들도 죽임을 당하거나 추방을 당하였음에도 불구하고 많은 신부가 비밀리에 일본에 들어와서 신도들을 격려하고자 하였다. 그러나 일본의 경계가 심함으로 즉시 체포되어 순교를 당하곤 하였다. 그러므로 1640년 이후로는 일본 국내에는 한 사람의 신부도 없었다.

그이후 55년이 지난 후 1708년 10월에 한 사람의 신부 “시돗치”(Giovanni. Battista. Sidotti)가 “카고시마 겐”(鹿兒島県)의 “야구시마”(屋久島) 해안에 일본 기모노(옷)를 입고, 칼을 차고, 가발을 쓰고 일본 무사의 모습으로 변장하여 상륙하였다. 섬사람들은 신부를 발견하고 보니 일본 옷은 입었으나 코가 크고, 푸른 눈동자, 붉은 머리카락으로 바로 일본사람이 아닌 것을 발견하고 관가에 고발함으로 “사쯔마”(薩摩) 영의 관원에게 체포되어 “나가사키”(長崎)로 이송되었다. 그곳에서 취조하려 하였으나 50년 가까이 신부를 취조한 경험이 없는 관원들은 키리시탄과 신부에 관하여 아무것도 모르므로 1년간 감옥에 감금하였다가 할 수 없이 “에도”(江戸)로 보내어 취조하기로 하였다.

“에도”(江戸)로 이송된 “시돗치” 신부는 “고이시가와”(小石川)의 [키리시탄 가옥(감옥)]에 감금되었다. “에도”(江戸)에서 대학자로 평판이 높은 “아라이 하쿠세키”(新井白石)가 “시돗치” 신부를 취조하도록 명하였다. 3회에 걸쳐 취조한 “하쿠세키”(白石)는 신부에게서 많은 것을 들을 수가 있었다. 즉 지구는 육지와 바다로 갈려있고 둥글다는 것, 육지에는 "이탈리아", "에스파니아", "포르투갈", "오란다", "이기리스" 등의 많은 나라가 있다는 것과 "아라비아"에는 훌륭한 말들이 있다는 것과 또 성경에 120년에 걸쳐 제조한 노아의 방주를 만들고 큰 홍수로부터 구원받은 것, 모세가 십계명을 받은 것과 모세로부터 1800년 후에 성모 마리아는 천사의 계시로 잉태하여 예수 그리스도가 탄생하였다는 것과 예수 그리스도는 33세에 십자가에 달려 돌아가셨다는 것, 장사한 지 3일만에 부활, 승천하셨다는 것 등 희귀한 많은 이야기를 들을 수 있었다.

취조를 마친 "하쿠세키"(白石)는 신부에게서 들은 것을 빠짐없이 기록하여 유명한 "세이요기붕"(西洋紀聞)과 "사이랑이겐"(采覽異言)을 남겼다. 신부는 [내가 일본에 온 것은 일본인에게 참된 종교인 그리스도교를 가르쳐 영원한 행복을 얻게 하려 함이라]라고 신부는 정성을 모아 "하쿠세키"(白石)에게 고하였다. "하쿠세키"(白石)는 신부님의 심정을 이해할 수 있었다. 따라서 다른 이들이 말하는 키리시탄은 일본을 침략하기 위하여 왔다는 것은 거짓이고 신부님은 훌륭한 분이라고 기록하였다. "하쿠세키"(白石)는 선교사 "시돗치"의 인격에 깊은 감화를 받아 막부에 보고하기를 [시돗치를 처벌하지 말고, "마닐라"에 추방하도록 하는 것이 제일 좋은 것이나 지금은 쇄국시대라 할 수 없으니 그냥 일본에 거주하도록 하심이 좋겠다.]라고 진언하였다.

그 5년후에 비극이 일어났다. 신부 주변에서 시중들던 "나가스게"(長助)와 "하루" 노부부에게 세례를 베푼 것이 발각되어 노부부는 순교당하고, 신부도 빈 우물안에 들여보내는 특수감옥에 가두어서 인간세계와는 완전히 단절되고 빛도 보지 못하는 우물 속에서 최후를 맞이하였다. 이것이 일본에서 선교한 최후의 선교사가 되었다.

人物中心の日本カトリック史(池田敏雄) = 111-117 (시돗치)
奇会 新井新石とシドティ(桓花秀武) = 230-233 (시돗치)
日本 キリシタン物語(田中 將) = 154-156 (시돗치)
日本キリスト教宣教史(中村 敏) = 95 (시돗치)
日本キリスト教史(五野井隆史) = 230-231 (시돗치)
日本基督教史 (比屋根安定) = 243-245 (시돗치)
日本 キリシタン物語(片岡弥吉) = 158-162 (시돗치)
日本の教会の歴史(結城了悟) = 114-115 (시돗치)

# 제 10 장
# 기적의 부활

## 1. 잠복시대의 "쿠즈레"(崩壞)

잠복 키리시탄의 일망타진식 대규모 적발과 처분을 "쿠즈레"(崩れ)라고 하였다.

1) "코리무라 쿠즈레"(郡村崩れ)는 1657년에 "오무라"(大村)령인 "코리무라(郡村)"에서 일어났다. 잠복 키리시탄 608명이 검거되어 그 중 참수 411명, 옥중병사 78명, 종신형 20명, 사면 99명이었다.
2) "분고 쿠즈레"(豊後 崩れ)는 1660년에 분고국(豊後國 大分郡 玖珠郡)에서 220명이 검거되어 그 중 사형 57명, 옥중병사 59명, 사면 65명 등이었다.

3) "오노 쿠즈레"(尾濃 崩れ)는 1661년에 미노국(美濃國 可児郡)에서 24명, 1665년에 207명, 1667년에 756명, 1669년에 33명이 참수되었다.

4) "아마구사 쿠즈레"(天草 崩れ)는 1805년에 520명이 검거되어 처벌되었다.

5) "우라카미 쿠즈레"(浦上 崩れ)는 1차 "쿠즈레"(崩れ) 1790년, 2차 "쿠즈레"(崩れ) 1842년, 3차 "쿠즈레"(崩れ) 1856년이었다.

## 2. 키리시탄의 부활과 재탄압

### 1) 키리시탄의 부활

"도쿠가와"(德川) 막부의 키리시탄 금제는 국시로서 엄한 정책을 시행하여 막부 말까지 이어갔다. 그러나 1853년 미국의 페루 제독의 내항으로 쇄국정책은 막을 내리고 미국과 조약을 체결하여 "나가사키"(長崎), 요꼬하마(横浜) 등 5개 항을 개항하게 되었고, 따라서 외국인 거주지에는 신교의 자유가 보장되었다.

일본에 가톨릭 교회의 포교가 재개된 것은 1858년에 일불수교통상조약(日仏修交通商條約)이 체결되면서 제4조 [일본에 거주하는 불란서인들은 자국의 종교를 자유로이 신봉할 수 있으며 그 거류지에 교회를 건설함을 금하지 않는다.]에 의하여 시작되었다.

1864년에 "나가사키"(長崎)에 파견된 "푸티쟌"(B, T Petitjean, 829-1884) 신부가 "나가사키"(長崎)에 26 성인 기념 "오우라" 천주교회당(大浦天主堂)을 건설하여 1865년 2월에 헌당식을 거행하였고, 다음 3월에 참관자를 위장하여 "우라카미"(浦上)의 남녀 십여 명이 은밀하게 찾아와서 조상에게서 계승된 신앙고백을 하고 성모 마리아상 앞에 무릎을 꿇었다. 이와 같이되어 잠복 키리시탄이 처음 발견되었다.

"오우라" 천주교회당

그때의 대화 내용은 [여기에 있는 우리는 모두 당신과 같은 신앙인들입니다.] [참인가요? 어디서 오신 분들인가요?] [우리들은 모두 "우라카미"(浦上)에서 왔습니다. "우라카미"에는 모든 사람이 우리와 같은 신앙을 가지고 있습니다.]라고 하고 나서 [산타 마리아상은 어디에 있습니까?]라고 물었다. 이에 선교사는 의심 없이 옛날 키리시탄의 후예라는 것으로 확신하고 마리아상 앞으로 인도하였다. 이것이 키리시탄의 부활이었다. 이것이 계기가 되어 연쇄반응이 일어나 "우라카미"(浦上)에 이어 "고토시마"(五島)에도 파급되어 잠복 키리시탄들의 신앙을 이어간 이들이 나타나 신앙을 고백하는 수가 늘어났다.

250여 년간 심한 탄압 속에서 목숨을 걸고 숨어서 조상의 전통신앙을 전승하여 온 키리시탄의 후예들이 나타남은 기적의 부활로 모두 놀라워했다. 계속 신도들이 나타났다. 그 후에 선교사들은 은밀히 "우라카미" (浦上)를 방문하여 신자들의 신앙교육을 시행하여 4곳에 비밀교회도 세워졌다.

### 2) 재탄압 "우라카미"(浦上) 4차 "쿠즈레"(崩れ) 붕괴

"오우라"(大浦)에 천주교 성당이 세워지고, 신부들의 지도를 받을 수 있게 되는 등 금교령은 해금이 되는 것으로 여겨질 때인 1867년에 일어난 탄압(4차 崩れ)은 탄압 중에서 가장 심하고 최후의 것이었다. 그 원인은 아직 금제하에 있었으나 2백 수십 년 동안의 긴 세월 불교를 빙자하여 온 키리시탄들은 잠복을 계속하고 있었는데 "오우라"(大浦) 천 주교회당(天主教會堂)이 건설되어, 신부들의 지도를 받을 수 있게 되고, 성화밟기(踏繪)는 벌써 8년 전에 폐지되었음으로 키리시탄으로서의 입장을 분명히 할 때가 왔다고 생각하였다. 따라서 선교사들을 대면하여 그 지도를 받게 된 신자들은 불교의 장례의식을 거부하는 데서 최후의 박해가 시작되었다.

#### (1) 비참한 유배를 여행(旅, 다비)이라고 여기는 신자들

구체적인 원인은 자장사건(自葬事件)이었다. 지금까지 장례식은 실제로 키리시탄이면서도 표면적으로는 불교인 것같이 행세하여 장례식에는 의례히 "쇼도구지"(聖德寺) 절의 승려를 통하여 하도록 되어 있었다. 그러나 1867년 4월 5일에 "모토하루쿄"(本原鄕)의 "모끼지"(茂吉)란 이가 세상을 떠나니 친척들이 선교사를 찾아가 조언을 듣기로 하고 촌장(村長)이나 소속된 "쇼도구지"(聖德寺)의 승려를 불러왔으나 마중 나간 이가 도중에 승려에게 억지로 시비를 걸어 그 승려로 하여금 화를 내게 하여 돌아가도록 하였다. 이것을 다행으로 알고 자체적으로 장례를 치렀다. 그리고 4월 6일에는 "히사구라"(久藏)가 세상을 떠났을 때는 절에 알리지도 않고 자체적으로 장례를 치렀다. 이것을 알게 된 "쇼도구지"(聖德寺)에서 "우라카미"(浦上) 관가에 고발하여 시끄러워졌다.

이런 와중에 또 4월 14일에는 "모토하루쿄"(本原卿)의 "마에가와우지 산바지"(前川內三八)의 모친인 "다가"가 세상을 떠났다. 이것을 안 관가는 미리 "쇼도구지"(聖德寺)의 승려를 데리고 왔으나 가족들이 승낙하지 않고 거절하였다. 이에 관원은 지금의 승려가 마음에 들지 않으면 다른 승려를 모시겠다고 하였으나 가족들은 [어떠한 분이든 승려는 필요 없습니다. 이제는 사찰과는 관계를 끊겠습니다.]라고 하였다. 여기에 따라서 "우라카미"(浦上) 신도들은 [지금으로부터는 절의 신세를 지지 않겠습니다.]라고 관가에 신고하였다. 이것이 계기가 되어 그 후에도 계속 키리시탄들의 장례는 스스로 치르니 나중에 촌장과 불승들에게 알려졌다. 따라서 촌장은 "쇼도구지"(聖德寺)와 관계를 단절하기를 원하는 촌민들은 신고하라고 하였다. 여기에 "모토하루쿄"(本原鄉)에서 400호, "가노쿄"(家野鄉)에서 100호, "나가노쿄"(中野鄉)에서 200호 등으로 부락민 거의 전부인 700호 이상의 가정이 명부를 작성하였다.

그들은 제출서류에서 자기들은 천주교 외에서는 내세의 구원이 없으니 천주교회의 교훈이 조상 전래의 교훈과 일치하니 국법을 어기고 엄벌을 받는 한이 있어도 감수한다는 것이었다. 따라서 이후로는 "단나데라"(檀那寺)"의 지도는 필요 없다고 하였다. 즉 "단나데라"(檀那寺)와 관계를 거절한다는 것은 "데리우게제도"(寺請制度)를 거절함이 되었다. 이로 인한 대검거와 처벌을 제4차의 "쿠즈레"(崩)라고 한다.

이때 장례에 승려를 부르지 않고 장례를 치른 주민을 모두 검거하여 두 평 남짓한 방에 33명을 가두어 괴롭게 함에도 신앙을 굽히지 않았으나 역시 육체는 약하여 굴복하는 이가 늘어났다. 집으로 돌아오는 식구들을 맞은 가족들은 슬퍼하며 눈물을 흘리며 [하나님을 배반한 사람은 집으로 들어오지 마라.]라고 하면서 남편들을 집에서 내어쫓아 버린 부인들도 있었다. 지도자격인 "센우에몬"(仙右衛門)이 가족들을 설득하여 집으로 돌아오도록 하고 모두 상담하여 굴복한 것을 취소하기로 결의하였다.

이에 놀란 관가는 그런 짓을 하면 죽임을 당할 것이라고 하니, [신앙을 버리고 마음속으로 괴로워하는 것보다 어떠한 고통이 와도 달게 받겠습니다. 죽임을 당하는 것을 이미 각오하였습니다. 들어주시지 않으면 상관에게 상고하겠습니다.]라고 하니 관원은 순교하기로 결심한 신도들을 할 수 없이 상관에게 알려 처리하도록 하였다. 검거한 신도들을 처벌하기 위하여 옥에 가두었으나 이때 국내에 있던 각국 외교관들의 항의가 빗발쳤다. 즉 종교로 인한 문제로 죄인 아닌 백성을 옥에 가두는 것은 인도주의에 벗어난다고 항의하였다. 따라서 이 문제는 큰 외교 문제가 되었다.

이 문제를 마무리 짓기 전에 막부는 무너지고 명치(明治)의 신정부가 들어서므로 신정부에 이관하게 되었다. 막부의 단속기관인 "나가사키호교"(長崎奉行)는 물러나고, 1868년 2월 18일에 대신 새 정부의 관원으로 "사와 노부요시"(沢宣嘉)를 "나가사키"(長崎)와 "큐슈"(九州) 지방의 총독으로 세워 단속하도록 하였다. 그는 키리시탄에 대하여 심한 오해를 하고 있었다. 즉 옛날 "시마바라"(島原)의 난이 일어난 것을 키리시탄들이 일본을 점령하기 위하여 일으킨 것으로 여기고 그대로 두면 언제 또 난을 일으킬 지 모르니 키리시탄들 모두를 사방으로 흩어야 한다는 처분안을 중앙정부에 건의하였다. "메이지덴노"(明治天皇)를 중심으로 "산조사네도미"(三條実美), "기도다가요시"(木戸孝允), "이노우에가오루"(井 上馨), "오구마 시게노부"(大隅重信) 등이 모여 어전회의를 열어 "사와 노부요시"(沢宣嘉)의 처분안을 중심으로 협의한 결과 "우라카미"(浦上)의 키리시탄들을 모두 일본 각지에 유배하기로 결의하였다.

日本 キリシタン殉教史(片岡弥吉) = 355-382 (1, 2, 3 次崩れ)
日本キリスト教史(海老名友道) = 157-160 (신자 발견)
長崎のキリシタン(片岡弥吉) = 90-107(신자 발견)
日本 キリシタン殉教史(片岡弥吉) = 396-399 (부활)
日本キリスト教史(五野井隆史) = 252-254 (4차 원인) : 257-260 (어전회의)
日本キリシタン物語(田中 将) = 167-168 (유배지)
日本キリシタン物語(片岡弥吉) = 189-199 (4차. 쯔루)
長崎のキリシタン(片岡弥吉) = 142-153 (4차. 쯔루)
日本キリスト教總覽(片岡千鶴子) = 132-133 (4차. 여행)
日本 キリシタン殉教史(片岡弥吉) = 399-403 (장례)

### (2) 명치정부(明治政府)의 신도국교화정책(神道國敎化政策)

메이지(明治) 새 정부에 의한 극단적인 신도국교화정책은 "우라카미"(浦上) 키리시탄 문제가 장기화되어 국제적으로 확대되는 것을 방지하기 위하여 정부는 천황을 중심으로 하는 국가체제의 확립을 위하여 신불판연령(神佛判然令)을 발령하여 신도(神道)를 가지고 국민 교화의 지주로 삼고자 하였다. 이것은 신불분리에서 점차적으로 배불훼석(排佛毁釋)으로 불교세력을 말소하고자 함이었다.

그러나 정부는 의기소침하여진 불교세력의 교화능력에 기대가 컸다. 특히 배아운동(排耶運動)을 일찍 벌려온 터라 "우라카미"(浦上)의 키리시탄 교화를 위하여 정부의 협력을 신청하고, 또 북해도 개척에 협력하고 있는 "홍간지"(本願寺)의 세력을 활용하기로 결정하였다. 따라서 정부는 점차로 신관(神官)과 관념적인 "히라다"(平田) 국학자 등 "신기관료"(神祇官僚)를 배제하고, 명치 4년에는 신기관(神祇官)을 폐하고 신기성(神祇省)으로 격하하고, 다시 다음 해에는 이것도 폐지하고 교부성(教部省)으로 하여 불교세력을 동원하여 강력한 선교체재를 확립하고자 하였다. 신정부가 당초 지향하였던 신도국교화정책은 크게 후퇴하고 "신기성"(神祇省)을 폐지함으로 선교사(宣教使=神道 傳道者)드 폐하고 새로이 교도직 14급을 신설하고 신도의 신관과 불교의 승려의 유력자가 동등하게 임명되었다.

이에 따라 불교의 사회적인 지위가 회복되어 승려가 재차 정부기관의 일익을 담당하게 되었다. 따라서 불교각파가 단결하여 "대소교원설립원서"(大小教院 設立願書)를 교부성(教部省)에 제출하고 신불합동(神佛合同)에 의한 대교(大教)의 선포와 교도직강학(教導職講學)을 위하여 일어난 것은 불교 각파 스스로가 이것을 계기로 지위향상을 노린 것이었다.

교도(教導)의 기준은 삼조의 교칙(三條의 教則) 즉 경신애국(敬神愛國), 천리인도(天理人道), 황상봉대(皇上奉戴), 조지준수(朝旨遵守)로서 불교세력이 사민교화(四民教化)를 위하여 정부에 이용당한 것을 알 수 있다. 불교세력이 여기에 참예하게 된 것은 배불훼석(廢佛毁釋)에 대항하기 위하여 국체론 "이데올로기"를 적극적으로 받아들임과 동시에 키리시탄을 방지하고 민중교화에 자주적으로 참여하는 국가적 과제에 대응한 것이 정부에 의하여 잘 평가되었기 때문이다.

원래 불교에서의 야교탐색(耶教探索)은 오래전부터 시작하였다. 구도자로 위장하여 잠입하여 "나가사키"(長崎)에 내려가 교리연구를 빙자하여 탐색하고 있었다. 따라서 신도의 역할은 천황의 권위옹호에 한한다고 하지만 신도가 우위에 있는 것은 변함없고 불교는 신도선포의 일개 조직으로 이용당함에 불과하였다.

정부에서도 키리시탄 선교사와 신도들을 탐색하기 위하여 첩자를 보내어 탐색하기도 하였다. 신정부는 신도국가주의(神道國家主義) 정치방침에 따라 신도국교화정책(神道國教化政策)을 추진함으로 키리시탄은 용납되지 않았고, 따라서 검거된 "우라카미"(浦上)의 키리시탄들은 모두가 "카고시마"(鹿児島), "히로시마"(広島), "와카야마"(和歌山), "카나자와"(金沢), "후구야마"(福山), "히메지"(姫路), "하기"(萩), "마쓰에"(松江), "도쿠시마"(德島), "마쓰야마"(松山), "고지"(高知), "코리야마"(郡山), "우에노"(上野), "니혼기"(二本木), "나고야"(名古屋), "도미야마"(富山) 등 21영에 차례로 유배를 당하였다. 따라서 "우라카미"(浦上)에는 주민이 없는 무인촌이 되었다.

### (3) 비참한 유배자 "우라카미"(浦上) 신도들

유배를 여행(旅)이라고 하여 일절 저항하지 않고, 다만 신앙을 지킴으로 유배를 당하였다. 유배지에서도 조상들이 당한 박해가 기다리고 있었다. 모든 유배지에서도 배교를 강요하여 설득을 거듭하였고 사이사이 고문도 서슴지 않았다. 유배지(즈와노, 津和野, 島根県)에서의 고문은 계속되었다. "모리야마 신사브로"(守山 甚三郎)의 수기에서 다음과 같은 내용을 읽을 수 있었다.

11월 26일 아침 6시에 "센우에몬"(仙右衛門)과 저는 취조를 받기위하여 불려 나갔다. 약 30일 동안 눈이 내려 지상에는 2-3척의 눈이 쌓여 있었다. 취조실 옆에 큰 못이 있어 얼음이 얼어 있었고, 그 못 가에 물통 둘에 물을 길어 채우고 자루가 긴 국자를 준비하여 놓았다. 취조하는 무사 3인과 경비하는 무사 5인이 속옷을 걷어 올리고 어깨띠를 띠고는 우리를 끌어내었다. 옷을 다 벗기고 벌거벗은 몸으로 못 가로 끌어오고는 [자, 들어가라.]라고 함과 동시에 밀어붙여 못으로 밀어 넣었다. 동시에 얼음은 깨지고 발이 닿지 않아서 이리저리 헤엄쳐 돌다가 중앙에 발이 닿는 곳이 있어 머물러 서서 하늘을 우러러보며 산타 마리아에게 부탁하여 예수님이 살려주실 것을 기도하였다. 그때 관원이 ["센우에몬"(仙右衛門)과 "신사부로"(甚三郎)에게 하나님이 보이는가? 자, 어떠냐?]라고 비웃었다. 그리고 우리의 머리 위에 계속 물을 끼얹어 숨을 쉴 수가 없었다. 몸은 춥고 얼어 이빨은 부들부들 떨렸다. 이때 "센우에몬"(仙右衛門)은 나에게 말했다. ["신사부로"(甚三郎) 각오는 되었지? 나는 눈이 보이지 않는구나. 세계가 빙빙 도는 듯하다. 부디 나에게 신경을 써 주기 바란다.] 숨이 끊어질 듯 되었을 때 관원이 빨리 올라오라고 소리 질렀다. 하인도 빨리 올라오라고 소리 질렀다. [지금은 올라갈 힘이 없습니다.]라고 하니 대나무 끝에 갈고리를 매어 우리의 더리채를 감아 끌어 올렸다. 그리고는 장작불을 피워 놓고 두 사람이 우리를 들쳐데고 불가로 이끌어 불을 쬐므로 정신을 차리게 하였다. 그때의 고통은 이루 말을 다할 수 없었다.

(4) "우마고야"(馬小屋) 수용소와 "사다" 부인과 아이들

"모도하루쿄"(本原鄕)에 "오도고로"(音五郎, 34세)와 아내 "사다"(30세)와 장녀 "오요비시가"(12세), 차녀 "도세"(9세), 삼녀 "모즈"(3세), 4녀 "나가"(2세)의 일가족은 "기슈와가애마"(紀州和歌山)에 유배 당하였다. 이때에 두 조로 나누어 시행하였다. 먼저 호주(戶主, 남자)조와 가족(家族, 여자)조로 나누어 남편(戶主, 남자)조는 먼저 집을 떠났고 남은 식구 가족(家族, 여자)조는 다음날 떠나 "니시야시키"(西屋敷)에 모여 뱃길로 10여 일 후에 유배지인 "기슈 와가야마"(紀州和歌山)의 한 절에 배치되었고, 40일 후에 "이와자기"(岩崎)의 한 절에서 처음으로 남편을 만났으나 20일 후에는 또 이별해야만 했다. 남자들은 딴 곳으로 떠났고 여자들은 어린아이들을 수용하는 곳으로 보내졌는데 그곳은 바로 "우마고야"(馬小屋) 수용소였다.

그리고 뒤따라 보내진 그룹에는 "데라나까마"(寺仲間)가 있었다. 즉 일부 신도 중에는 자기들은 키리시탄이 아니고 불교도라고 주장하여 유배형을 면하려고 하였다. 그러나 결국은 불가능하게 되었다. 정부는 가령 표면적으로 신앙을 버리고 개심을 하였다고 하여도 일단은 신도의 명부에 기재되어 있는 한 어디까지나 이들을 신도로 간주하여 처분하려고 하였다. 개심자 중에는 부유층으로 신앙이 별로 강하지 못한 자들은 키리시탄이 아니라는 것을 몸으로 표현하기 위하여 바로 "세이도구지"(聖德寺)로 달려가 목탁이 깨어지도록 힘있게 두들길 뿐 아니라 밤낮을 열심히 "나무아미타불"을 힘차게 불러 대었다.

그러나 정부는 그들을 취조하여 키리시탄이 틀림없다고 인정하여 가족조인 부녀들이 떠난 후에 이들을 "기슈"(紀州) 령과 "오슈"(尾州)

령으로 보내졌다. 그 유배지에서 그들은 "데라나까마"(寺仲間)라고 멸시를 당하였다.

유배자들을 수용한 "우마고야"(馬小屋) 수용소란 들보가 33간인 큰 연립주택으로 안은 습하며 땅바닥에 통나무를 놓고 그 위에 판자를 깔고 거적 한 장씩이고, 창은 높은 격자로 햇빛을 볼 수 없을 정도로 높았다. 방은 셋으로 나누어 양편에 남녀를 구분하고, 사이를 비워 서로 통화를 할 수 없도록 하였다. 상호 왕래하는 것이 발각되면 손가락이 부러지도록 매질을 하였다.

수용소에 들어가기 전에 벗은 몸으로 수색을 하여 종교서적이나 기타 키리시탄에 관계되는 것은 모두 몰수당하였다. 방안에는 모기장도 없고, 등잔도 없고, 이불도 없었다. 단지 입은 옷만으로 더운 여름이나 추운 겨울을 살아가야만 하였다. 식사는 하루에 알랑미 2홉 5작으로 부식으로는 매실 한 개였다. 2홉 5작의 식량도 전량이 아니라 취사하는 이들의 먹고 남은 것이어서 소량으로 밥이 아니고 죽이었다.

하루 종일 심문당하는 것도 아니고 고문을 당하는 것도 아닌데 밤이나 낮이나 어두컴컴한 방에 있으니 배가 고파 먹을것만 생각하여 날로 쇠약하여 피골이 상접하게 되었다. 또 밖에서 뛰놀던 아이들도 방에서 운동을 못하니 다리가 움직이지 못하게 되었다. 식사가 부실하므로 병에 걸리고, 10일이나 20일이나 물을 주지 않으니 목이 타들어가는 고통을 당하였다. 따라서 병자들은 [물! 물!] 하다가 소변이라도 마시게 해달라고 아우성치면서 죽어갔다. 이 "사다" 일가는 그 많은 고통에도 끝까지 신앙을 지키고, "메이지"(明治) 6년 4월 7일 금령이 해제됨으로 고향으로 돌아올 수 있었다.

日本 キリスト教史 = 五野井隆史 = 255-257 (유신정부와 신도)

: 261-262 (신도국교화)

日本キリスト教史 = 海老名有道 =161-166 (금교이유)

長崎のキリシタン(片岡弥吉) = 142-153 (4차)

日本キリシタン物語(片岡弥吉) = 189-193 (旅. 4차) : 193-199 (쯔루)

日本キリシタン殉教史(片岡弥吉) = 456-458 (馬小屋, 사다)

和歌山。名古屋にながされた浦上キリシタン(三俣俊二) = 11-18 (유배지 여로)

## * 순교를 각오한 처녀 "쯔루"

오구마시게노부(大隅重信의 글에서 [쯔루, 묘령의 처녀의 신앙])

"모토하루쿄"(本原鄕)에서 "하기"(萩)에 유배당한 신도 중에 22세의 "쯔루"라는 처녀 신도가 있었다. 그녀는 "야마구치"(山口)의 "하기"(萩)라는 곳에 보내어 옥에 들어갔다. 이곳에는 "세즈유죠"(說諭場)가 있어서 신도주의(神道主義)교육을 하였다. 그리고 키리시탄을 버리라고 다그쳤다.

"쯔루"는 18일간 매일같이 관원에게 불려 나가 [키리시탄을 버리라.]라고 다그침을 당했다. 여자의 몸이지만 분명하게 [나는 신앙을 버릴 수가 없습니다.]라고 대답했다. 관원은 [네년은 알 수 없는 년이다. 풀이나 먹고 살아라.]라고 하면 "쯔루"는 [나는 짐승이 아닙니다. 풀을 먹지 않습니다.]라고 대답했다. [네년은 일본인이 아니다. 일본 옷을 벗어라.]고 하면 [이것은 내가 지은 옷입니다. 벗을 수 없습니다.]라고 답하고 [네년은 중국으로 날아가라. 일본에는 살 수 없다.]라고 하면 [중국이든 어디든 보내주십시오. 나는 새가 아니니 날아갈 수가 없습니다.]라고 답하였다.

여기에 화가 난 관원은 일주일간 식사를 주지 않았다. "쯔루"는 열심히 기도하였다. 일주일 후에 관원이 아닌 신관(神官)에게 불려 나갔다. 신관은 [이제 배고픔을 알겠는가?]라고 하면 [먹지 않으면 누구나 배고픔을 알 수 있습니다. 당신은 신관으로서 사람을 구하여야 함에도 사람을 괴롭히는 것은 어찌 된 것입니까?]라고 하였다. [그러지 말라.

이제부터는 밥을 먹게 하여 주마.]라고 하고 일주일 후에 다시 "쯔루"를 불러내어 [이제 밥을 먹게 되었으니 천황폐하(天皇陛下)의 자비를 알겠는가?]라고 하니 [밥을 먹든지 아니 먹든지 천황폐하의 자비는 알고 있습니다.] 라고 대답하고 [그러면 키리시탄을 버리고 일본 신을 섬기라.] 라고 하니 [다른 일은 무엇이나 천황폐하(天皇陛下)에게 순종하겠으나 신앙만은 천주님(하나님)만 섬기렵니다.]라고 대답했다.

다음 날 아침 추운 겨울날임에도 속치마차림의 벗은 몸으로 뜰로 데리고 나가 바위 위에 앉히고 밤이 깊어서야 방으로 돌려보냈다. 다음 날 아침에도 다시 바위 위에 앉히기를 매일매일 일주일을 계속하였다. 보다 못한 노인 수위가 눈물을 흘리면서 "쯔루"에게 다가가 [아가씨, 아직 젊은데 어디든지 가면 좋은 이를 만날 수 있으니 고집을 버리고 신관이 시키는 대로 하려무나.]하니 [저에게는 돈을 벌 수 있는 좋은 일도 없으려니와 혹 있다고 하여도 내 영혼 구원과는 바꿀 수 없습니다.]라고 하였다.

일주일 후에 큰 눈이 내렸다. 그 눈 속에 앉아야 했다. [오늘이야 말로 참으로 죽는구나!]라고 하면서 열심히 기도하였다. 추위에 입이 얼어서 열리지 않았다. [앗빠, 앗빠]를 외칠 뿐이었다. 옥중에서는 신도들이 "쯔루"를 위하여 열심히 기도하였다. 눈은 쌓여서 "쯔루"는 벗은 몸으로 눈 속에 파묻히게 되었다. 이때 두 사람의 관원이 나와서 하는 말이 [신앙을 버리라. 죽겠구나!]라고 해도 손을 저으면서 거부하며 일어서지 않았다.

저녁이 되어 다시 관원이 나와서 일어서지도 못하는 "쯔루"를 방으로 데리고 가서 화로 가에 앉히니 온몸이 부어올라 고통이 심하였다.

겨우 입이 열리게 되니 또다시 관원에게 불려 나갔다. [금년의 추위는 수년만이다. 일주일이나 벗은 몸으로 고생했으니 괴로웠을 것이다.]라고 하니 [고맙습니다. 괴로움은 말할 것도 없습니다.]라고 대답하니 [이제는 키리시탄을 버릴 것이지, 젊은 나이에 몸을 버리면 안 된다.]라고 하니 [아니요. 결코 키리시탄을 버릴 수 없습니다. 만일 제가 의식이 없어 몽롱하여 "예"라고 답한다고 하여도 그것은 본심이 아니므로 사전에 거절하여 둡니다.]라고 하였다.

이와 같이 "쯔루"는 끝까지 신앙을 지켰다. 다른 이들도 마찬가지로 심한 고통과 배고픔을 참고 견디며 신앙을 끝까지 지켰다. 이들이 가장 괴로웠던 것은 굶주림이었다고 한다. 즉 하루에 물근죽 한 종기로 물도 더 주지 않았으므로 [물! 물!]하면서 죽어가는 병자가 많았다고 한다. 이런 박해 속에서 664명이 순교를 당하였다. "메이지"(明治)의 새 정부가 들어서면서도 박해는 계속되었다. "우라가미"(浦上)에서 뿐 아니라 "고토"(五島)에서도, "히지가지마"(久賀島)에서도, 또 "즈가시마"(頭島)에서는 전 도민이 키리시탄이였으므로 250년 만의 감격의 부활 예배를 드리고 난 후 박해를 받아 전 섬이 무인도로 화했다.

日本キリシタン殉教史(片岡弥吉) = 465-468 (쯔루)
日本キリシタン物語(片岡弥吉) = 193-199 (쯔루)
長崎のキリシタン(片岡弥吉) = 152-153 (쯔루) : 154-185
(五島崩 "히지가시마"(久賀島) : 기타)
日本キリスト教總覽 (宮崎賢太郎) = 27 (五島)

## 3. 금교철폐와 신도의 활약

### 1) 개국과 키리시탄의 부활

"에도바쿠후"(江戶幕府)는 키리시탄 금교를 엄중히 시행하고 있었으나 역사를 다스리시는 하나님의 섭리는 모든 민족에게 복음을 전하여 구원하라는 사랑의 뜻은 착착 이루어져 갔다.

미국은 중국으로 가는 상선이 일본 근해에서 난파하는 경우가 많음으로 1853년 7월 8일 "휘루모아"(Fill more) 대통령의 교서를 소지하고 페리(Perry)가 기함 "사스게 한나"호와 호위함 3척을 거느리고 "우라가"(浦賀)로 들어왔다. 그 당당한 모습에 시민은 놀라워했다. 페리(Perry)는 신앙이 돈독하여 항해 중에도 매일 성경읽는 것을 거르지 않았고 일본개국을 위하여 목숨을 걸고 선교의 문호를 열 기회가 되는 것을 영광된 사명으로 알고 받아들였다. 그는 그 후에 지리학회의 강연에서 다음과 같이 말하였다.

> 나는 소년시절부터 배를 타는 선원에 불과하나, 이교도들의 어리석음을 깨우치고 하나님이 계시하신 진리의 지식을 그들에게 알리는 사명을 받고 있었다. 그것은 여기에 인류의 진보가 있고 장래에 있어서 유일한 희망의 안전한 기초가 된다는 것을 확신하였기 때문이다. 이민족을 그리스도교로 개종시키기 위하여 중요한 것 첫 번째는 우리가 무엇을 하여도 정직하게 함과 동시에 우리들의 거룩한 종교의 교훈에 일치하도록 하고, 그들의 신뢰와 존경을 받아야 한다.

여기에서 그의 일본 쇄국의 문을 두드리는 신앙과 사명감을 알 수 있다. 오래전에 일본선교를 뜻했던 "윌리암스"를 통역관으로, 또 일본 선교를 바라고 있던 침례교의 "고무르"도 동승하였다. 또 "페리"가 "우라가"(浦賀)에 입항한 3일 후는 7월 10일로 일요일이었다. 여기에 "페리"는 기함인 "사스게 한나"호의 장병을 모으고 함상에서 예배를 드렸다. 이때 시편 100편을 낭독한 후 일동은 찬송가를 힘차게 불렀다.

[일본 현행 찬미가 5장]

1. こよなくかしこし、わが主のみさかえ、

よろずのくにたみ、みまえにひれふせ

이 찬미 소리는 해안가까지 들렸다고 한다. 키리시탄 금제가 엄한 일본에서 들려진 첫 번째의 찬미소리가 되었다.

한편, 이날 일본은 국난도래(国難到来)라고 하여 "우에노"(上野)의 "강에이데라"(寛永寺)와 "시바"(芝)의 "마시가미 데라"(増上寺)에서 기도를 드렸다. 7월 14일 "페리"는 "구리하마"(久里浜)에서 대통령의 교서를 "우라가호교"(浦賀奉行)에게 전하고 일본 국내 사정을 잘 알고 있으므로 명년에 회답하기를 바라고 철수하였다.

다음해 1854년 2월에 "페리"는 기함 "포하탄" 이하 9척의 호위함을 거느리고 전번의 약속대로 "가나카와"(神奈川)에 들어와서 회답을 청하였다. 마침내 3월 31일에 미일화친조약(美日和親條約)을 체결하여 "시모다"(下田), "하고다데"(函館)의 개항과 연료와 식량의 공급과 표류선원의 구조, 영사주재 등을 인정하기에 이르렀다. 이것은 굳게 잠겨져 있던 쇄국정책이 무너지는 것이 되고 일본선교의 문이 활짝 열리는 계기가 되었다. 뿐만 아니라 일찍부터 일본과 협상을 원하던 영국, 러시아, 화란 나라들도 화친조약을 체결하여 "나가사키"(長崎) 개항을 정식으로 인정을 받게 되었다.

그 후 미일화친조약은 1855년 2월에 비준되고, 다음 해 8월에는 미국총영사 "하리스"가 "시모다"(下田)에 와서 "다마이즈미데라"(玉泉寺)에 총영사관을 개설하고 즉시 통상조약을 체결하기를 요구했다. 마침내 "하리스"의 노력이 결실되어 1858년 7월 29일에 미일통상조약이 체결되었다. "하리스"의 인격은 일본관원들에게서 [하리스는 공정하고 위엄이 있는 외교관]이라고 호평을 받았다. 그의 인격은 경건한 키리시탄 신앙에서 나왔다고 하겠다. 선교사 "윌리암스"는 그를 평하기를 [참으로 진실한 참 크리스천이었다. 그의 성공은 그의 기도의 응답이라는 사실이 잘 알려져 있다.]라고 하였다. 이뿐 아니라 "하리스"의 일기에서도 찾아볼 수 있다. 그는 주일에는 일체의 면접도 없고 거룩한 날이므로 엄숙하게 지켰다고 한다. 장군 알현의 전날이 주일이었으므로 그는 다음과 같은 일기를 적어놓았다.

> 대강절의 둘째 주일이다. "휴스갠시"의 보좌로 나는 기도서 제1과 전부를 들리도록 소리내어 읽었다. 집은 장지문으로 닫혀 있었으나 우리들의 소리는 집안에 가득 찼다. 실은 이것은 이 거리에서 영어 성경이 읽혀지고 미국 성공회의 예배가 처음으로 드려지는 것이 되었다. 나는 이 사실을 생각하며 만감이 넘침을 금할 수가 없었다. 230년 전에는 일본에 있어서 키리시탄의 어떠한 예배를 드리면 사형에 처하는 법령이 공

포되었었다. 이 법령은 아직 폐지되지는 않았지만 그러나 나는 용감하게 공공연히 일본법률이 이렇게 엄중하게 금하는 이 행위를 단행한 것이다. 지금이야말로 일본인들이 키리시탄에 대하여 잔학한 박해에 대하여 일격을 가한 것이 된 것이다. 그리고 이것은 하나님의 참된 축복이었다. 만일 내가 이번에 일본과의 교섭에 성공한다면 미국인이 일본에 있어서 자유로이 종교를 행하며 교회도 건설하는 권리를 대담하게 요구하기로 생각한다. 또 이는 십자가상의 그리스도상을 밟는 단속을 폐지하도록 요구하도록 하고 이것은 230년 전에 화란인이 비굴하게 한마디의 항의도 없이 바라보기만 한 것이다. 이런 성화 밟기는 "나가사키"(長崎)에 있었으나 만일 이것이 "시모다"(下田)에도 시행한다면 나는 일본인이 나의 청을 들어주지 않을 수 없도록 항의할 것이다. 만일 내가 키리시탄의 거룩한 교훈이 어찌하던지 한번 일본이 개방된다면 나는 이것을 자랑으로 여기며 행복으로 여길 것이다.

이와 같은 노력의 결과로 맺어진 조약 제8조는 다음과 같다.

일본에 거주하는 미국인들은 스스로 자국의 종교를 신봉할 수 있으며 예식과 예배당을 거주지에 세울 수 있으며 따라서 그 건물을 파괴할 수 없으며, 또한 일본의 신불이 예배를 방해할 수 없으며 신체, 불상을 훼손할 수 없다. 쌍방의 인민은 상호종교에 대한 쟁론을 할 수 없으며 일본 "나가사키"(長崎)의 관가의 "성화 밟기"(踏絵)는 이미 폐지한 바이다.

즉 상호의 신앙을 존중하는 취지로서 "하리스"의 염원이 여기에 이루어진 것이라 하겠다. 이 조문은 재일 미국인들에게 신앙의 자유가 보장된 것으로 일본인에 대한 전도는 허락된 것은 아니었다. 조인 후 처음 맞는 주일인 8월 1일에 "하리스"는 "시모다"(下田)에 입항하여 "포하단"호와 "미시시피"호의 두 함정의 장병을 모아 불상이 제거된 "다마이즈미데라"(玉泉寺)에서 예배를 드렸다. 종군 목사인 "웃드"는 그 때의 예배를 다음과 같이 전하고 있다.

> 그리스도교가 불(火)과 검(劍)으로 뿌리째 뽑혀진 이래, 처음으로 그리스도교의 예배를 드리기 위하여 우리 미국인들이 기묘하게도 우상의 절에 모였다. 그것은 대강절이래 최초의 개신교 예배이기도 하다. 성경을 읽고, 기도를 드리고, 설교를 한 다음 누구나 어려서부터 친숙하게 찬미하던 찬송가(일본현행 찬미 216장) 시온의 영광이 빛나는 아침을 찬미하였다. 이것은 일본에서의 낡아빠진 이교의 절간에서 흘러나오는 것은 묘한 감정이 만감하였다.

이 예배야말로 일본에서의 첫 공예배가 되었다. 이와 같이 하여 일본은 개국이 되고, 복음선교의 문이 열린 것이다. 이것은 일본기독교사에 길이 기념될만한 것이라 하겠다. 이런 때에 신앙, 식견, 인격이 뛰어난 "페리"와 "하리스"가 파견된 것은 일본에 대한 하나님의 큰 은총이라 하겠다.

### 2) 해금된 신도들의 활약

유배되었던 신도들이 돌아오게 된 것은 1873년(明治 6년) 2월 21

일에 금령이 해제됨에서였다. 일본 대사로서 유럽에 간 "이와쿠라도고미"(岩倉具視)가 신앙의 자유에 대한 박해에 대하여 세계 각국으로 부터 엄한 공격을 받아, 사절의 외교 목적을 달성하기 위하여는 국내의 키리시탄의 박해를 금할 필요가 있다고 호소함으로 금제가 풀렸다. 따라서 각처에 유배되었던 신도들은 고향으로 돌아와 공적으로 키리시탄으로서의 신앙생활을 시작하게 되었다. 이들의 인내와 희생으로 인하여 일본 국내에 귀한 신앙의 자유가 실현하게 되었다.

유배되었던 성도들은 4년 만에 고향에 돌아왔으나 완전히 황폐되어 있었다. 집들은 기울어졌고 전답은 돌짝밭으로 변해서 농민이 전답을 경작하려 하여도 농기구가 없어서 심지어 도자기 파편으로 전답을 갈아야 했고 말린 감자를 물에 타서 먹어야 하는 고난의 계속이었다. 겨우 가을이 되어 적은 수확은 얻었으나 설상가상으로 이질(赤痢)이 유행하여 "우라카미"(浦上)에서만 210명이 환자가 발성하였다. 약을 살 여유도 없는 비참한 이들에게 구원의 손길이 이어졌다. 먼저는 "오우라"(大浦) 천주교회당에 계시던 "도로"(De. Rotz. Marc. M) 신부는 "우라카미"(浦上)의 "이와나가(岩永)마기", "모리야마(守山)마즈", "가다오가(片岡)와이", "후가보리(深堀)와사"의 네 따님과 함께 매일같이 약 상자를 지니고 거리로 나가서 간호하였다. 이들의 헌신적인 활동으로 이질병으로는 8명만의 희생으로 끝마쳤다.

도로(De. Rotz. Marc. M)신부

또 이웃 도서지방에는 천연두(天然痘)가 유행하였다. 여기에도 5인은 출동하여 간호에 힘쓰므로 끝냈다. 이것이 계기가 되어 자선사업을 위한 수도원이 개설하게 되었다. 즉 1877년에 준 수도원인 십자회가 창립되었다. 더 나아가 각지에 수도원과 고아원이 개설되어 사회사업을 계속하게 되었다.

지금 "우라카미"(浦上)의 천주교회 뒷산에는 "흰 십자가 산"(白十字架山)이라고 불리우는 작은 산이 있다. 정상에 이르도록 흰 십자가가 연립되는 이 산은 유배의 기념으로 만들어진 유적이다. "우라카미"(浦上) 4차 붕괴를 마지막으로 키리시탄 박해는 막을 내렸다.

日本キリスト教百年史(海老沢 亮) = 31–33 (함상예배 찬미가 5장): 37–39 (玉泉寺 예배 찬미가 216)
日本基督教史(比屋根安定) = 259–264 (개항): 265–267 (기독교 조문 : 玉泉寺 예배 찬미가 216 예배)
日本キリスト教史(五野井隆史) = 246–249 (개국)
日本キリスト教總覽(宮崎賢太郎) = 27 (금교철폐)
日本キリシタン物語(田中 將) = 170–171 (고난과 봉사 十字架山)

### 3) 돌아오지 않는 숨은 키리시탄

이와 같이 신앙 자유의 문이 활짝 열렸음에도 아직 탄압이 계속되는 듯 그들 나름의 신앙생활을 계속하는 돌아오지 않는 숨은 키리시탄들이 있었다. 새로이 부임한 선교사들이 잠복 키리시탄들을 찾아가 교회로 돌아오기를 권하였으나 일부는 기뻐하며 돌아왔으나 일부는 새로운 가톨릭이 자기들의 신앙과는 다르다는 이유로 거절하고 전래의 신앙을 지키며 옛날의 잠복상태를 계속 유지하기를 원하였다.

[거부한 3가지의 이유]

첫째는 신앙상의 이유로 긴 세월 동안 전하여온 바른 교리는 잊어

버리고 그 지방에서의 토속적인 신앙이 혼합되어 일종의 토속적인 종교로 변화되어 있어서였다.

둘째는 지도자 문제로 "죠오가다"(帳方), "미즈가다"(水方)라는 직분은 동시에 부락의 유지이기도 하였다. 만일 교회로 들어오면 그 직분을 잃게 됨을 염려함이었다.

셋째는 긴 세월 동안 일반사회에서 소외되어 외부에 대한 강한 불신이라고도 하겠다.

거듭 되는 설득에도 움직이지 않았다.

잠복 키리시탄은 3계통으로 보아진다.

제1은 "나가자키"(長崎)와 "소토메"(外海)이고,

제2는 "히라도"(平戸) 와 "이키쯔키"(生月)이고,

제3은 "고토렛도"(五島列島)의 키리시탄들이었다.

돌아오지 않은 잠복 키리시탄은 종합적으로는 부락이 약 100곳이고, 인구는 약 3만 명 내외였다.

日本キリシタン物語(田中 將) = 174-175 (이유)
カクレキリシタン(宮崎賢太郎) = 282-283 (이유)

## 4. 새로운 활동과 부흥

1) 잠복 신도를 처음 발견한 "브치쟌"(Petijean) 신부는 다음 해인 1866년에 주교가 되고 박해를 받는 신도들을 찾아다니며 정신적인 지주가 되어 분주히 다니었다. 특히 "우라카미"(浦上)의 신도들이 해금으

로 귀향하니 포교에 힘썼다. 최초로 어린이들을 위하여 키리시탄 시대의 서적을 이용하여 키리시탄 용어로 교리와 기도문의 책을 발간하였고 일본교구도 두 개의 교구로 구분하였다. 북의 교구는 "오즈워흐"(P. M. Osouf)신부가 주교로, 남의 교구는 "브치쟌"(Petijean) 신부가 담당하였다. "오즈워흐" 신부는 "요꼬하마"(横浜)에, "브치쟌" 신부는 "오사카"(大阪)에 숙소를 정하였다. 남 교구의 보좌역으로 "로카인" 신부를 임명하여 "나가자키"(長崎)에 주둔케 하였다.

브치쟌(Petijean) 신부

2) 박해로 인하여 망명하였던 신학생들도 1872년에 돌아왔다. 그들은 우선 "요꼬하마"(横浜)와 "도오쿄"(東京)에서 또는 "나가사키"(長崎)에서 신학공부를 계속하였다. 그리고 마침내 1882년에 "후가보리"(深堀), "아리야스"(有安), "타가기"(高木) 3인이 최초의 교구사제가 되었다. "브치쟌" 신부가 55세로 1884년에 "나가사키"(長崎)에서 소천하고, 후임으로 "구잔" 신부가 1888년에 부임하였다. 이때에 전국적으로 대활약을 하여 대도시에는 어디에서든지 검은 옷을 입은 신부들이 방문하였다. "도오쿄"(東京)에는 "치구지"교회(築地教會)를 본부로 하여 그 외에도 4교회가 있었다. "하꼬다데"(函館)에서 "나고야"(名古屋)로 이어지는 북 교구는 14소교구로 분할되었고, 새로운 교회가 계속 설립되어갔다. 남 교구에서도 같이 부흥하였다. "나가사키"(長崎)에는 "페루" 신부, "마루만" 신부, "프아리에" 신부 등의 신부가, "아마쿠사"(天草)에는 "가르니에" 신부 그리고 "큐슈"(九州) 전토에는 "게라" 신부와 "후

가보리다즈에몬"(深堀達右衛門) 등이 활약으로 교회건설에 힘을 쏟았다. "라게" 신부는 특히 신약성서 번역을 완성하였다. "피리온" 신부는 용기있는 선교로 "쿄토"(京都)를 비롯하여 "즈"(津), "야마구치"(山口)와 같은 어려운 지방에 교회를 건설하는 길을 열어 "히토시마"(広島), "오카야마"(岡山), "마쓰야마"(松山)에도 황금시대를 열어나갔다.

3) 여자 수도회의 들어옴과 교육의 재흥

"우라카미"(浦上)의 키리시탄들이 아직 유배지에 있는 1872년에 "브치쟌"(Bernard T. Petijean) 사교의 초청으로 "산 모루"수도회의 수녀들이 "요꼬하마"(横濱)에 돌아와 2년 후인 1874년에 최초의 "후다바"(雙葉) 학원을 창설하였다. 또 같은 해에 "쇼화이유" 수도회의 수녀들은 "나가사키"(長崎)에 들어와 "미나미 야마데"(南山手)에 수도원을 건립하였고 그리고 1878년에는 "샤도루 산 바우로" 수도회가 들어와 "시라유리"(白百合)학원을 설립하였다. 이 수도회는 외국어를 가르쳤고 또 소학교도 개설하여 여자들의 교육에 힘썼다. 이것은 단순한 외국 수도회가 일본에 들어온 것만이 아니고 일본의 신자들로 하여금 새로운 수도회의 창립이 이루어 졌다.

1873년에는 "우라카미"(浦上)의 활동가의 딸로 태어나 가족과 함께 "오카야마"(岡山)의 "쯔루오카"(鶴岡) 섬의 유배지에서 돌아온 "이와나가(岩永)마기"는 "도로"(De Rotz, Marc, M) 신부의 지도로 "모도하라"(本原)에서 사회 복지사업과 유아교육을 시작하였다. 이 회는 "십자회"라 불리는 최초의 수도원이 되었다. 이를 본받아 "나가사키현"(長崎県)의 여러 곳에서도 작은 수도원이 시작되었고, 이러한 수도원을 "온나베야"(女部屋)라 불렸다. 이들은 그 지방교회의 귀한 역군으로 활동하였다.

수십 년에 "야마구치"(山口) 대주교의 지도로 "온나베야"(女部屋)를 합병하여 "세이 히시마이가이"(聖婢姉妹会)가 되었다. 현재의 "오-즈게노 마리아 수도회"다. 1889년에는 이 회가 동경에 "교세이 학원"(曉星學園)을 설립하였다. 초창기 가톨릭의 교육시설은 큰 발전을 하였다. 1887년에는 93교에 4천7백80명의 학생이 있었다. 그러나 "교이구죠구고"(教育勅語)가 발하여진 후에는 학교 수가 줄어 1909년에는 교육시설은 26개로 주는 등 가톨릭교육의 앞날은 점점 험하여졌다.

기타의 수도회에서도 교육에 열을 올려 1908년에는 예수회에서 "죠오지"(上智)대학 설립을 개시로, 같은 해인 1908년에는 "세이신가이"(聖心会)에서는 동경에 "세이신"(聖心)여자학원을 설립하였다. 그 외에도 "이와나가(岩永)마기"의 활약으로 시작된 가톨릭 사회복지사업은 "도로"(De Rotz, Marc, M) 신부의 지원으로 인쇄(석판인쇄), 건축(개간, 도로공사, 방파제 건축 등 토목공사), 사회 복지사업, 의학 (의료구호활동) 등에 전력하여 놀라운 업적을 남겼다.

남자 수도회도 차례로 들어와 교회생활에 동참하여 일본인 회원을 받아들여 교회가 일본화하는데 진일보하였다. 최초의 교구 사제인 "후가보리 다지우에몬"(深堀達右衛門)과 "아리야스히데노신"(有安 秀之進)이 "큐슈"(九州)에서의 선교활동에 열중하고 있는 동안 수도생활에의 최초의 지원자 "쯔지하시 야지다"(土橋 八千太)는 두 칼을 찬 채로 "예수회"의 수도원에 들어왔다.

1914년에는 "우라카미"(浦上)의 "다가다니 쇼야"(高谷庄屋)의 대지

위에 “우라카미”(浦上)천주교회가 세워졌다. 붉은 벽돌과 석조로 “로마네스쿠” 양식으로 천주교회당으로는 당시 동양 제일이었다. 세계 제1차 대전이 끝난 1919년에는 로마교황 “베네딕트” 15세가 4인의 사절을 파견하여 일본 정부와의 불편한 관계를 잘 조정하여 일본교회와 로마교회의 연결이 완전하여짐으로 큰 도움이 되었다.

그러나 1937년의 일중전쟁의 계속되므로 문부성(文部省)은 종교단체법으로 단속하였음으로 일본의 모든 외국인 신부들은 자주적으로 교구장직을 사면하였다. 로마교회에서도 인정하였다. 대신 일본은 식민지의 교회를 위하여 18인의 일본인을 사제로 임명하였다.

日本の教会の 歷史(結城了悟) = 126-127 (선교사 신학생 3인 사제 長崎, 天草의 선교사) : 134-135 (浦上교회)
日本キリスト教總覽 (森一弘) = 156-157 (도로 신부 공적) := 242-24 (明治의 가톨릭역사 : 신, 구교 선교방법 差)
日本キリスト教史(海老沢有道) = 121-122 = 교재. 교구 = 124 -125 (출판 교육)
日本キリシタン物語 (田中 將) = 170-174 (4인 봉사) : 172: (남북교구)
日本カトリック教会史(ヨハネス-ラウレス) = 195-196 (남북구) =198-202 (봉사 신학교) = 203-204 (교육)
日本キリスト教史(鵜沼裕子) = 65 (남북구)

# 일본 그리스도교회사

## 전편 일본가톨릭사(키리시탄사)

# 제 11 장
# 전쟁의 타격

## 1. 만주사변과 중일전쟁

1931년 만주사변이 일어남과 동시에 국가주의는 강력하게 일어나 그리스도교는 특히 군국주의자들에 의하여 점점 박해가 시작되었다. 이상의 상태는 중일전쟁의 일어남과 제2차 세계대전이 가까워 옴으로 더욱 악화되었다.

### 1) 중일전쟁과 가톨릭 사제에 대한 당국의 8개조의 질의서

① 사제들이 본 일본인 관은?

② 현하 중일전쟁에 대한 당신의 감상은?

③ 현 임지에 있어서의 가톨릭 신자의 수 및 포교에 대한 의견은?

④ 귀하가 사제로서 우리 일본인에 신앙 이외에 무엇을 희망하는가?

⑤ 일본에 거주하면서 즐거웠던 일과 불쾌하였던 일은?

⑥ 사제들이 임지에서 일본 관원 및 민중들에게서 어떠한 대우를 받고 있는가?

⑦ 가톨릭교가 560년 전 일본에서 키리시탄으로 박해를 받은 역사가 있는데 그것에 대하여 현재에도 다소 오해되어 있는 것으로 알고 있는데 그 점에 대한 생각은?

⑧ 가톨릭 사제로서 일본의 종교관은?

### 2) 사제들의 의견서

① 일본인 관은 먼저 장단점을 지적하는 외에 다른 길이 없으므로 장점으로는 친절과 근면이라고 하겠고 단점으로는 예컨대 종교적인 방면에서 그들은 대본과 도교에 맹신하는 매우 경솔한 감이 든다.

② 중일전쟁에 대하여는 자신은 약 10년 동안 거주하고 있으므로 다른 정보를 들을 수가 없고 다만 일본의 신문만을 접하므로 다른 정보는 접하지 못한다. 그러나 역사를 돌이켜보면 분명히 일본은 정의의 나라라는 것으로 알고 있다. 또 종교적으로 보아도 결코 일본은 다른 나라를 침략할 계획은 없고 다만, 부득이 전쟁을 일으킨 이상 끝까지 목적을 관철해야 한다고 하겠다. 우리는 어디까지나 평화를 바라나 일본의 태도는 반드시 필연적인 것이라고 하겠다.

③ 신앙 이외의 희망은 일본인은 최근 외국인에 대해 멸시의 태도를 하고 있지만 특히 중일전쟁 후의 지금은 그 감정이 더욱 심하다. 장래 국제상 유의하고 개혁할 것이라고 생각된다. 일본의 종교관은 가톨릭 사제인 우리는 신자들로부터 소위 신부로서 존경을 받고 있는데 반하여 일본종교의 승려들은 단순히 불상 앞에서 불공을 드리는 분으로서만 여기고 우리와 같이 존경심을 가지고 인정함을 받지 못하는 점이라 하겠다. 이점은 서로 다른 점으로 적어도 신도(神道)와 불교에 종사하는 분들은 그 본존과 더불어 일반으로부터 존경받게 하는 것이 더욱 중요하다고 여겨진다. 이와 같이 하여 일본 산업군들은 크리스마스를 금지하는 운동을 전개하였다.

### 3) 궁성요배, 국기계양 강요

중일전쟁이 발생한 이래 기독교회는 국민정신총동원령 및 천장절(天長節) 봉축에 관하여 문부성으로부터 지시 통첩을 접수하여 그리스도교파 중 프로테스탄트 교회는 일반적으로 열의가 없이 단순히 하부조직에 통달하는 것에 머무르므로 방관적인 태도로 시종하는 상태이나 로마 가톨릭파 교회는 1935년 5월에 로마 교황청은 방공 친일적인 성명으로 일본 가톨릭 신도들은 국가에 대한 충성과 애국심의 표현으로 신사참배를 인정한다는 지시가 왔으므로 대체로 정부의 지시 통첩에 순응하여 적극적으로 궁성요배식과 국기계양 등의 행사를 집행하고 있는 상황이었다. 그 예를 몇 곳 들면 다음과 같다.

埼玉県 天主公教會(위령제, 국가제창, 야스구니신사요배) 등.
東京大司教會(紀元節 전승기원제, 二重橋요배),
長崎県 南松浦郡 가톨릭教 部落(낙성식=궁성요배, 애국행진곡 합창, 군사극),
長崎県 西彼杵郡 가톨릭教 部落(국기계양대 건설) 등.

戦時下のキリスト教運動(同志社 大學研究所) 1권 = 104 -105 (질의와 응답) : 108 (강요)

## 2. 태평양 전쟁

1941년 12월 8일, 일본 해군이 하와이 진주만을 공격함으로 미국과의 전쟁이 시작되었다. 이 큰 비극은 전 국민에게 미치고 가톨릭교회도 이 전쟁으로 큰 고통과 손해를 입었다. 일본의 젊은 사제와 신학생들은 군대에 소집되고 외국인 선교사 중 어떤 이들은 추방되어 수용소로 보내지고 중립국 선교사들마저도 심한 감시하에 있어 수시로 헌병의 취조를 받아야만 하였다.

사제들도 예외는 아니었다. 자신의 교구를 떠나 군인들과 더불어 전선인 필리핀, 괌, 후로레스 등지로 가지 않으면 안 되었다. 모든 활동은 금지되고 교회생활은 오직 기도하는 것뿐이었다. 후방에서드 심한 압박을 받았다. 종교단체법의 시행으로 가톨릭교회도 교단 설립허가를 신청하였을 때 당국은 조건으로 로마 교황청과 관계를 단절하라고 함으로 순교의 각오로 거절함으로 허가를 받지 못하였다가 1941년 5월에 와서 단독의 일본 천주공교교단(日本天主公教教團)의 설립 인가를 얻었다.

여기에 당국은 전쟁을 위한 특별지시를 강요하였다. 따라서 당시의 통치자인 "도이노리오"(土井辰雄)는 다음과 같은 교서를 내렸다.

> 소화 16년 12월 8일 미 · 영 양국에 대한 선전의 조서를 발포하시어 백성을 깨우침은 성은이 망극합니다. 지금은 일억 국민은 성지를 받들어 일사 각오로 전력을 결집하여 국난의 타개를 위하여 매진할 것이며 우리 일본 천주교 신도로서 남김 없이 폐하의 충량한 적자로서의 그 본분을 다하여 부족함이 없도록 할 뿐 아니라 더 나아가서는 종교의 교사로서 신도로서 깊은 뜻을 가지고 평소 배양된 인내, 희생, 헌신의 모든 덕을 발휘하여 필승의 신념을 가지고 솔선수범하여 황국의 요구에 응할 것이라(昭和 16年 12月 25日 일본 천주공교교단(日本天主公教教團) 大司教 土井辰雄)

미국의 공격이 일본 본토에까지 미치자 교회 건물과 교육시설은 폭격으로 파괴되고 교회활동은 할 수 없게 되었다. 더욱 심한 비극은 1만 1천 명 이상의 신자들과 15인의 사제가 생명을 잃은 것이다. 전쟁 전에는 신자가 11만 9천 명이던 것이 전후에는 10만 8천 명으로 줄었다. 또 "히로시마"(廣島)교회는 한 방의 원자폭탄으로 교회와 선교사들도 피폭자가 되었다. "히로시마"(廣島) 교외에 있던 "예수회", "나가즈가"(長束)수련원에 있던 "베데오. 아루베" 신부는 다른 예수회 회원들과 피폭자 구조에 나섰다. 수련원의 성당은 잠시동안 피폭자들의 병원이 되었다.

교회 건물은 모두 파괴되었어도 "히로시마"(廣島)에는 교회가 많지 않았기 때문에 손해는 적었다. 그러나 "나가사키"(長崎)는 달랐다. "우라카미"(浦上)교회는 원폭의 중심지에서 가까웠기 때문에 일순에 신자의 70% 이상이 희생되었다. 이로 인하여 희생자 중에는 사제 2인과 8천 5백 명의 신도가 희생되었다. "우라카미"(浦上)의 언덕은 잿더미로 화했다.

戦時下のキリスト教運動(同志社 大學研究所) 2권 = 70 (교서) : 85-83 (법인신청)
日本の教会の歷史(結城了悟) = 134-135 (전쟁 피해)

## 3. 전후의 자유와 재건

1945년 8월 15일 천황의 무조건 항복을 발표함으로 전쟁은 끝났다. 가톨릭 교회의 앞날에는 두 가지의 큰일이 기다리고 있었다.

첫째는 말할 수 없는 상처를 싸매주며 폐허가 된 건물을 재건하는 것이며,

둘째는 악몽과 같이 깊은 실망에 빠진 국민에게 새길을 찾아주는 전도하는데 전력을 기울이는 것이다.

전시하의 골칫거리는 하나둘 사라져갔다. 11월 4일에는 골칫거리였던 종교단체법이 폐지되고, 12월 12일에는 국가신도(國家神道)도 끝

을 보게 되었다. 또한 1946년에는 천황도 인간선언을 하여 천황의 신격을 부인하게 되었다. 그해 11월 3일에는 새 헌법으로 완전한 신교의 자유가 보장되었다.

"나가사키"(長崎)에서는 "우라카미"(浦上)교회당의 폐허 속에서 발견된 하나의 종은 부드러운 음으로 울려 퍼짐으로 사람들을 기쁘게 하였다. 이 종소리는 피폭자들에게 평화와 사랑의 메시지로서 후에 "파울로 나가이다가시"(永井隆)의 『나가사키(長崎)의 종』, 『로사리오의 사슬』, 『이 아이들을 남기고』 등의 책으로 기록되어 사람들에게 희망을 주었다.

이 폐허 속에서 정신적으로나 물질적으로 일본교회의 재건에는 외국의 원조가 없으면 불가능하였다. 다행히 전 세계에서 많은 원조가 있었다. 전후 최초의 10년간에는 남자 수도회 38곳, 여자 수도원 26곳이 일본에 들어와 일본교회 재건에 힘을 더하였다. 전쟁의 고통에서 이겨낸 신도들과 사제들은 또 원조하기 위하여 새로이 달려온 선교사들을 격려하며 앞길을 제시하는 듯 1949년에는 400년 전에 최초로 찾아온 선교사 "하비에르"를 축하하는 장엄한 축제를 위하여 성인들의 오른팔과 십자가를 가지고 로마에서 순례단이 찾아왔다. 오스트리아의 "기루로이" 추가경이 로마 "비오" 12세 교황의 특사로 파견되어 왔다. 수년 전만 하여도 상상조차 할 수 없었던 행사가 이루어져 다시 일본교회와 로마를 연결하는 길이 열리었다.

日本の教会の歴史(結城了悟) = 139-140 (종전과 재건)

## 4. 발전과 침체

전쟁으로 인한 폐허 속에서 새로운 일본이 일어났다. 그리스도교의 모든 교회는 나라의 재건에서 각자의 역할을 다하였고 박해가 없는 시대로 전도에 힘쓰기 시작하였다.

최초의 10년간은 가톨릭교회에도 발전이 확실하여 아래와 같이 통계가 잘 보여주고 있다.

1946년의 신자수는 10만 8천324명,

1955년에는 21만 2천117명,

1960년에는 27만 7천502명,

1962년에는 29만 6천617명이 되었다.

1947년에는 신도뿐 아니라 사제와 수도사의 지망생이 늘어나 "후쿠오카"(福岡)에 신학교가 세워지고 동경의 신학교와 더불어 매년 일본교회에 새로운 사제를 배출하였다.

1960년에는 일본의 교회에는 동경과 "나가사키"(長崎)에 2대교구와 13개의 교구가 세워졌다.

1960년에는 동경의 "도이"(土井) 대주교가 추기경으로 임명되고,

1952년에는 일본정부가 처음으로 바치칸에 대사를 파견하기도 하였다.

그러나 타방면에서는 많은 활동에도 불구하고 1960년부터는 바람직한 성과를 거두지 못하였다. 새신자의 수는 줄어들고 선교사들은 낙심한 나머지 일본을 떠나 다른 선교지로 가기도 하였다. 이 문제의 원인은 일본에도 있었으나 교회 전체의 활동에도 있었다고 하겠다. 일본

이 점령기가 끝나고 경제적으로 부강한 나라가 되어 선진국 반열에 들어감으로 유물론이 큰 영향을 끼쳤고 좋지 않은 풍습도 영향을 주었다.

교회 안에서도 여러 가지 문제가 일어나 일본 가톨릭교회의 일본화는 보여지지 않았다. 이것은 일본 뿐만이 아니고 전 세계적인 추세였다. 따라서 교황 요한 23세는 1959년에 처음으로 공회의를 열기로 하고 다음과 같이 [교회의 창을 열어 신선한 공기를 들이자!]라고 전진의 길을 제시하였다. 1981년 2월 23일에 로마 교황 요한 바우로 2세는 3일간의 일본을 방문하기도 하였다.

日本の教会の歴史(結城了悟) = 141−147 (발전과 침체 교황방일)
日本キリスト教総覧(宮崎賢太郎) = 154−155 (도로 신부)

# 제 12 장
# 영주들의 적과 아군, 변절자

키리시탄 영주들 외에도 많은 영주가 키리시탄과 관계를 가지고 있었으므로 언젠가는 자기들의 태도를 밝힐 필요가 있었다. 여기에서는 세 무리로 분류하여 간단히 소개하고자 한다. 그들에 대한 것은 대체로 그 시대의 선교사들의 판단에 의한 것으로 영주로서의 또는 인간으로서의 판단이 아니라 그들이 키리시탄에 대한 견해를 소개하고자 한다.

## 1. 적들

여기 제1군은 거의가 처음부터 끝까지 키리시탄에 반대한 사람들로 어떤 때에는 경제적 이유로 어떤 때에는 유력한 영주의 부탁으로 일시적으로 선교사들을 받아 들였으나 가능한 한 속히 그리고 종교적인 이유로 선교사를 추방하고 신자들을 압박한 자들이다.

**1) "마츠우라다가노부"(松浦隆信, ?–1599)**

**"마츠우라시게노부"(松浦鎮信, 1549–1614, 長崎 키리시탄 9–14)**

"히리도"(平戸)의 영주인 "다가노부"(隆信)는 성 "프란치스코 하비에루" 때부터 키리시탄과 관계가 있었으나 끝없는 대립이 계속되었다. 그러나 어느 정도의 선교는 지속되었다. "시게노부"(鎮信)는 항상 심한 박해를 계속하여 가신인 "고데다"(籠手田)는 주된 가신들을 거느리고 "나가사키"(長崎)로 망명하게 되고 1605년부터는 순교의 장이 되었다.

**2) "시마즈요시히사"(島津義久, 1533–1611)**

**"시마즈요시히로"(島津義弘, 1535–1619, 歷史 11, 13)**

"사쓰마"(薩摩)의 영주는 무역에 대한 희망과 종교적인 탄압 사이에서 변질되어 갔다. "시마즈다가히사"(島津貴久)는 비교적 우호적이었으나 주된 가신들과 불교계의 반발로 인하여 선교사들을 "사쓰마"(薩摩)에서 떠나도록 하였다. 그의 자손들은 종교적인 이유에서 키리시탄이 확대되지 못하도록 노력하였다. "큐슈"(九州)평정과 "세기가하라"(關ケ原) 후에는 패배자로서 일시적으로 선교사들을 초치하다가 마침내 태도를 바꾸어 박해하는 것으로 돌아섰다.

### 3) "모리모도나리"(毛利元就, 1497–1571)
### "모리데루모도"(毛利輝元, 1553–1625)

"오우지 요시나가"(大內義長)를 추방한 후부터 "모리"(毛利)는 대표적인 키리시탄의 적이었다. 1586년, "데루모도"(輝元)는 "고니시 유기나가"(小西行長)의 부탁을 받아 재차 선교사들에게 "야마구치"(山口)에 문을 열었으나 "히데요시"(秀吉)의 금교령이 내린 후부터는 반키리시탄의 입장으로 굳어져 1605년부터는 때때로 키리시탄이 피를 흘리게 하였다. 적대심의 원인은 처음은 "오우지"(大內)에 대한 반발에서라고 하겠으나 나중에는 종교적인 이유가 뚜렷해졌다.

### 4) "가토 키요마사"(加藤清正, 1562–1611, 임진왜란의 외장으로 함경도까지 진군함)

"히고"(肥後)의 영주가 된 후부터 "키요마사"(清正)는 키리시탄에 대하여 분명히 악의를 보였다. "히데요시"(秀吉)의 금교령과 "고니시 유키나가"(小西行長)와의 대립은 "키요마사"(清正)에게 다소 영향을 주었으나, 1600년 "히데요시"(秀吉)와 "고니시 유키나가"(小西行長)가 없어진 후부터는 그는 순수한 박해를 일으켰다. "키요마사"(清正)는 다른 박해자들과는 달랐다. 키리시탄의 신앙을 버리게 하는 것보다 "니치렌소"(日蓮宗, 불교)에 입교하도록 강요하여 순교의 피를 흘리게 하였다. "야쓰시로"(八代)의 순교사건은 그 장면을 잘 보여주고 있다.

### 5) "류조지다가노부"(龍造寺隆信, 1530–1585)

영주 "다가노부"(隆信)의 영내에는 키리시탄이 없었으므로 그곳에서의 직접적인 박해는 없었으나 "오도모"(大友), "오무라"(大村), "아리마"(有馬)의 적으로 "류조지"(龍造寺)는 1585년 "시마바라"(島原)의 전장에서 전사할 때까지 선교사들에게는 악몽과 같은 존재였다. "후로이스"의 일본사에 자세히 기록되어 있다.

### 6) "하세카와사효에"(長谷川左兵衛, 1567–1617)

영주로서의 문제보다는 "나가사키"(長崎) 관원(1606–1614)의 입장에서 키리시탄의 탄압에 큰 영향을 주었다. "나가사키"(長崎)에서 선교사와 키리시탄들을 압박함과 동시에 "하세카와"(長谷川)는 "아리마"(有馬) 가(家)를 멸망시키고자 하여 "도쿠가와이에야스"(德川家康)에게 여러 가지 소문을 전하여 키리시탄의 금교령을 준비케 하였다. 1614년 "나가사키"(長崎)의 모든 교회를 훼파한 후에 "아리마"(有馬)로 가서 많은 신자를 살해하였다.

キリシタンになった大名(結城了悟) = 394–399 (적군)

## 2. 아군들

인간성이 좋아서인지 또는 그리스도교에 흥미가 끌려서인지 몇분의 영주들은 키리시탄이 아니며 때로는 불교도이면서도 키리시탄에 대하여 호의적이었다. 금교령이 내려진 후에도 이러한 영주들의 이해가 있었기에 키리시탄들이 이 지방에 퍼지고 선교사들의 기도처가 되었다.

### 1) "오우지요시타카"(大内義隆, 1507-1551)

아군이라기보다는 다만 "요시다가"(義隆)가 "성 프란치스코 하비에르" 선교사에 대하여 관대한 것이었다. 이 관대함에 의하여 그리스도교가 "야마구치"(山口)에 뿌리를 내리게 된 것이다. 선교 초기 곤란한 시기에 "요시다카"(義隆)는 선교사들에게 선교를 허락한 것은 중대하였다. 일본선교 최초의 교회인 "다이도지"(大道寺)가 여기에 세워졌다.

### 2) "오우지요시나가"(大内義長, ?-1557)

"오토모 소린"(大友宗麟)의 동생으로 키리시탄에 대하여 형과 같이 선교를 허락하고, 교회를 위하여 토지를 제공하기도 하였다. 그가 "야먀구치"(山口)를 다스린 짧은 기간에 교회가 부흥하도록 하였다. "고레스" 신부는 "야마구치"(山口)에서 지낸 6년간을 자신의 황금시대라고 하기도 하였다.

### 3) "시바다가즈이에"(柴田勝家, 1530-1583)

"기다노쇼"(北庄=越前)의 불행한 영주는 "오다노부나가"(織田信長)를 모시고 있을 때 선교사들을 잘 알고 지내고 있었고, 또 "에즈젠"(越前)으로 추방되어 온 "타가야마히다노가미"(高山飛驒守)의 영향도 있었으므로, "기다노쇼"(北庄=福井市)에 선교사들을 초대하는 등 항상 호의적이었다. "루이스 후로이스" 선교사는 1582년에는 "기다노쇼"(北庄)에서 흥미있는 편지를 쓰기도 하였다. 또 "가지이에"(家勝)의 세 딸 중의 하나는 유명한 "쿄고구타가츠구"(京極高次)와 결혼하여 세례를 받았다.

#### 4) "이시다미즈나리"(石田三成, 1560-1600)

선교사의 기록에는 "미즈나리"(三成)는 "治部少"란 이름으로 소개되기도 하였다. "고니시키유키나가"(小西行長)의 영향도 있어서 "미즈나리"(三成)는 "다이고 히데요시"(太閣 秀吉) 앞에서는 항상 선교사의 편을 들었다. 예컨대 26 성인이 순교할 때 "미즈나리"(三成)의 주선으로 보다 더 큰 비극을 피할 수가 있었다.

즉 "히데요시"(秀吉)의 도성 안의 키리시탄 신자의 명부를 작성하라고 명할 때에 도성 안에는 수천의 신자가 있었으나 선교사가 있는 교회 주위의 신자 24명만을 작성하여 보고함으로 희생을 줄일 수가 있었다. 그러나 다른 면에서는 한때 선교사들의 비판을 받기도 하였으나, 후에는 다시 화목하고 좋은 평가를 받았다.

#### 5) "마에다도시나가"(前田利長, 1562-1614)

"가가"(加賀)의 영주 또는 [三國의 領主]라 불리우는 그는 "타가야마우곤"(高山友近)의 절친한 벗으로 키리시탄이 된다는 간절한 희망을 지니고 있었다. "마에다"(前田)의 배려로 "타가대마우곤"(高山 友近)들의 1600년부터 열심 있는 전도가 "카나자와"(金沢)와 "노도반도"(能登半島)에 널리 전파되어 그곳에 매우 열심 있는 교회가 세워졌다.

"타가야마"(高山), "나이도"(内藤), "우기다"(宇喜多) 등 "코니시키"(小西)의 가신들이 모여들었다. "도쿠가와이에야스"(德川家康)의 금교령으로 "카나자와"(金沢)에 있던 많은 신자가 "루손"과 "쯔가루"(津輕)에 추방되는 일이 있었으나, 1620년까지 "카나자와"(金沢)에는 많은 신자가 남아있었다. 그것은 "마에다"(前田)의 내실이 유명한 신자인 "가모우지사도"(蒲生氏鄕)의 딸로 키리시탄 신자로서 기도를 한 덕이라고 하겠다.

### 6) "다나가요시마사"(田中吉政, ?-1609) "다나가타다마사"(田中忠政, ?-1620)

"야나기가와"(柳川)의 영주인 "요시마사"(吉政)는 신앙심이 강한 불교도로 이름을 남겼다. 지금도 "야나기가와"(柳川)의 "신쇼지"(眞勝寺)의 본당이 그의 묘지 위에 세워져 있어 "요시나가"(吉政)의 마음을 잘 나타내고 있다. 그는 항상 키리시탄에 대하여 관대하였다. 타지방에서 추방당한 무사들이 이곳을 찾아들었고 1603년에는 영주가 기증한 토지에 교회당이 세워지고 1607년에 예수회 관구장 "파시오"(Pasio. Francisco) 신부가 방문하였을 때 후하게 대접하고 나서 신부와 함께 교회당에가서 미사에 참석하기도 하였다(역사, 28). 성가대의 찬양을 듣고는 [극락에 있는 것 같다.]라고 칭찬하기도 하였다. 아들 "타다마사"(忠政)도 부친과 같았다. 일부에서는 키리시탄이 되었다고도 하고 또 철저한 불교도였다고도 한다.

### 7) "후구시마마사노리"(福島正則, 1561-1624)

1601년 "히로시마"(廣島)의 영주가 된 "마사노리"(正則)는 키리시탄들을 보호하고, 선교사들에게는 "죠가마지"(城下町)에 좋은 토지를 제공하였다. "마사노리"(正則)는 "아끼쓰기"(秋月)의 영주 "미켈" 구로다 후사이에몬(黑田惣右衛門)의 친구로 그의 권고를 잘 받아들였다. 1614년의 금교령이 내릴 때까지 "히로시마"(広島)의 교회는 "오사카"(大阪)

와 "시모노세키"(下關) 사이의 유일한 선교사들이 의지한 곳이며 선교의 중심지로 교회가 세 군데나 세워지기도 하였다. "마사노리"(正則)는 선교사들과 마찬가지로 "도쿠가와"(德川)의 정치의 희생자가 되었다.

### 8) "혼다고즈게노스게 마사스미"(本多上野介 正純, 1566-1637)

"도쿠가와이에야스"(德川家康)의 금교령이 내릴 때까지, 관가에서 선교사들의 변호자 역할을 하였다. 어떤 이유에서인지는 모르나 1600년에서 1612년에 이르도록 "죠안 로도리게스"(Joao. Rodriguez) 신부와 만나며 예수회의 관구장에 서신을 내는 등 항상 호의적으로 그들의 문제를 취급하였다. "마사스미"(正純)도 "오카모도 다이하지"(岡本大八) 사건으로 인하여 "도쿠가와이에미즈"(德川家光) 시대에 "데와"(出羽)에 유배당하였다.

キリシタンになった大名(結城了悟) = 399-405 (아군)
徳川初期キリシタン史研究(五野井隆史) = 62-63 (田中) : 106-107 (福島)

## 3. 변절자들

아군에서 박해자로 전락한 자들 대표적인 3인을 소개하고자 한다.

### 1) 호소카와타다오기(細川忠興, 1564-1645)

"호소카와 타다오기"(細川忠興)도 "타가야마우곤"(高山友近)과는 어려서부터 친구로서, "오다노부나가"(織田信長)에게 시종 들고 "센리큐”(千利休)의 7제자 중의 한 사람이었고 “우곤”(友近)이 “히데요시”(秀吉)에 의하여 유배당할 때에도 두 사람은 친교를 유지하고 있었다. “우곤”(友近)이 마닐라로 추방당할 때에만 해도 “타다오기”(忠興)는 그를 칭찬하기도 하였다. “우곤”(友近)은 수시로 “타다오기”(忠興)에게 키리시탄에 대하여 전도할 때에 흥미롭게 감동하면서도 받아드리지 않고 별도의 길을 걸어갔다.

1587년에 “히데요시”(秀吉)가 금교령을 내렸을 때 “타다오기”(忠興)”는 안전한 길을 걷는 것이 현명하다고 생각하였다. 바로 그때에 “가라시야, 다마고”(玉子) 부인이 키리시탄이 된 것을 못마땅히 여겨 그녀를 매우 핍박하였다. 금교령이 완화됨에 따라 이해를 하기는 하였다.

1600년 “가라시야” 부인이 희생됨으로 “호소카와”(細川)가의 명예와 안전을 지켰을 때에는 감사의 뜻으로 신 영지인 “오쿠라”(小倉) 성에 선교사를 초청하고 또 “가라시야” 부인을 기념하여 훌륭한 교회를 세우기도 하였다. 이 교회의 선교사 “세스벤스” 신부는 항상 “타다오기”(忠興)에게 환대를 받았다.

1610년경부터 “도쿠가와이에야스”(德川家康)가 키리시탄에 대하여 본심을 비추기 시작하니 “타다오기”(忠興)는 변하기 시작하였다. 마침내 1611년에 “세베스데스” 신부가 그곳에서 별세하자 그곳에 장사지내는 것을 허락지 아니하였고, 모든 선교사를 “분젠”(豊前)에서 추방하였다.

이후로 “타다오기”(忠興)는 키리시탄의 적과 같이 행세하여 유력한 가신인 “가가야마 데오고”(加 賀山)와 그 가족을 비롯하여 많은 신자를 처형하였다.

### 2) "다데마사무네"(伊達政宗, 1566-1636)

"다데마사무네"(伊達政宗)는 "도요토미히데요시"(豊臣秀吉)와 "도쿠가와이에야스"(德川家康)에게 머리를 숙였지만 어느 정도 자신의 길을 걸어가면서 성공하였다. 1600년 "센다이"(仙台)의 32만 석의 영주가 된 "마사무네"(政宗)는 "에도"(江戸)에 교회를 세운 "프란시스코"회의 선교사의 활동을 "센다이"(仙台)에서도 인정하였다. "마사두네"(政宗)는 선교사들에게 우호적이었다.

그는 자신의 욕망인 "노비바니아"(멕시코)와의 무역을 실현하기 위하여 그들을 이용한 것이었다. 또 1612년에 "소테르"(Sotelo) 선교사가 "에도"(江戸)에서 체포되어 그가 위기에 처했을 때 그를 구하기 위하여 "하세구라즈네나가"(支倉常長)와 더불어 스페인과 로마에 사절을 파송하였다. 그러나 1614년 "도쿠가와이에야스"(德川家康)가 금교령을 내리자 "마사무네"(政宗)도 박해자가 되었다. 그의 영내인 "히로세가와"(廣瀨川)에서는 많은 순교자가 희생되었다.

### 3) "마즈구라분고노가미시게마사"(松倉豊後守重政, 1574-1630)

"마즈구라시게마사"(松倉重政)는 임종이 가까웠을 때에는 그의 이름은 "시마바라반도"(島原半島)뿐 아니라 이웃 나라의 신자들에게까지도 공포의 대상이었다. "시게마사"(重政)는 처음부터 박해자는 아니었다. 1615년 "시마바라"(島原)의 영주가 된 후 그는 키리시탄에 대하여 아무 편견이 없었고 다만 농민들의 평화를 바라면서 다년간의 막부의 끊임없는 압력에도 불구하고 선교사들의 활등을 묵인하였다.

그러나 그가 "에도"(江戸)에 머무는 동안 가신들이 1621년에는 "나

바로"(Navarro) 신부, 1625년에는 "바지에고"(Pacheco) 신부와 "소라"(Zora) 신부 등을 체포하였다. "마즈구라시게마사"(松倉重政)는 1년간 "이에미츠"(家光)에게 억류되어 근신 당한 후 키리시탄에 대하여 변한 사람으로 "시마바라"(島原)에 되돌아왔다. 그리고 키리시탄을 전멸하려고 애썼지만 신자들은 굴하지 않았다. 따라서 점점 더 가혹한 고문을 하고 박해는 잔혹하게 되었다. 그리고 마침내 "시게마사"(重政)도 정신적인 착란을 일으켜 그도 박해의 희생자로 세상을 마쳤다.

キリシタンになった大名(結城了悟) = 405-409 (변절)

# 부 록

## "토쿠가와(德川)" 역대 장군들의 키리시탄 정책 (東北, 384-385)

**初대 "토쿠가와(德川) 이에야스(家康)"의 시대**

| | |
|---|---|
| 1598 | "후시미(伏見)"에서 프란시스코회 신부 알현(이스파니아 교역 중재) |
| 1599 | "가스토로" 신부 에도(江戶)에 키리시탄 데라 (성장)헌당 |
| 1600 | 토쿠가와(德川)정권 확립 |
| 1602 | 프란시스코 4사, 江戶에 수도원, 시료원, 도주쿠양성소 등 설립(관동제국에 포교시작 됨) |
| 1603 | "토쿠가와 이에야스"(德川家康) 江戶에 막부개설 |
| 1604 | "안헬수" 신부 알현 |

## 2대 "도쿠가와(德川) 히데타다(秀忠)" (歷史 90-99, 物語 114-121)

| | |
|---|---|
| 1605 | 에도(江戶)키리시탄 등록 |
| 1606 | 가신부인 키리시탄 금지 통고 |
| 1608 | 에도(江戶)사원(교회) 증축: 나환자수용소 건설 |
| 1609 | 화란동인도회사에 주인장 수여, 상인스페인 중상(1차) |
| 1611 | 파울로 岡本 사건 : 포르투갈 선박 접안시 주의사항 |
| 1612 | 화란인 중상(2차) : 3-11 막부 직활지에 키리시 명부작성(南蠻記利支丹之 天下可停止之旨). 3-17 키리시탄무관임용금지. 4-17 각지의 키리시탄 절(교회)파괴. 8-16 전국에 키리시탄 금령(伴天連門徒御制禁也). 10-8 화란인 중상(3차). |
| 1613. 8. 28. | 영국 동인도회사에 주인장교부. 10-1 각 사원에 사종문의 금미명(御条 目宗門檀耶請合之旨). 12-22 키리시탄추방령(해외 마닐라, 마락카 등). |
| 1616. 4. 17. | "도쿠가와"(德川家康) 사망 |

## 3대 "도쿠가와(德川) 이에미쯔"(家光)가 취한 키리시탄의 근절을 위한 제도

| | |
|---|---|
| 1624. 1. 21. | 닛고산조에이호도(日光山造營法度) 二荒山에서 키리시탄 4킬로미터 밖으로 추방. 3-24 스페인과 관계단절. 11-13 영주들의 처를 에도(江戶)에 거주토록 |
| 1626 | 老中에게 키리시탄 선교사 체포토록 |
| 1629 | 후미에(踏繪)서국에서 시작 |
| 1630 | 키리시탄 서적반입 금지 |
| 1633. 2. 28. | 쇄국 1단계 해외왕래 금지 |
| 1634. 5. 28. | 쇄국 2단계 (奉書船)외 해외항해 금지령. |
| 1635. 5. 28. | 쇄국 3단계 5년이상 해외 거주자 귀국금지. 9-7 전국 영주들에게 선교사와 키리시탄 단속을 명함. |
| 1636. 5. 19. | 쇄국 4단계 키리시탄 발견 고발인에 대한 포상제(吉利支丹之 |

| | |
|---|---|
| | 宗門訴人褒賞之事, 東照宮 완성) |
| 1637. 10. 23. | 시마바라란(島原乱) 시작 : 歴史, 106 - 107 : 白石 304 : 10-1 = 5인조 강화 (郷中御条目) : 宣教史 92 |
| 1638. 2. 28. | 시마바라란(島原乱) 종결 : 시마바라란(島原乱)에 관계된 키리시탄보고. 9-23 촉탁금을 가지고 키리시탄을 발견, 고발하도록 함(포상제). 12-1 영주들에게 키리시탄들을 개종시키도록 명함. |
| 1639. 2. 5. | 센다이(仙台)령에서도 후미에(행사시작. 7-5; 쇄국 5단계 = 포르투갈 선박 항해 금지령 : 화란인들에게 선교사를 데리고 오지 말 것과 성제구(聖祭具) 및 서적 반입을 금함. |
| 1640. 6. 12. | 종문개역소 설치(宗門改易所 設置=초대 종문역에=大目付井上筑後守政重)을 임명함. |
| 1642. 5. 1. | 영주들에게 밀고제도(密告制度)로 키리시탄 색출을 명함. |
| 1644. 11. 1. | 아니츠 령(會津領)에서도 "후미에"(踏繪) 시작 |
| 1611. 11. 16. | 에도(江戸)에 키리시탄 수용 가옥 설치 |

### 4대 "도쿠가와(徳川) 이에츠나"(家綱, 東北 395-403)

| | |
|---|---|
| 1652. 5. 1. | 쇄국제도 완성 |
| 1654. 2. 20. | 고발인포상금 제도(訴人褒賞金 制度) |
| 1659. 6. 25. | 5인조, 단나데라(檀那寺)를 통해 단속강화 |
| 1662. 6. 23. | 연대책임제도확립(連帯責任制度確立) |
| 1664. 11. 25. | (제1회) 조상 2, 3대까지의 명단을 5인조로 조사하도록 명함. |
| 1665. 1. 19. | (제2회) 조상 2, 3대까지의 명단을 5인조로 조사하도록 명함. |
| 1667. 2. 10. | (제3회) 조상 2, 3대까지의 명단을 5인조로 조사하도록 명함. |
| 1669. 8. 29 | 나가사키(장기)에서 후미에(踏繪)동판 제작으로 사용함. |
| 1674. 2. 1. | 懸賞金引上 |
| 1678 | 懸賞金引上 |

### 5대 "도쿠가와(德川) 쯔네요시"(綱吉, 東北 403-406, 1680-1708)

1680. 8. 1. 懸賞金引上 키리시탄(吉利支丹)을 切利支丹으로 개칭함. 吉자를 切자로 고침.

1687. 6. 23. 친족을 제출하도록 함. 連座制를 위함.

1695. 6. 23. 키리시탄 친족계출 요강(宗門改証書)에는 개종한 본인 및 친족들 사항(東北 405-406).

6대 家宣 = 東北 406-407 (이에노부) : 白石 283-293

7대 家継 = 東北 407

8대 吉宗 = 東北 408-409

9대 家重 = 東北

10대 家治 = 東北 409

11대 家齊 = 東北 410-411

12대 家慶 = 東北 411

13대 家定 = 東北 412

14대 家茂 = 東北 412

15대 慶喜 = 東北 412 : 宗門 改役 終了

# 참고도서(參考文献)


| | |
|---|---|
| 日本キリスト教史 | 五野井隆史 |
| ペテロ岐部カスイ | 五野井隆史 |
| 徳川初期キリシタン史研究 | 五野井隆史 |
| 日本キリシタン殉教史 | 片岡弥吉 |
| 長崎のキリシタン | 片岡弥吉 |
| 日本キリシタン物語 | 片岡弥吉 |
| 人物中心の日本カトリック史 | 池田敏雄 |
| 日本カトリック教会史 | ヨハネス. ラウレス |
| 日本キリスト教史 | 海老名有道 大内三郎 |
| 日本史1 II III IV V | ルイス. フロイス. (柳谷武夫) 訳 |
| 日本基督教史 | 比屋根安定 |
| 奇会 新井白石とシドデイ | 垣花秀武 |
| 長崎を開いた人 | 結城了悟 |
| キリシタンになった大名 | 結城了悟 |
| 日本キリスト教会の歴史 | 結城了悟 |
| カクレキリシタン | 宮崎賢太郎 |
| キリシタン史考 | H･チ-スリク |
| 高山右近史話 | H･チ-スリク |
| 東北のキリシタン | 高木一雄 |
| 日本キリシタン物語 | 田中 将 |
| 日本キリスト教 総覧 | 歴史読本シリズ |
| キリシタン殉教史跡の旅 | 荒木誠三 |
| 和歌山 名古屋に流された | |
| 浦上キリシタン | 三俣俊二 |
| 日本キリスト教宣教史 | 中村 敏 |
| 日本キリスト教百年史 | 海老沢 亮 |

日本キリスト教史 澤 正彦
戦時下のキリスト教運動 1, 2, 3. 同志社大學 研究所
文禄. 慶長の役 中野 等
日本史 河合 敦
日本の歴史 安田元久
日本の家と宗教 竹田聴洲
江戸の歴史は隠れキリシタンによって 作られた 古川愛哲
オラシヨ紀行 皆川達夫 監修
遥かなる高麗 J. G. ルカズデメテイナ
日本キリスト教史 五野井隆史 (이원순 역)
가톨릭신문 (이원순 기)

# 일본 그리스도교회사

전편 일본가톨릭사(키리시탄사)

# 일본 그리스도교회사
## 전편 일본가톨릭사(키리시탄사)